Global Energy Review & Outlook

全球能源分析与展望

2019

国网能源研究院有限公司　编著

中国电力出版社
CHINA ELECTRIC POWER PRESS

图书在版编目（CIP）数据

全球能源分析与展望. 2019 / 国网能源研究院有限公司编著. — 北京：中国电力出版社，2019.11
ISBN 978-7-5198-3214-8

Ⅰ. ①全… Ⅱ. ①国… Ⅲ. ①能源发展－研究报告－世界－ 2019 Ⅳ. ① F416.2

中国版本图书馆 CIP 数据核字 (2019) 第 270624 号

出版发行：中国电力出版社
地　　址：北京市东城区北京站西街 19 号（邮政编码 100005）
网　　址：http://www.cepp.sgcc.com.cn
责任编辑：刘汝青（010-63412382）
责任校对：黄　蓓　常燕昆
装帧设计：赵姗姗　永诚天地
责任印制：吴　迪

印　　刷：北京瑞禾彩色印刷有限公司
版　　次：2019 年 11 月第一版
印　　次：2019 年 11 月北京第一次印刷
开　　本：889 毫米 ×1194 毫米　16 开本
印　　张：11.75
字　　数：272 千字
定　　价：168.00 元

全球能源分析与展望 2019

编委会

主　任　张运洲

委　员　吕　健　蒋莉萍　柴高峰　李伟阳　李连存
　　　　　张　全　王耀华　郑厚清　单葆国　马　莉
　　　　　郑海峰　代红才　鲁　刚　韩新阳　李琼慧
　　　　　张　勇　李成仁

编写组

组　长　单葆国

主笔人　李江涛　张春成　翁玉艳

成　员　刘小聪　谭显东　张成龙　吴　鹏　吴姗姗
　　　　　冀星沛　段金辉　徐　朝　刘　青　王　向
　　　　　张莉莉　汲国强　唐　伟　王成洁　张　煜
　　　　　贾跃龙　张　宁　闫　湖　孔维政

前言

　　能源，是人类社会发展的基石。当今时代，全球治理体系深度重塑，经济逆全球化思潮抬头，国际地缘政治博弈加剧；世界能源供需格局深刻调整，新兴经济体需求较快增长，多极供应新格局逐步形成；新一轮技术变革方兴未艾，数字化、智能化为能源发展注入新的动力；新一轮能源革命蓬勃兴起，清洁低碳、电气化是其中的重要特点和趋势。《巴黎协定》开启了人类共同应对气候变化的新篇章，但仍受到国际政治博弈、减排政策力度、技术创新步伐等因素影响。

　　电网在新一轮能源革命中处于特殊而重要的位置。国家电网有限公司顺应能源革命与数字革命深度融合大趋势，创造性地提出"三型两网、世界一流"战略目标，建设泛在电力物联网为电网赋能，助推中国的能源生产和消费革命。国网能源研究院有限公司（以下简称"国网能源研究院"）作为国家电网有限公司的智库机构，依托在能源领域的多年积累，突出能源研究的电力特色，持续开展全球能源分析与展望研究工作，总结全球能源发展轨迹，展望全球能源发展趋势。

　　《全球能源分析与展望》是国网能源研究院年度系列报告之一，自2016年开始采用中英双语编著，今年是第4次公开发布。本报告每年年末出版，滚动更新全球、大洲及主要国家在经济、人口、能源、电力、环境等方面的最新统计数据；跟踪经济社会、能源战略、行业政策、技术效率等因素变化，滚动开展全球（分品种、分部门、分地区）中长期能源展望；聚焦热点地区、关键技术、重大议题，开展专题研究。

　　国网能源研究院自主开发了涵盖"经济-能源-电力-环境"4E因素的全球能源供需预测模型（GEMS-4E），为《全球能源分析与展望》的编制提供方法和模型支撑。GEMS-4E采用"自上而下"与"自下而上"相互结合、"模拟"与"优化"因能制宜的思路进行构建；考虑经济发展、人口增长、能源政策、市场机制、技术进步、成本价格等因素影响，通过能源效率、加工转换、开发贸易等环节打通能源服务需求、终端能源需求、一次能源需求、一次能源供应等全链条；考虑能源政策、技术进步等方面发展趋势，面向2050年开展未来情景展望。

　　《全球能源分析与展望 2019》的主要特点有：一是总结 2018 年全球能源发展新动向，解析 1980 年以来变化轨迹；二是对全品种能源做深入研究，拓展化石能源供需格局与贸易流向分析；三是对能源服务需求进行细致刻画，细化重点工业环节、具体交通方式、细分建筑领域用能变化趋势；四是加强国别能源政策研究，以国家战略指引能源展望；五是聚焦亚太中长期能源发展，揭示未来全球能源发展的"动力之源"；六是对比主要机构世界能源展望，探寻未来全球能源发展的普遍共识。

　　本报告分为概述、全球能源现状分析、全球能源发展展望、专题研究四个部分。其中，概述部分由单葆国主笔；现状部分由翁玉艳、张春成主笔；展望部分由李江涛、张春成主笔；专题有两个，亚太中长期能源发展展望专题由张春成、李江涛主笔，世界能源展望对比分析专题由李江涛、翁玉艳主笔。全书由李江涛统稿，谭显东、张成龙校核。

　　本报告编写过程中，得到了国家电网有限公司研究室的指导，收到了中国社会科学研究院、国务院发展研究中心、国家发展和改革委员会能源研究所、中国电力企业联合会、中国煤炭运输协会、中国石油经济技术研究院等机构专家的宝贵意见，并与国际能源署、世界能源理事会、日本能源经济研究所、德国能源署、BP 公司、埃克森美孚、埃信华迈、彭博新能源财经等机构专家进行了交流，在此一并表示诚挚感谢！

　　能源统计受数据来源、统计口径、折算系数等因素影响，各国和国际机构之间存在差异，这是分析研究中需要考虑的问题；能源展望受自然灾害、技术进步、军事冲突等因素影响，情景与实际往往不同。国网能源研究院不对书中数据或信息的任何直接、间接或连带损失承担责任。

　　受研究能力及编写时间所限，报告中难免存在疏漏与不足之处，冀予同行切磋指正，恳请方家不吝赐教。

编著者

2019 年 11 月

目
录

概　述

　　《全球能源分析与展望 2019》在分析 1980 年以来全球经济社会、能源电力、碳排放等方面发展轨迹的基础上，首次将时间线延至最新，对 2018 年全球能源发展新动向进行归纳总结。

　　● **全球能源消费较快增长，天然气表现突出。**2018 年，全球一次能源消费达到 204 亿吨标准煤，较 1980 年接近翻番，较上年增长 2.3%，增速为 2010 年以来最快水平。分品种看，煤炭消费在 2014—2016 年出现下降之后，连续第二年实现正增长；受化工产品需求增加带动，石油消费在高油价背景下仍然稳步增长；由于在发电、工业生产及居民生活等领域大量替代煤炭，天然气消费较上年增长 4.6%，对 2018 年全球一次能源消费增长的贡献率超过 40%；非化石能源保持快速增长，其中可再生能源较上年增长 4%。

　　● **亚太是全球能源消费增长的重要引擎。**2018 年，亚太一次能源消费达到 86 亿吨标准煤，较上年增长 3.5%，对 2018 年全球增长的贡献率高达 62.8%；北美增长 3.4%，贡献全球增量的 27.5%；欧洲减少 0.9%。相比 1980 年，亚太一次能源消费增长 3 倍，占全球的比重提高 21.2 个百分点至 42.1%；北美、欧洲占比分别下降 9.9、18.2 个百分点至 18.9%、20.2%。

　　● **全球电力消费保持快速增长，消费重心持续向亚太转移。**2018 年，全球电力消费量为 24.5 万亿千瓦·时，较 1980 年增长 2.2 倍，较上年增长 3.1%，占全球终端能源消费的比重约 19%。分地区看，亚太占全球电力消费的比重升至 47.0%，北美、欧洲分别降至 20.6%、20.8%；分部门看，工业占比降至 41.2%，商业、居民占比稳步提升，分别为 21.6%、27.2%，交通占比始终维持在 2% 左右的较低水平。

　　● **全球发电装机快速增长，可再生能源占比不断提高。**2018 年，全球发电装机达 71.6 亿千瓦，较 1980 年增长 2.5 倍，其中煤电、气电装机占比分别为 29.4%、25.1%，可再生能源发电装机占比升至 35.8%。从发电量看，2018 年全球发电量达 26.0 万亿千瓦·时，可再生能源发电量占比升至 27.3%。

　　● **全球能源相关碳排放再创新高。**2018 年，全球能源相关碳排放创历史新高至 331 亿吨，打破了 2014—2016 年的平缓增长态势，较 1980 年增长超过 80%。亚太碳排放持续增长，英国、法国、德国等发达国家碳排放已经达到峰值并出现明显下降。

《全球能源分析与展望 2019》在人口增长与经济发展预期基础上，考虑政策取向、技术进步等方面发展趋势，面向 2050 年设计了基准、加快转型、2℃三个情景，开展全球分品种、分部门、分地区能源展望。

● **基准情景**是延续当前能源政策取向和技术创新步伐，各国朝着自定目标稳步推进能源转型，兑现自主减排承诺并在 2030 年后保持政策连续性；

● **加快转型情景**是在基准情景基础上，加大能源政策力度，加快技术创新步伐，进一步加快电气化步伐、清洁转型力度、能效提升速度；

● **2℃情景**是以实现全球 2℃温升控制目标为约束，电气化达到更高水平，能源转型更快推进，可再生能源实现对化石能源更大力度替代。

2050 年全球一次能源需求较 2018 年增长 25% 以内。展望中长期，全球经济持续增长、人口规模不断扩张带动能源服务需求稳步提升，但能源需求增长还会受到政策取向、技术进步等因素影响。在基准情景下，2050 年全球一次能源需求增至约 260 亿吨标准煤，较 2018 年增长约 1/4。在加快转型情景下，2035 年前全球一次能源需求平缓增长，之后处于平台波动，2050 年约 230 亿吨标准煤，较 2018 年增长约 1/8。在 2℃情景下，全球一次能源需求迅即进入峰值平台期，2035 年前后开始稳步下降，2050 年约 190 亿吨标准煤，较 2018 年下降约 1/14。

全球能源相关碳排放增长放缓，但仍无法实现 2℃温升控制目标。当前，多数国家按自主贡献承诺如约减排，使得全球碳排放不再像过去 20 年那样快速增长，但仍无法满足 2℃目标要求，还需各国加大减排力度。在基准情景下，全球碳排放在 2035 年前后达峰，2050 年较 2018 年高约 10%。在加快转型情景下，全球碳排放在 2025 年后持续下行，2050 年约 263 亿吨，约为 2018 年的 80%。在 2℃情景下，全球碳排放快速下降，2050 年仅约为 2018 年的 1/3。

一次能源结构趋向清洁低碳，煤炭需求率先达峰，石油需求达峰较晚，天然气需求平缓增长。长期以来，化石能源都占据着全球能源供需的中心位置；展望未来，以风能、太阳能为主的可再生能源快速发展。在加快转型情景下，煤炭需求 2025 年后持续下行，未来发展的重心在亚太，北美、欧盟、中国等煤电装机大幅减少，以印度为代表的亚太发展中国家煤电有所增长；石油需求 2030 年左右达峰，主要是汽车用油较快达峰，货运、航空、航运、化工用油保持增长，除中东外燃油发电在全球范围普遍减少；天然气需求 2035 年前后进入峰值平台期，天然气发电更多地用于保障高峰时段电力供应和为可再生能源消纳提供灵活性；非化石能源占比大幅提升，2050 年约为 36%，较 2018 年提高约 16 个百分点。

可再生能源以较快速度渗透全球能源系统。 在电力需求快速增长、传统火电逐步退出、系统接入更加灵活等多重因素推进下，可再生能源将以较快速度渗透全球能源系统。在加快转型情景下，2050 年可再生能源占一次能源的比重接近 30%，可再生能源发电量占比超过 60%。此外，能源政策的支持将提高生物燃料、地热资源等可再生能源的直接利用规模。在加快转型情景下，2050 年生物燃料预计可满足交通用能需求的 5% 左右，主要集中在航空领域；地热、光热、热泵等可再生能源将在供热领域发挥更大作用。

全球能源发展重心继续向亚太转移，发展中国家贡献绝大部分增量，中国能源需求在 2030 年前后达峰。 发达国家能源需求延续饱和或减少态势，发展中国家则保持稳定增长，贡献绝大部分增量。在加快转型情景下，亚太贡献全球一次能源需求增量的约 70%，其中印度、东盟在 2030 年左右接续中国成为全球增长的中心；欧洲、北美地区能效不断提高，需求有所下降。中国一次能源需求在 2030 年前后达峰，峰值约 50 亿吨标准煤，之后持续下降，2050 年约 40 亿吨标准煤。

全球终端能源需求持续增长，电气化水平大幅提升。 受加工转换效率提升及可再生能源占比提高影响，终端能源需求增幅将高于一次能源需求增幅。在加快转型情景下，全球终端能源需求 2040 年进入平台期，2050 年约 167 亿吨标准煤，较 2018 增长约 20%。各国能源政策普遍支持电气化发展，无论是在供给侧加大可再生能源开发利用，通过发电提高化石能源的利用效率，还是在需求侧加大对化石能源的替代，都会提高终端能源消费中的电能规模。在加快转型情景下，2050 年电能占全球终端能源的比重约 40%，增幅超过 20 个百分点。在基准情景、2℃情景下，2050 年全球终端电气化水平分别为 34%、51%。

受城市化、工业化、电气化进程影响，全球电力需求快速增长。全球电力需求的未来增长，主要由电力供应的普及程度、发展中国家的工业化进程、交通部门的电气化加速、全球人口的城市化发展等因素驱动。虽然工业电动机、家用电器、建筑等领域能源利用效率不断提升，全球电力需求仍呈现出强劲的增长态势。在加快转型情景下，2050 年全球电力需求约 61 万亿千瓦·时，较 2018 年增长约 1.5 倍。

全球发电装机快速攀升，可再生能源发电成为主力电源。为应对气候变化、满足用电增长，各国普遍将可再生能源开发利用作为电力发展的战略选择，明确设置了可再生能源发电发展目标。在加快转型情景下，2050 年全球发电装机增至约 250 亿千瓦，其中化石能源发电装机占比从 60% 降至约 20%；可再生能源发电装机占比在 2025 年前后达到 50%，2050 年超过 75%。

全球工业用能需求增长放缓，煤炭和石油占比有所下降，电能占比快速提升。经济全球化背景下，国际分工动态调整，产能转移梯次推进，世界整体工业化进程稳步向前，工业部门能源服务需求持续增长。考虑能效标准范围不断扩大、能源管理系统逐步推广、能效审计制度普遍实施等举措带动能源效率稳步提高，工业部门能源需求增长逐步放缓。在加快转型情景下，2050 年全球工业用能需求较 2018 年增长约 1/4。受北美、欧盟、中国清洁低碳发展影响，工业用煤占比较快下降；石油作为工业能源的竞争力有所降低；化工行业用气需求旺盛，主要是通过燃气产生热量和蒸汽；电能占比从 27% 升至 50%，电动机、电制热、电弧炉炼钢等领域用电潜力持续释放，电制氢等领域也有较大增长空间。

全球交通用能需求增长慢于服务需求增长，电气化持续提升将带来巨大用电需求。当前，新兴经济体和发展中国家对交通服务的数量和质量需求快速提升，预计 2050 年全球交通服务需求增长约 100%。但相较过去，交通部门能源需求增长明显放缓，主要是强制性的内燃机能效标准不断提高、覆盖范围持续扩大。在加快转型情景下，全球交通用能需求较 2018 年仅增长 30%，其中交通用电需求增长约 25 倍至 9.7 万亿千瓦·时，占交通用能的比重升至 22%。2050 年，全球电动汽车保有量约 12.5 亿辆，占比约 50%；公路电气化水平从几乎为零提高到 27%，铁路电气化水平提高到 80%，航空航运电气化水平提升有限。

全球建筑用能需求快速增长，电器、制冷、取暖等领域潜力巨大。当前，受发展中国家经济繁荣与中产人群壮大推动，建筑部门能源服务需求快速增长；同时，更多国家实施了家用电器的强制性能效标准和能效标识计划，新兴市场国家逐步淘汰白炽灯等低效用电设备，建筑节能标准提升推动"净零能耗"建筑发展。受能源利用效率提升影响，全球建筑用能需求较快增长。在加快转型情景下，全球建筑用能需求较 2018 年增长 28%。分品种看，建筑用煤逐步减少，转向了天然气和电力；建筑用气小幅增长，主要在采暖和烹饪领域替代煤和油；建筑用电大幅增长，占比迅速提高，主要是电器、制冷、采暖等需求增加，2050 年居民、商业部门电气化水平分别达到 55%、73%。

第一部分

全球能源现状分析

要

点

全球经济总体平稳增长，但不同经济体增长动能明显分化。2018 年，全球 GDP 达 82.6 万亿美元（2010 年不变价），较上年增长 3.0%，较 1980 年增长 2 倍。其中，美国经济增长表现强劲，欧元区增长放缓，新兴经济体保持较快增长。

全球人口平缓增长，增量主要来自发展中国家。2018 年，全球人口达 75.9 亿，较上年增长 1.1%，较 1980 年增长 71%。1980－2018 年，OECD 国家人口占比从 22% 降至 16%，非 OECD 国家从 78% 升至 84%。

全球一次能源消费较快增长，亚太贡献最大。2018 年，全球一次能源消费达 204 亿吨标准煤，较上年增长 2.3%，较 1980 翻番。发展中国家取代发达国家成为全球能源需求增长的主要来源，亚太贡献 1980 年以来全球增量的 64%。

全球一次能源消费中天然气增速最快，可再生能源次之。2018 年，全球煤炭消费在 2014－2016 年出现下降之后，连续第二年正增长；石油消费在高油价下实现稳步增长；天然气消费增长较快，增速达 4.6%；可再生能源增长 4.0%，仅次于天然气。

全球终端能源消费持续增长，煤炭占比下降，石油占比保持稳定，天然气、电能占比上升。2018 年，全球终端能源消费达 140 亿吨标准煤，较 1980 年增长 83%。其中，煤炭占比降至约 10%，石油占比约 41%，天然气、电能占比分别升至约 15%、19%。

全球电力消费保持较快增长，用电结构不断优化。2018 年，全球电力消费量为 24.5 万亿千瓦·时，较上年增长 3.1%，增速创近五年新高，较 1980 年增长 2.2 倍。其中，工业占比保持下降态势，商业、居民占比稳步提升，交通占比仍处较低水平。

全球人均用电水平大幅提升，发展中国家持续较快增长。2018 年，全球人均用电量、人均生活用电量分别为 3020、823 千瓦·时，较 1980 年分别增长 0.9、1.0 倍。发达国家 2005 年以来人均用电量显现饱和态势，发展中国家持续较快增长。

全球发电装机清洁低碳趋势明显。2018 年，全球发电装机达 71.6 亿千瓦，较上年增长 3.8%，较 1980 年增长 2.5 倍；其中，煤电、气电占比分别为 29%、25%，可再生能源发电占比升至 36%。

全球发电量大幅增长，可再生能源发电量占比提高。2018 年，全球发电量达 26.0 万亿千瓦·时，较 1980 年增长 2.2 倍。其中，煤电、油电、水电、核电发电量占比有所下降，气电发电量占比升至 23%，可再生能源发电量占比升至 27%。

全球能源相关碳排放创历史新高，部分发达国家达峰下行。2018 年，全球能源相关碳排放达 331 亿吨，创历史新高，较 1980 年增长 82%。部分发达国家碳排放已经达到峰值并出现明显下降，但从人均水平看，OECD 国家人均碳排放仍为非 OECD 国家的 3 倍左右。

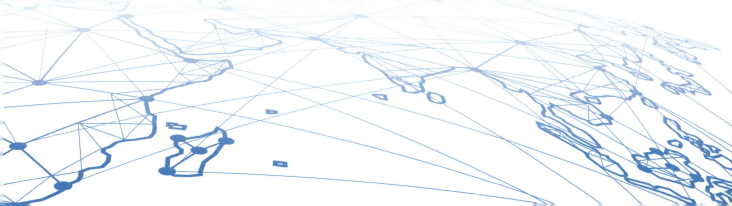

一、经济社会

（一）GDP

全球经济总体平稳增长，但不同经济体增长动能明显分化。2018年，全球经济总体延续了前期的复苏态势，GDP总量达到82.6万亿美元（2010年不变价，下同），但增速微降至3.0%。受中美贸易摩擦加剧、全球货币政策调整及地缘政治风险结构性转换等因素影响，不同经济体增长动能出现明显分化。其中，美国经济增长表现强劲，增速达2.9%，高于上年0.7个百分点；欧盟增速为2.0%，低于上年0.5个百分点，多数成员国不同程度放缓；新兴经济体保持较快增长，尤其印度经济增长强劲（7.0%），中国经济运行保持在合理区间（6.6%）。1980—2018年，全球GDP年均增长2.9%，其中非OECD国家年均增速为4.6%，为OECD国家年均增速的2倍以上，占全球GDP的比重从20.2%升至37.4%。

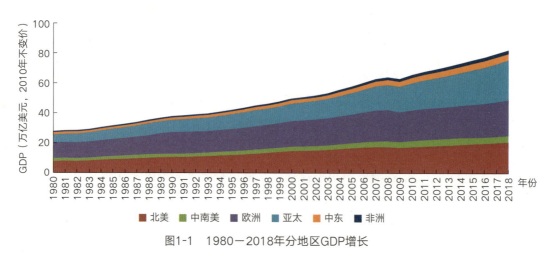

图1-1　1980—2018年分地区GDP增长

全球经济呈现亚太、欧洲、北美"三足鼎立"格局。2018年，亚太、欧洲、北美GDP占全球GDP的比重分别为32.5%、28.9%、25.5%，较1980年分别变化13.3、-7.8、-2.5个百分点；中南美、中东GDP占比有所下降，分别从1980年的7.5%、5.7%降至2018年的5.1%、5.0%；非洲占比略有上升，从1980年的2.7%升至2018年的3.0%。

亚太是世界经济增长的核心，中国增速远超全球平均水平。2018年，亚太对全球GDP增长的贡献率达到59.7%，是全球经济增长的重要力量。1980—2018年，中国GDP年均增长9.5%，比全球平均水平高6.6个百分点，占全球的比重从1.2%升至13.1%，提高11.9个百分点；印度GDP年均增长6.1%，较全球平均水平高3.2个百分点，占全球的比重从1.1%升至3.4%，提高2.3个百分点。

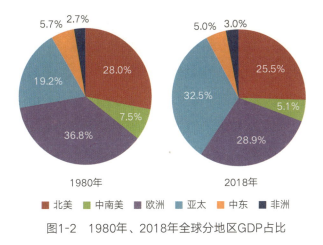

图1-2 1980年、2018年全球分地区GDP占比

■ 北美 ■ 中南美 ■ 欧洲 ■ 亚太 ■ 中东 ■ 非洲

（二）人口

全球人口增长略有放缓，绝大部分增量来自发展中国家。 2018年，全球总人口达到75.9亿，较上年增长1.1%，其中OECD国家增长0.5%，非OECD国家增长1.2%。1980—2018年，全球总人口增长71%，年均增长1.4%，其中1980—2000年年均增长1.6%，2000—2018年年均增长1.2%。OECD国家人口从1980年的9.6亿增至2018年的12.4亿，增长30%，年均增长0.7%；非OECD国家人口从34.8亿增至63.5亿，增长83%，年均增长1.6%，占全球人口的比重从78.4%升至83.6%，贡献全球增量的91.0%。

欧洲人口缓慢上升，非洲人口上升最快。 2018年，欧洲人口较上年增长0.3%，为各地区最低水平；非洲人口增长2.5%，为各地区最高水平；中东次之，达到1.8%；亚太、北美、中南美人口均增长0.8%。1980—2018年间，欧洲仅增长15%至8.7亿，非洲、中东分别增长162%、153%至12.1亿、6.2亿，亚太增长66%至39.1亿，北美人口增长53%至4.9亿，中南美增长72%至4.9亿。1980—2018年，亚太人口占全球的比重始终最高，2018年为51.5%，较1980年下降1.7个百分点；北美占比略有下降，从7.2%降至6.5%；中南美、中东占比分别从6.4%、5.5%升至6.5%、8.1%；欧洲占比降幅最大，从17.2%降至11.5%；非洲占比升幅最高，从10.4%升至15.9%。

中国、印度两国人口占全球的1/3以上。 2018年，中国人口达到13.9亿，占全球的18.3%，相当于欧洲与北美人口之和；印度人口达到13.5亿，占全球的17.8%。1980—2018年，中国、印度人口年均增速分别为0.9%、1.8%。

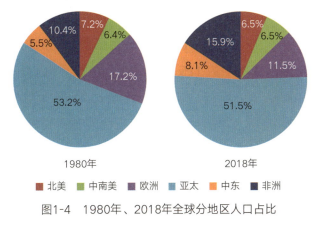

图1-4 1980年、2018年全球分地区人口占比

■ 北美 ■ 中南美 ■ 欧洲 ■ 亚太 ■ 中东 ■ 非洲

（三）人均GDP

全球人均GDP持续上升，发展中国家与发达国家的人均GDP绝对差距进一步扩大，相对差距有所减小。 2018年，全球人均GDP达到

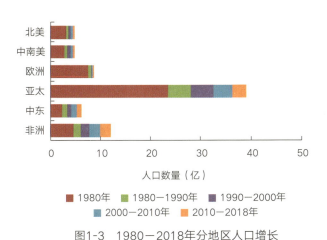

图1-3 1980—2018年分地区人口增长

■ 1980年 ■ 1980—1990年 ■ 1990—2000年
■ 2000—2010年 ■ 2010—2018年

1.09 万美元，较上年增长 1.9%，其中 OECD 国家增长 2.5%，非 OECD 国家增长 1.8%。1980－2018 年，全球人均 GDP 增长 73%，年均增长 1.5%。其中，OECD 国家人均 GDP 从 2.32 万美元升至 4.17 万美元，增长 79%；非 OECD 国家人均 GDP 从 0.16 万美元升至 0.49 万美元，增长 200%；两者绝对差距从 2.16 万美元扩大至 3.68 万美元，但相对差距从 14.3 倍缩小到 3.7 倍。

亚太人均 GDP 增长最快，非洲人均 GDP 水平较低。 2018 年，亚太、欧洲、北美、非洲人均

GDP 分别达到 0.69 万、2.74 万、4.29 万、0.20 万美元，较上年分别增长 4.9%、2.9%、1.9%、1.4%；中南美、中东分别达到 0.86 万、0.66 万美元，较上年分别下降 0.7%、11.0%。1980－2018 年，北美、欧洲人均 GDP 总体持续增长，期间受 2008 年国际金融危机影响短暂明显下行，之后企稳回升；受经济持续增长影响，亚太人均 GDP 稳步提升；中东、中南美人均 GDP 整体呈上升趋势；非洲人均 GDP 一直处于全球最低水平，不足全球平均水平的 1/5。

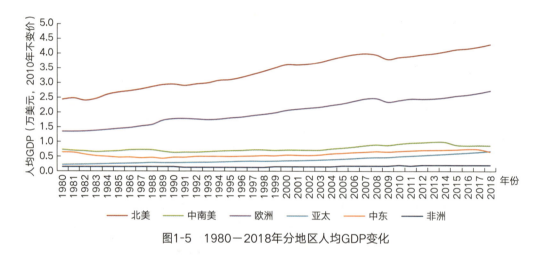

图1-5　1980－2018年分地区人均GDP变化

中国人均 GDP 仍远低于发达国家，印度约为全球平均水平的 1/5。 2018 年，中国人均 GDP 达到 0.78 万美元，较 1980 年增长 21 倍，年均增长 8.5%。中国当前人均 GDP 为全球平均水平的 71.3%，仍远低于美国（5.45 万美元）、日本（4.89 万美元）等发达国家，也低于俄罗斯（1.19 万美元）、巴西（1.10 万美元）等国。2018 年，印度人均 GDP 为 0.21 万美元，仅约全球平均水平的 1/5，较 1980 年增长 4 倍，年均增长 4.3%。

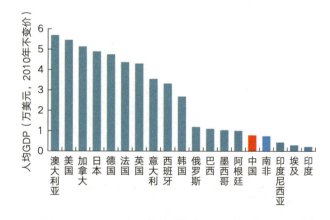

图1-6　2018年主要国家❶人均GDP（由大到小排序）

❶ 在现状分析部分，主要国家包括美国、加拿大、墨西哥、巴西、阿根廷、英国、法国、德国、意大利、西班牙、俄罗斯、澳大利亚、中国、印度、日本、韩国、印度尼西亚、埃及、南非等。

二、能源消费

（一）一次能源

1. 分地区

全球一次能源消费较快增长，2018 年增速达 2.3%，为 2010 年以来最快水平。受经济总体复苏、异常天气频发等因素影响，2018 年全球一次能源消费达到 204 亿吨标准煤，较上年增长 2.3%，增速约为 2010 年以来年均增速的两倍。相比 1980 年，全球一次能源消费总量接近翻番，年均增长 1.8%；其中 1980－2000 年均增长 1.7%，2000－2018 年年均增长 2.0%。发展中国家取代发达国家成为全球能源消费增长的主要来源，2000－2018 年非 OECD 国家一次能源消费年均增速为 3.6%，而 OECD 国家年均增速仅为 0.1%。

亚太是全球能源消费增长的重要引擎。2018 年，亚太一次能源消费达到 86 亿吨标准煤，较上年增长 3.5%，占全球的比重为 42.1%，对 2018 年全球增长的贡献率高达 62.8%；北美一次能源消费为 38.6 亿吨标准煤，较上年增长 3.4%，贡献全球增量的 27.5%；欧洲一次能源消费为 41.2 亿吨标准煤，较上年减少 0.9%。相比 1980 年，亚太一次能源消费翻两番，贡献全球一次能源消费增长的 63.5%，占全球的比重提高 21.2 个百分点；北美、欧洲占比分别下降 9.9、18.2 个百分点至 18.9%、20.2%。

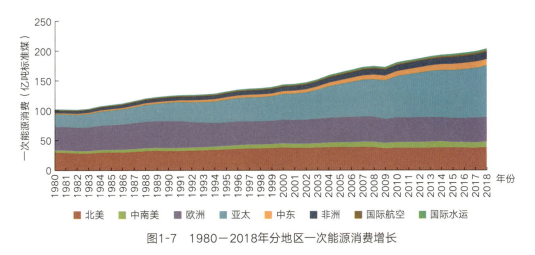

图1-7　1980－2018年分地区一次能源消费增长

中国、美国是拉动一次能源消费增长的重要力量。2018 年，中国、美国一次能源消费分别

达到 45.1 亿、31.8 亿吨标准煤[1]，合计占全球的 37.7%，对全球一次能源消费增量的贡献率高

---

[1] 国内通常采用发电煤耗法统计非化石能源发电的一次能源消费量，而国际上通常以电热当量为基础并考虑一定系数进行折算。本报告采用国际常用方法，水能（不含抽水蓄能）、风能、光伏及其他可再生能源（潮汐、波浪、海洋）发电的折算系数为 100%，核能、光热、生物质发电的折算系数为 33%，地热发电的折算系数为 10%。

达 63.5%。在美国，气候因素导致采暖和制冷需求陡增，2018 年能源需求强势反弹，增速创三十年来新高；在中国，钢铁、水泥等高耗能行业在经历了 2015 年的短暂下行之后又出现了较快增长，是 2018 年一次能源消费增速加快的重要原因。2000 年以来，美国、日本、英国、法国、德国等发达国家一次能源消费陆续达峰，部分国家出现负增长。2000－2015 年，中国一次能源消费受工业化进程影响快速增长，年均增速为 6.6%，较 1980－2000 年高 3.2 个百分点；中国经济进入新常态之后，一次能源消费增速明显放缓。

图1-8　1980/1990－2018年主要国家和地区一次能源消费增长

2. 人均能源消费

全球人均能源消费持续增长，OECD 国家和非 OECD 国家人均差距缓慢缩小。2018 年，全球人均能源消费升至 2.69 吨标准煤，较上年增长 1.2%，较 1980 年增长 16.2%，年均增长 0.4%。OECD 国家人均能源消费整体呈现先升后降趋势，2000 年左右进入平台期，2005 年之后伴随一次能源消费下降而出现明显下滑，2015 年之后逐渐平稳。非 OECD 国家整体呈现上升趋势，2000 年出现明显较快上升，2015 年后增长放缓。整体来看，OECD 国家和非 OECD 国家人均能源消费差距缓慢缩小，从 1980 年的 4.79 吨标准煤降至 2018 年的 4.36 吨标准煤。

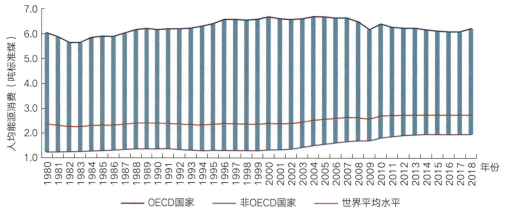

图1-9　1980－2018年全球及OECD/非OECD国家人均能源消费变化

北美、欧洲人均能源消费持续下降，但仍远高于全球其他地区。1980—2018 年间，北美、欧洲人均能源消费分别从 9.25、5.16 吨标准煤降至 7.86、4.71 吨标准煤，年均分别下降 0.4%、0.2%；中东、亚太人均能源消费分别从 0.64、0.91 吨标准煤升至 1.82、2.20 吨标准煤，年均分别增长 2.8%、2.4%，为全球人均能源消费增长最快的地区；非洲、中南美人均能源消费分别从 0.86、1.45 吨标准煤升至 0.97、1.96 吨标准煤，

年均分别增长 0.3%、0.8%。

2000 年以来部分发达国家人均能源消费呈下行趋势，中国人均能源消费快速提升。2000 年以来，美国、欧盟、日本等人均能源消费分别从 11.67、4.98、5.69 吨标准煤降至 9.72、4.50、4.94 吨标准煤；中国人均能源消费从 1.29 吨标准煤增至 3.24 吨标准煤，年均增长 5.2%；印度人均能源消费从 0.59 吨标准煤增至 0.98 吨标准煤，年均增长 2.9%。

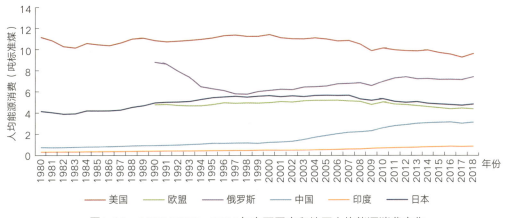

图1-10 1980/1990—2018年主要国家和地区人均能源消费变化

3. 分品种

全球一次能源消费中煤炭和石油占比有所降低，天然气和可再生能源占比上升。全球一次能源消费仍以化石能源为主，2018 年煤炭、石油占比分别为 26.0%、31.2%，较上年分别下降 0.4、0.4 个百分点；天然气消费快速增长，占比达到

22.5%，较上年提高 0.5 个百分点。低碳化和清洁化进程持续推进，非化石能源占比达到 20.3%，较上年提高 0.3 个百分点。

全球煤炭消费在 2014—2016 年出现下降之后，连续两年实现正增长。受益于亚太需求的增长，在 2017 年小幅回升的基础上，2018 年全

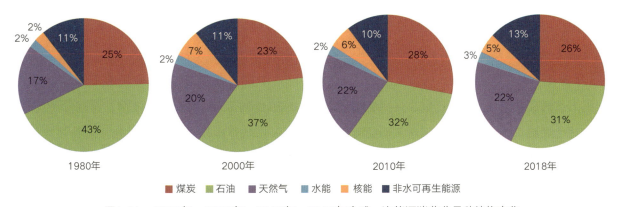

图1-11 1980年、2000年、2010年、2018年全球一次能源消费分品种结构变化

球煤炭消费进一步上升，较上年增长 0.7%。煤炭消费的增长主要来自中国、印度等亚太国家，重点是电煤需求的增长。2018 年，中国、印度煤炭消费较上年分别增长 1%、5%，占全球煤炭消费的比重分别为 51.8%、10.8%。由于环境政策约束趋严、可再生能源的成本优势扩大、美国天然气供应大幅增长等因素，欧洲、北美煤炭消费持续下滑，2018 年占全球煤炭消费的比重分别降至 12.3%、9.1%。

全球石油消费在高油价背景下仍然实现稳步增长。近几年化工产品需求增加带动石油消费稳步增长，2018 年全球石油消费较上年增长 1.3%，受油价高企影响增速略有回落。美国和中国是石油消费增长的最主要来源。美国 2018 年石油消费增长 54 万桶 / 日，为近十年来最高水平，主要是乙烷等化工产品需求大幅增长刺激了石油消费。从绝对量看，中国 2018 年石油消费增长仅次于美国，为 45 万桶 / 日。但是，出于对城市空气质量提升、电动汽车发展的考量，中国政府出台燃油汽车限购措施，倡导轻油化发展模式，鼓励清洁交通，石油消费的增速有所放缓。印度 2018 年石油消费较上年增长 5%，快速的工业化过程和汽车消费的大幅增长推动印度石油消费不断上升。由于经济增速放缓和油价高企，欧盟地区的石油消费增长停滞。

全球天然气消费快速增长。继 2017 年增长 3% 之后，2018 年全球天然气消费较上年大幅增长，增速为 4.6%，是 2010 年以来最高水平，对 2018 年全球一次能源消费增长的贡献最大，原因主要是天然气在发电、工业生产以及居民生活等领域大量替代煤炭。美国 2018 年天然气消费增速高达 10.5%，是 20 世纪 50 年代以来的最快水平，原因主要是 2018 年异常天气带来的采暖和制冷需求极大地刺激了天然气消费，以及天然气发电替代

煤电持续推进。中国 2018 年新增天然气消费量紧随其后，增速高达 18% 左右，主要受益于工业和居民用户的"煤改气"推广政策。

全球非化石能源消费贡献一次能源消费增长的 1/3 左右。2018 年，全球非化石能源保持快速增长，其中可再生能源较上年增长 4%，增速仅次于天然气。非化石能源对全球一次能源消费增长的贡献率达 1/3 左右。中国继续引领可再生能源增长，对全球可再生能源增长的贡献超过 OECD 所有成员国的总和。

4. 能源消费强度

全球能源消费强度普遍下降，发达国家能源效率显著高于发展中国家。2018 年，全球能源消费强度降至 2.47 吨标准煤 / 万美元，较上年下降 0.7%，其中 OECD 国家、非 OECD 国家能源消费强度分别为 1.50、3.90 吨标准煤 / 万美元，分别下降 0.4%、0.8%。1980 年以来，全球能源消费强度稳步下降，累计降幅达到 32.8%。

欧洲、北美能源效率最高。2018 年，欧洲、北美能源消费强度分别为 1.72、1.83 吨标准煤 / 万美元，明显优于其他地区；非洲、亚太能源消费强度分别为 4.76、3.20 吨标准煤 / 万美元，虽显著高于其他地区，但下降趋势明显。1980 年以来，非洲能源消费强度曾短暂上升，1995 年后稳步下降，年均下降 1.6%；亚太能源消费强度总体呈下行趋势，尤其是 2005 年以来，亚太能源消费强度年均下降 1.5%。

中国、印度能源消费强度下降快，但仍为 OECD 国家平均水平的 3 倍。得益于经济结构优化、能源技术进步，中国能源消费强度稳步下降。2018 年，中国能源消费强度降至 4.17 吨标准煤 / 万美元，较 1980 年下降 82.9%，年均下降 4.5%。印度能源消费强度同样下降明显，从 1980

年的 9.61 吨标准煤 / 万美元降至 2018 年的 4.68 吨标准煤 / 万美元，降幅达 51.3%，年均下降 1.9%。尽管如此，2018 年中国、印度能源消费强度仍高于全球平均水平，约为 OECD 国家平均水平的 3 倍。

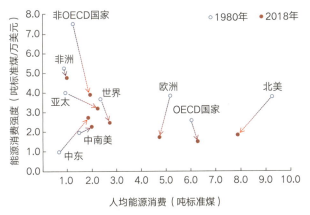

图1-12 1980年、2018年分地区能源消费强度及人均能源消费变化

（二）终端能源

1. 分地区

全球终端能源消费持续增长，非 OECD 国家占比上升，OECD 国家占比下降。 2018 年，全球终端能源消费达到 140 亿吨标准煤，较 1980 年增长 83%，年均增长 1.6%。其中，OECD 国家占全球终端能源消费的比重从 1980 年的 54.8% 降至 2018 年的 37.5%，非 OECD 国家占比从 41.9% 升至 58.3%。

亚太先后超越北美和欧洲成为全球终端能源消费最多的地区。 2018 年，亚太终端能源消费较 1980 年增长 2.4 倍，占全球的比重达到 40.7%，提高 18.6 个百分点。北美、欧洲终端能源消费近年来呈现饱和下降态势，占全球的比重分别从 1980 年的 28.5%、36.3% 降至 2018 年的 18.7%、19.8%。亚太终端能源消费分别于 1989 年、1995 年超过北美、欧洲，成为全球终端能源消费最多的地区。

中国、印度终端能源消费增速居世界前列。 2018 年，中国、印度终端能源消费分别达到 29.6、8.6 吨标准煤，较 1980 年分别增长 3.2、2.5 倍，年均增速分别为 3.9%、3.3%。1980—2018 年，美国、日本年均增速分别为 0.4%、0.6%；英国、德国负增长，年均分别下降 0.1%、0.3%。

2. 分品种

电能占终端能源消费的比重显著提高。 煤炭占全球终端能源消费的比重在 1980—2000 年期间总体下降，2000 年后有所回升，2018 年约为 10.4%，但仍较 1980 年低 2.7 个百分点；石油是终端消费第一大能源，占比始终保持在 40% 以上；天然气占比相对稳定，约为 15% 左右；随着经济社会发展、生活水平提高，电气化水平显著

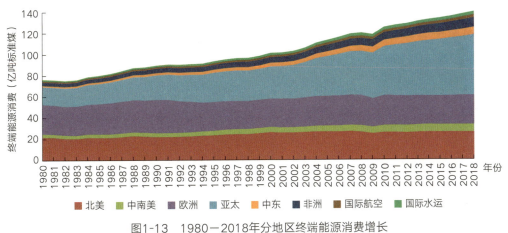

图1-13 1980—2018年分地区终端能源消费增长

提升，电能占终端能源消费的比重从 1980 年的 10.9% 升至 2018 年的 19.2%。

中东、北美、欧洲终端能源消费以油气为主。 1980－2018 年，中东、北美、欧洲石油和天然气占终端能源消费的比重一直保持在 60% 以上；亚太煤炭占终端能源消费的比重高于全球其他地区。

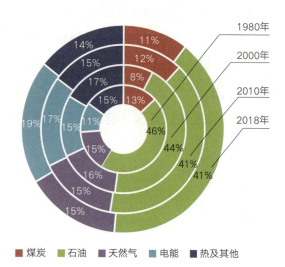

图1-14　1980年、2000年、2010年、2018年
全球终端能源消费分品种结构变化

中国煤炭占终端能源消费的比重远高于其他国家。 1980－2018 年，中国煤炭占终端能源消费的比重一直保持在 30% 以上，较全球平均水平高 20 个百分点以上；除中国外，印度、南非终端能源消费中煤炭占比也较高，2018 年分别为 17.0%、23.6%。

3. 分部门

终端能源消费中工业、交通、居民呈"三足鼎立"局面。 2018 年，全球工业、交通和居民三部门终端用能占终端能源消费的比重分别为 28.4%、29.2%、21.3%，较 1980 年分别变化 -4.5、6.0、-2.4 个百分点。其中，OECD 国家工业占终端能源消费的比重下降，2018 年为 21.6%；非 OECD 国家交通占终端能源消费的比重上升，2018 年为 20.8%。

全球主要工业行业能源消费占工业能源消费的比重上升。 1980－2018 年，全球主要工业行业（主要指黑色金属、化工、有色金属、建材、机械、食品及烟草、造纸及印刷、纺织及皮革八大行业，下同）能源消费占工业能源消费的比重从 59.9% 升至 71.3%；其中 OECD 国家主要工业行业能源消费占工业能源消费的比重从 55.8% 升至 77.5%；非 OECD 国家从 64.5% 升至 69.3%。

图1-15　2018年全球主要工业行业用能占
工业用能的比重

欧洲、亚太主要工业行业能源消费占工业能源消费的比重居全球前列。 1980－2018年，欧洲、亚太、中南美、北美、中东主要工业行业能源消费占工业能源消费的比重分别从75.7%、66.5%、54.0%、34.8%、11.8%升至80.1%、77.2%、66.3%、73.4%、15.0%；非洲从34.4%降至25.8%。

中国工业能源消费增长主要来自高耗能行业。 2018 年，中国主要工业行业能源消费占工业能源消费的比重升至 87.0%，较全球平均水平高 15 个百分点以上，较 1980 年提高 4.1 个百分点；其中高耗能行业（主要指黑色金属、化工、有色、建材四大行业）能源消费占工业能源消费的比重升至 71.6%，较 1980 年提高 11.5 个百分点，对工业能源消费增长的贡献率达 74.2%。

三、能源供应

1. 分地区

全球能源产量持续增长，非 OECD 国家占比进一步提升。2018 年，全球一次能源生产总量为 198 亿吨标准煤，较 1980 年增长 93%，年均增长 1.8%。其中，OECD 国家能源产量占全球的比重从 1980 年的 39.3% 降至 2018 年的 29.7%，非 OECD 国家占比从 60.7% 升至 70.3%。

亚太贡献全球能源产量增量的一半以上。2018 年，亚太一次能源生产量为 67 亿吨标准煤，占全球一次能源生产总量的比重为 33.6%，对全球增长的贡献率达 59.3%。北美、欧洲能源生产量占全球的比重持续下降，分别从 1980 年的 25.4%、31.9% 降至 2018 年的 18.8%、20.0%，对全球增长的贡献率分别仅 11.8%、7.3%。

中国能源产量位居世界首位。2018 年，中国能源生产量达 36.4 亿吨标准煤，再创新高。1980—2018 年，中国一次能源生产量占全球的比重从 8.6% 增至 18.4%，对全球增长的贡献率达 28.8%。

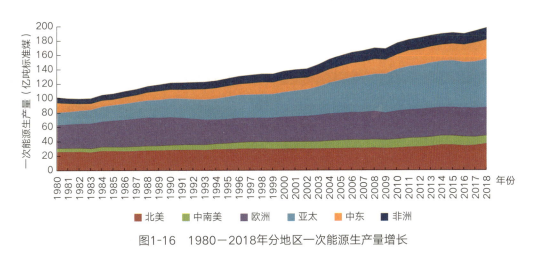

图1-16　1980—2018年分地区一次能源生产量增长

2. 分品种

全球煤炭生产量大幅增加，占一次能源生产总量的比重先降后升。2018 年，全球煤炭生产量达 56 亿吨标准煤，较上年增长 3.3%，增量主要来自亚太地区。1980—2018 年，全球煤炭生产量年均增长 2.1%，对一次能源生产增量的贡献率为 31.6%，占一次能源生产总量的比重从 25.1% 增至 28.2%，其中 2000 年曾降至 23.4%。

全球石油生产量占比持续下降，但仍为第一大能源。2018 年，全球石油生产量达到 58 亿吨标准煤，较上年增长 2.7%，增长主要来自 OECD 国家，尤其美国表现亮眼。1980—2018 年，全球石油生产量年均增长 0.8%，对一次能源生产增量的贡献率为 15.0%，占一次能源生产总量的比重从 42.4% 降至 29.2%，但占比仍高于其他能源。

全球天然气生产量占比持续提升。2018 年，全球天然气生产量达 46 亿吨标准煤，较上年增长 4.0%，增长主要来自 OECD 美洲地区。1980—

2018 年，全球天然气生产量年均增长 2.5%，对一次能源生产增量的贡献率为 29.4%，占一次能源生产总量的比重从 17.3% 增至 23.1%，提高 5.8 个百分点。

水能生产量占比始终维持在较低水平。1980－2018 年，全球水能生产量从 2.1 亿吨标准煤增至 5.3 亿吨标准煤，年均增长 2.4%，对一次能源生产增量的贡献率为 3.3%，占一次能源生产总量的比重仅从 2.1% 增至 2.7%，占比始终较低。

核能生产量增长最快，占比略有提升。1980－2018 年，全球核能生产量从 2.7 亿吨标准

煤增至 9.6 亿吨标准煤，年均增长 3.7%，对一次能源生产增量的贡献率为 7.2%，占一次能源生产总量的比重先升后降，1980 年为 2.6%，2018 年为 4.8%，其中 2000 年左右达到最高值 6.9%。

非水可再生能源生产量占比主要在 2000 年后提升。1980－2018 年，全球非水可再生能源生产量从 10.9 亿吨标准煤增至 23.8 亿吨标准煤，年均增长 2.0%，对一次能源生产增量的贡献率为 13.5%，占一次能源生产的比重从 10.6% 升至 12.0%，提高 1.4 个百分点，其中 2000－2018 年间提升 0.9 个百分点。

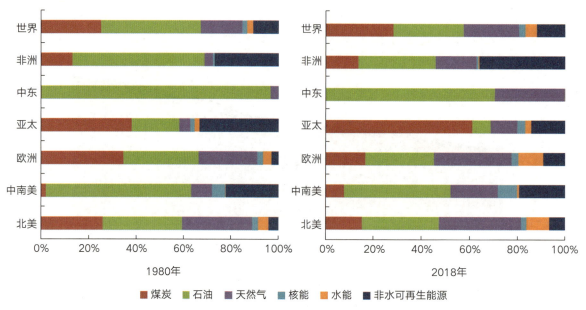

图1-17　1980年、2018年分地区一次能源生产分品种结构对比

3. 资源储量与国际贸易

全球煤炭资源集中在美国、俄罗斯、澳大利亚和中国，油气资源集中在中东地区和俄罗斯。2018 年，全球煤炭探明储量为 1.1 万亿吨，80% 为动力煤和焦煤，可采年限约 132 年，美国、俄罗斯、澳大利亚、中国煤炭探明储量居世界前四位，合计超过全球的 66%；全球石油、天然气探明储量分别达

2441 亿吨、6952 万亿米³，可采年限均不足 60 年，中东地区油气储量超过全球的 40%。

亚太是全球煤炭生产贸易中心，中东是全球油气主要出口地。2018 年，全球 70% 以上的煤炭产量、进口量均来自亚太，中国煤炭产量约占全球的一半；中东的油气出口量约占全球的 1/3，而欧洲、亚太是全球主要的油气进口地。

四、电力消费

（一）用电量

1. 分地区

全球电力消费持续增长，非 OECD 国家增长强劲。 2018 年，全球电力消费达到 24.5 万亿千瓦·时，较 1980 年增长 2.2 倍，较上年增长 3.1%，增速创近五年新高。1980－2000 年、2000－2018 年对比来看，OECD 国家年均增速从 2.8% 降至 0.7%，部分国家显现饱和态势，是前二十年电力消费增长的主要拉动力；非 OECD 国家年均增速从 3.8% 升至 5.9%，主要是中国等发展中国家电力消费持续快速增长，也是 2000 年以来全球电力消费增长的主要增长点。

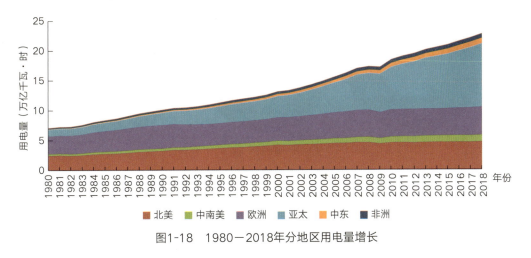

图1-18　1980－2018年分地区用电量增长

全球电力消费重心由欧美向亚太转移。 2018 年，亚太占全球电力消费的比重达 47.0%，贡献 2018 年全球增长的 3/4；北美、欧洲电力消费占全球的比重分别为 20.6%、20.8%，较 1980 年分别下降 13.7、21.9 个百分点；中南美、中东、非洲 2018 年占比分别为 4.6%、4.1%、3.0%，比重仍较小。

中国、美国电力消费总量属第一梯队，印度、日本、俄罗斯属第二梯队，是全球前五大电力消费国。 2018 年，中国电力消费量为 6.6[1] 万亿千瓦·时，较上年增长 8.5%，增速创近七年新高；中国于 2011 年超越美国成为全球第一大电力消费国；美国 2018 年电力消费量为 4.2 万亿千瓦·时；印度电力消费量为 1.4 万亿千瓦·时，2014 年超越日本成为全球第三大电力消费国。

---

[1] 数据来源于国际能源署；中国国家能源局公布的 2018 年中国全社会用电量为 6.9 万亿千瓦·时，主要差别为国际能源署数据不含输配线损。

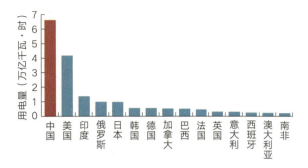

图1-19 2018年主要国家用电量（由大到小排序）

2. 分部门

工业用电占比下降，商业、居民用电占比持续提升。2018年，全球工业用电占终端用电总量的比重为41.2%，较1980年下降9.6个百分点，但自2000年以来基本在42%上下浮动，主要受以中国为代表的发展中国家工业化进程拉动；商业、居民用电占比分别为21.6%、27.2%，占比较1980年分别上升3.9、2.0个百分点，两者阶段性高点均出现在21世纪初，之后受新兴市场国家工业化影响略有下降；交通用电占比近四十年基本维持在2%上下，受交通电气化进程影响近几年微弱提升。

发达国家用电结构较为均衡，发展中国家工业用电占据主导。2018年，OECD国家工业、商业、居民用电占总用电量的比重分别为31.7%、

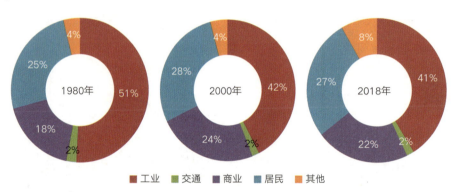

图1-20 1980年、2000年、2018年全球分部门用电结构变化

31.7%、30.8%，结构较为均衡；非OECD国家工业、商业、居民用电占总用电量的比重分别为48.4%、13.7%、24.6%，工业用电占比持续下降，但其"一家独大"的现象仍比较明显。

北美、中东居民用电占比最高，其他地区工业用电占比最高。2018年，北美居民、商业用电占比均超过工业，分别为35.6%、32.8%、24.2%；中东居民用电占比高达42.1%，居各地区首位，商业、工业分别为25.8%、23.3%；亚太、中南美、非洲、欧洲工业用电占比最大，分别为51.9%、39.7%、39.2%、38.4%。

中国工业用电占比在主要国家中最高。2018年，中国工业用电占比为61.1%，较1980年的77.8%大幅下降，但在主要国家中仍处最高水平；南非、俄罗斯、巴西工业用电占比分别为60.1%、43.8%、39.8%；发达国家中，韩国工业用电占比高达51.3%，美国工业用电占比仅20.9%。

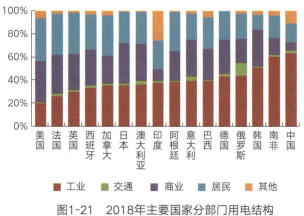

图1-21 2018年主要国家分部门用电结构
（工业占比由小到大排序）

3. 人均用电量

全球人均用电量持续增长，增速先升后降，人均生活用电量增速逐步放缓。 2018年，全球人均用电量为3224千瓦·时，较1980年增长近九成，其中1980—2000年、2000—2010年、2010—2018年年均分别增长1.5%、2.2%、1.5%，增速先升后降；全球人均生活用电量为878千瓦·时，1980年以来年均增长1.9%，前二十年年均增长2.0%，后十八年年均增长1.7%，增速呈放缓趋势。

发达国家人均用电量显现饱和态势，近几年略有下降；发展中国家人均用电量持续较快增长，与发达国家仍有巨大差距。 2018年，OECD国家人均用电量达8452千瓦·时，较1980年增长约一半，但2010年以来略有下降；非OECD国家人均用电量为2201千瓦·时，比1980年高2.2倍，显示出经济社会发展对用电增长的有力拉动，但仅为OECD国家的1/4。同期，OECD国家人均生活用电量为2627千瓦·时，较1980年增长57%；非OECD国家人均生活用电量为541千瓦·时，较1980年增长5倍，仅为OECD国家的1/5。

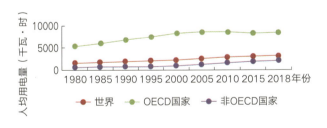

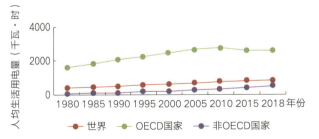

图1-22　1980—2018年世界及OECD/非OECD国家人均用电量变化

北美人均用电量遥遥领先并达峰下行，亚太、中东人均用电量增速最高。 2018年，北美人均用电量高达10283千瓦·时，遥遥领先于其他地区，但其峰值出现在2005年左右，近十余年有所下降；亚太、中东人均用电量分别为2941、1610千瓦·时，较1980年分别增长4.7、4.1倍，增长最快；非洲人均用电量仅615千瓦·时，远落后于其他地区。2018年，北美人均生活用电量3656千瓦·时，约为第二名欧洲1627千瓦·时的2.2倍；中南美、中东、亚太、非洲人均生活用电量分别为687、684、620、220千瓦·时，仍处于较低水平。

图1-23　1980—2018年分地区人均用电量

加拿大、美国人均用电量遥遥领先。 在人均用电量方面，发达国家大幅领先，加拿大、美国、韩国超过1万千瓦·时，2018年分别达到14813、12835、11155千瓦·时；印度2018年仅1027千瓦·时，约为全球平均水平的1/3。在人均生活用电量方面，2018年加拿大、美国分别达到5205、4705千瓦·时；印度为262千瓦·时，约为全球平均水平的30%。

中国人均用电量超过全球平均水平，人均生活用电量仍低于全球平均水平，在主要国家中处于相对较低水平。 2018年，中国人均用电量为4765千瓦·时，较全球平均水平高出近一半；中国人均

图1-24　2018年主要国家人均用电量与人均生活用电量（由高到低排序）

生活用电量为 823 千瓦·时，略低于全球平均水平。中国人均用电量及人均生活用电量在主要国家中均处于相对较低水平。

4. 电力消费强度

全球电力消费强度趋于稳定，发达国家先升后降，发展中国家先降后升。2018 年，全球电力消费强度为 2962 千瓦·时 / 万美元，较 1980 年提高约 8%，自 2010 年以来基本维持在 2950—3000 千瓦·时 / 万美元。OECD 国家 2018 年电力消费强度为 2029 千瓦·时 / 万美元，较 1980 年下降 14%，体现出能源利用效率的提升，其中 1990—2000 年间在 2500 千瓦·时 / 万美元上下波动，此后逐步下降；非 OECD 国家电力消费强度为 4523 千瓦·时 / 万美元，2000 年左右一度降至 4000 千瓦·时 / 万美元以下，此后逐步上升，展现出经济社会发展对电力需求的有力拉动。

北美、欧洲电力消费强度稳步下降，中东、亚太电力消费强度大幅上升。2018 年，北美、欧洲电力消费强度分别为 2395、2125 千瓦·时 / 万美元，较 1980 年分别下降 28%、33%，且保持

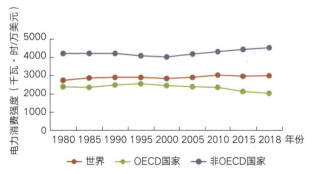

图1-25　1980—2018年世界及OECD/非OECD国家电力消费强度

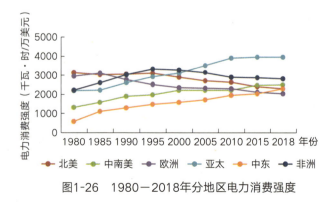

图1-26　1980—2018年分地区电力消费强度

稳步下降态势；中东、亚太分别为 2422、4282 千瓦·时 / 万美元，分别增长约 4 倍、87%；中南美、非洲分别为 2634、3017 千瓦·时 / 万美元，分别增长 103%、30%。

金砖国家电力消费强度普遍高于发达国家。 2018 年，金砖国家中俄罗斯、南非、印度、巴西的电力消费强度分别为 5871、5298、4880、2303 千瓦·时 / 万美元；美国、日本、德国、英国电力消费强度分别仅为 2353、1619、1451、1143 千瓦·时 / 万美元，均低于金砖国家；韩国受工业化启动较晚及经济结构偏"重"等影响，1980—2010 年间电力消费强度逐步上升，2010 年以来开始下降，2018 年为 4168 千瓦·时 / 万美元，高于金砖国家中的巴西。

中国电力消费强度大幅下降，仍远高于发达国家。 2018 年，中国电力消费强度为 6144 千瓦·时 / 万美元，较 1980 年下降近 1/4，但仍分

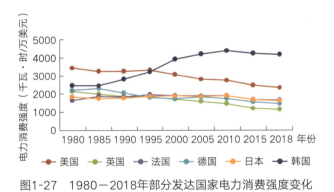

图1-27　1980—2018年部分发达国家电力消费强度变化

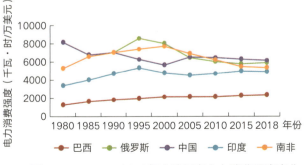

图1-28　1980—2018年金砖国家电力消费强度变化

别为英国、德国、日本、美国的 5.4、4.2、3.8、2.6 倍，在金砖国家中亦为最高。

（二）电气化指标

1．发电能源占一次能源消费的比重

全球发电能源占一次能源消费的比重稳步提升。 2018 年，全球发电能源占一次能源消费的比重为 34.2%，较 1980 年提高 10.4 个百分点。OECD 国家与非 OECD 国家发电能源占一次能源消费的比重分别为 38.2%、33.6%，较 1980 年分别提高 9.3、15.2 个百分点，发达国家明显高于发展中国家。

北美、亚太、中东发电能源占一次能源消费的比重处于领先水平。 2018 年，亚太、北美、中东发电能源占一次能源消费的比重分别为 38.2%、37.8%、37.5%，处于第一梯队；欧洲次之，为 32.3%；中南美、非洲较低，分别为 29.9%、20.5%。

发达国家发电能源占比普遍较高。 2018 年，法国、日本发电能源占一次能源消费的比重在主要国家中处于领先水平，分别为 51.2%、44.9%，较 1980 年分别提高 24.3、10.4 个百分点。俄罗斯、巴西发电能源占一次能源消费的比重在主要国家中最低，分别为 23.4%、19.3%，较 1980 年分别提高 6.9、8.2 个百分点。

中国发电能源占一次能源消费的比重大幅上升，已超过部分发达国家。 2018 年，中国发电能源占一次能源消费的比重为 37.7%，较 1980 年提高 23.2 个百分点，分别超过意大利、英国、德国 7.0、3.8、1.6 个百分点，较领先的法国、日本分别低 13.4、7.2 个百分点。

图1-29 1980/1990－2018年主要国家发电能源占
一次能源消费的比重

2. 电能占终端能源消费的比重

全球电能占终端能源消费的比重稳步提升，发达国家显著高于发展中国家。 2018 年，全球电能占终端能源消费的比重为 19.2%，较 1980 年上升 8.3 个百分点。2018 年，OECD、非 OECD 国家电能占终端能源消费的比重分别为 22.4%、18.6%，较 1980 年分别提高 8.5、10.8 个百分点。

除交通外，各部门电能占终端能源消费的比重均大幅提升。 2018 年，商业电能占终端能源消费的比重达到 51.1%，较 1980 年提高 26.3 个百分点，遥遥领先于其他部门；工业、居民电能占终端能源消费的比重分别为 28.0%、24.5%，均高于全球平均水平，较 1980 年分别提高 11.1、12.9 个百分点；交通电能占终端能源消费的比重始终处于较低水平，在 1% 上下浮动。

北美、欧洲电能占终端能源消费的比重始终高于全球平均水平，亚太跃居各地区首位。 2018 年，北美、欧洲电能占终端能源消费的比重分别为 21.5%、19.3%，较 1980 年分别提高 8.1、6.9 个百分点；亚太为 22.2%，较 1980 年提高 14.0 个百分点，超过全球平均水平 3.0 个百分点，为各地区中最高；中南美为 18.8%，略低于全球平均水平 0.4 个百分点；中东、非洲处于较低水平，分别仅 16.1%、9.2%。

发达国家电能占终端能源消费的比重普遍较高。 2018 年，日本电能占终端能源消费的比重达 28.5%，1980 年已与当前全球平均水平相当，与其国内能源资源贫乏、核电占比较高有关；美国、意大利、英国、德国等国虽高于全球平均水平，但已低于中国，与其终端天然气消费占比较高有关；南非 1980 年便已达到 18.2%，2018 年升至 23.5%，与其较高的商业、居民用电占比有关；巴西与全球平均水平基本相当；印度、俄罗斯远低于全球平均水平，前者主要是仍存在大量的传统生物质能消费，后者主要受终端大量天然气消费影响。

中国电能占终端能源消费的比重已达到较高水平，但与领先国家仍有一定差距。 2018 年，中国

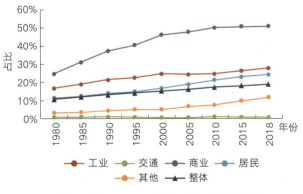

图1-30 1980－2018年全球及分部门
电能占终端能源消费的比重

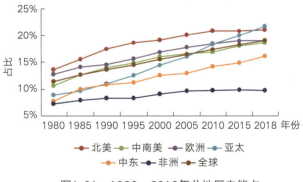

图1-31 1980－2018年分地区电能占
终端能源消费的比重

电能占终端能源消费的比重达到 24.0%，较 1980 年提高 19.7 个百分点，在主要国家中增幅最大。中国电能占终端能源消费的比重已超过美国、英国、德国等发达国家，分别高出 2.4、3.6、4.3 个百分点，但较日本、法国仍分别低 4.4、1.4 个百分点。

电能占终端能源消费的比重随经济增长而提高。各国电能占终端能源消费的比重与人均 GDP 呈显著的正相关关系，电气化水平随经济增长不断提高，欠发达国家电气化进程远快于发达国家同等收入条件下水平。

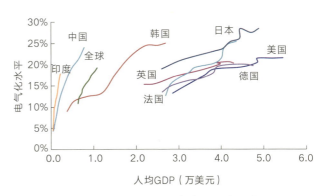

图1-32　1980/1990年与2018年主要国家电能
占终端能源消费的比重

图1-33　1980—2018年主要国家人均GDP和
终端电气化水平

五、电力供应

（一）发电装机

1. 分地区

全球发电装机持续增长，主要由非 OECD 国家贡献。2018 年，全球发电装机较 2000 年增长约 1.1 倍至 71.6 亿千瓦，年均增长 4.1%。2000－2018 年，OECD 国家发电装机从 20.8 亿千瓦增至 31.0 亿千瓦，占全球的比重从 59.9% 降至 43.3%；非 OECD 国家从 14.0 亿千瓦增至 40.6 亿千瓦，增长 1.9 倍，对全球新增装机贡献率高达 72.4%，2018 年非 OECD 国家更是贡献了全球 4/5 的新增装机。

全球发电装机增长重心由欧美向亚太转移。2018 年，亚太贡献了全球 70% 以上的新增装机，北美、欧洲合计贡献率仅 14%。截至 2018 年年底，北美、欧洲发电装机占全球的比重分别为 20.2%、21.4%，较 2000 年分别下降 9.1、9.2 个百分点；亚太发电装机占比 46.5%，较 2000 年提高 17.3 个百分点；中南美、中东、非洲占比变化不大。

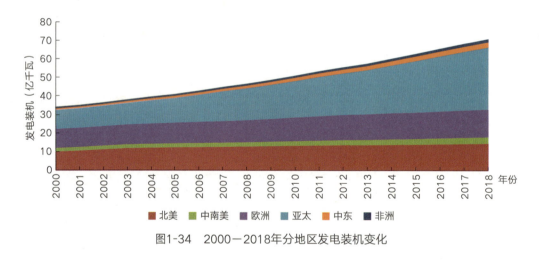

图1-34 2000－2018年分地区发电装机变化

中国于 2012 年超越美国成为全球发电装机第一大国。2018 年，中国发电装机为 19.0 亿千瓦，较 2000 年增长 4.9 倍，2012 年超过美国成为全球第一发电装机大国；美国发电装机达 12.1 亿千瓦，较 2000 年增长 40%；德国增长了 85% 至 2.2 亿千瓦，主要受非水可再生能源发电快速增长拉动；印度增长 2.5 倍至 4.2 亿千瓦。

2. 分品种

非化石能源发电蓬勃发展，化石能源发电装机规模占比有所下降，仍为主力电源。2018 年，全球煤电装机较 2000 年增长近九成至 21.1 亿千瓦，油电、气电装机分别为 3.0 亿、18.0 亿千瓦，化石能源发电装机合计 42.1 亿千瓦，占全部装机的 58.8%，较 2000 年下降 6.6 个百分点；水电、核电装机分别为 13.0 亿、4.0 亿千瓦，较 2000 年分别增长 66%、13%；风电、太阳能发电、生物质及其他发电装机分别为 5.6 亿、4.9 亿、2.1 亿千瓦，合计占全球发电总装机的比重达到 17.6%，较 2000 年提高约 15.1 个百分点。

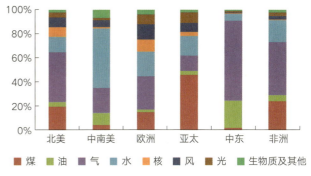

图1-36　2018年分地区分品种发电装机结构对比

图1-35　2000－2018年分品种发电装机增长

北美、中东气电装机占比较高，亚太煤电占比较高，中南美水电占比较高，非洲以气电、煤电为主，欧洲分品种装机结构较为均衡。 北美气电在 21 世纪初取代煤电成为第一大电源品种，2018 年装机占比高达 41.2%，煤电装机占比已降至 19.7%，非水可再生能源发电装机占比达 14.1%。受其他电源品种不同程度扩张影响，中南美水电装机占比首次降至 50% 以下，2018 年为 49.7%，仍远超其他电源装机占比，非水可再生能源发电装机占比为 14.5%。欧洲发电装机结构较为均衡，2018 年煤、气、水、核、非水可再生能源发电装机占比分别为 15.1%、27.9%、20.1%、10.6%、24.6%。亚太煤电装机占比长期维持较高水平，近几年下降明显，但 2018 年仍高达 46.0%，主要得益于低廉的燃煤发电成本和丰富的煤炭资源，非水可再生能源发电装机占比大幅增至 18.1%，仅次于欧洲。中东发电以气为主，2018 年燃气发电装机占 66.4%，燃油发电装机占 23.0%，主要得益于其丰富的油气

资源，非水可再生能源发电装机占比仅 1.3%。非洲电力发展相对滞后，发电资源尚未充分开发，煤、油、气、水、非水可再生能源发电装机占比分别为 24.1%、5.0%、44.2%、17.9%、7.9%。

金砖国家（除巴西外）化石能源发电装机占比较高，欧洲多国非水可再生能源发电装机占比较高。 2018 年，南非、印度、中国煤电装机占比高，分别为 72.9%、66.7%、53.6%，远超其他国家；埃及、墨西哥、阿根廷、俄罗斯气电装机占比超过 50%，美国、意大利气电装机占比超过 40%；巴西、加拿大水电装机占比高，分别为 62.5%、53.4%；法国核电装机占比高达 47.6%。从非水可再生能源发电装机占比看，德国 2018 年占比达 53.8%，远高于其他国家；英国、西班牙、意大利分别为 40.4%、31.4%、30.7%，处于第二梯队。

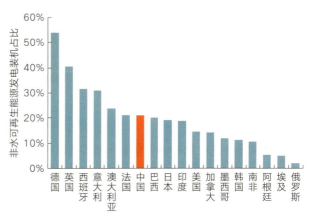

图1-37　2018年主要国家非水可再生能源发电装机占比

中国非水可再生能源发电装机快速增长。
2018 年，中国非水可再生能源发电装机占比达 20.9%，与澳大利亚、法国、巴西、日本等国处于同一梯队，较德国、英国仍分别低 32.8、19.5 个百分点。2018 年，中国煤电装机占比为 53.6%，较 2000 年下降 16.6 个百分点，但仍远高于全球平均水平（29.5%）。

图1-38 2000－2018年全球分品种发电量变化

（二）发电量

全球发电量持续增长，煤电、气电、非化石能源发电量分别贡献新增发电量的 1/3 左右。
2018 年，全球发电量为 26.0 万亿千瓦·时，较 2000 年增长近 70%。煤电发电量为 9.7 万亿千瓦·时，贡献 2000 年以来全部增量的 34%；油电发电量为 0.73 万亿千瓦·时，较 2000 下降 27%；气电发电量为 5.9 万亿千瓦·时，贡献率约 30%；非化石能源发电量贡献增量的 38%，其中水电约 15%，风电约 12%，太阳能发电约

5%，生物质及其他发电约 6%。

气电、非水可再生能源发电量占比上升，其余发电技术发电量占比均下降。2018 年，煤电占总发电量的比重为 37.3%，2000 年以来呈先升后降趋势；油电、水电、核电占比持续下降，2018 年分别为 2.8%、16.5%、19.9%；气电占比上升，从 2000 年的 17.9% 增至 2018 年的 22.8%；非水可再生能源发电量占比从 2.6% 增至 10.8%，较装机占比低 6.8 个百分点。

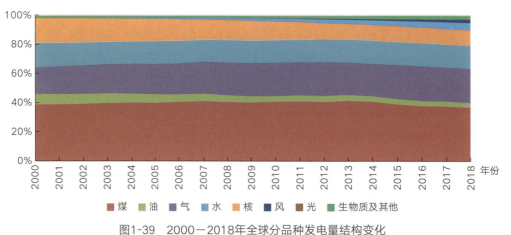

图1-39 2000－2018年全球分品种发电量结构变化

发达国家发电结构清洁低碳程度明显优于发展中国家。2018 年，OECD 国家化石能源发电量占比为 54.0%，较非 OECD 国家的 69.0% 低 15.0 个百分点，其中 OECD 国家煤电占比为 23.5%，

低于非 OECD 国家（46.8%）23.3 个百分点；OECD 国家气电占比为 29.1%，高于非 OECD 国家（18.5%）10.6 个百分点。在核能发电量占比方面，OECD 国家远高于非 OECD 国家，分别为

17.7%、4.5%。在非水可再生能源发电量占比方面，OECD 国家为 14.4%，而非 OECD 国家为 8.3%。

德国、英国非水可再生能源发电量占比遥遥领先。 2018 年，德国、英国非水可再生能源发电量占比明显高于其他国家，分别达到 36.0%、34.2%，其中风电占比较高，占总发电量的比重分别为 18.3%、17.6%。澳大利亚、西班牙、意大利分别为 28.4%、27.5%、21.7%，处于第二梯队；俄罗斯非水可再生能源发电量占比远低于其他主要国家，仅 1.7%。

中国非水可再生能源发电量占比处于中等水平。 2018 年，中国非水可再生能源发电量占比为 11.0%，在主要国家中处于中等水平，与美国、日本、法国相当，较领先的德国、英国分别低约 25.0、23.2 个百分点。

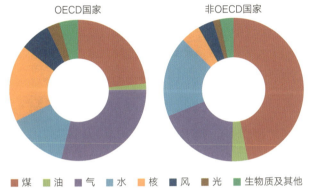

OECD国家　　　非OECD国家

■煤　■油　■气　■水　■核　■风　■光　■生物质及其他

图1-40 2018年OECD/非OECD国家发电量分品种结构对比

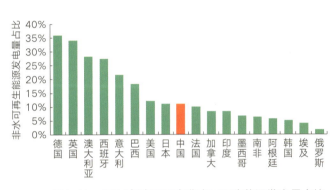

图1-41 2018年主要国家非水可再生能源发电量占比

六、碳排放

1. 分地区

全球能源相关碳排放再创新高。2018 年，全球能源相关碳排放达到 331 亿吨，较 1980 年增长 82%，年均增长 1.6%。1980 年以来，全球能源相关碳排放总体持续增长。2000−2010 年增长较快，年均增长 2.8%，主要受以中国为代表的发展中国家拉动，在此期间部分发达国家碳排放达峰；2010−2018 年增长明显放缓，年均增长 0.8%。尽管 2014−2016 年经济持续增长，但受益于能源效率的提高、低碳技术的利用及煤炭需求下降，全球能源相关碳排放保持平稳态势。受经济和能源需求增长驱动，2018 年全球能源相关碳排放增长有所加快并创历史新高，其中电力部门贡献了全球增量的 2/3。

亚太碳排放持续增长。2018 年，亚太能源相关碳排放达 158 亿吨，较 1980 年增长 3.6 倍；占全球的比重达 47.5%，较 1980 年提高 28.8 个百分点。北美、欧洲近年呈现稳步下降态势，2018 年分别为 59.1 亿、61.2 亿吨；中南美近年在 12 亿吨上下波动，2018 年为 1980 年的 2.2 倍；中东、非洲 2018 年分别为 19.2 亿、10.9 亿吨，较 1980 年分别增长 5.4、1.6 倍。

中国、美国、欧盟碳排放合计约占全球的一半。2018 年，中国、美国、欧盟能源相关碳排放分别为 91.6 亿、49.3 亿、31.6 亿吨，合计占全球的比重约 52%。1980−2018 年，美国、日本碳排放年均分别增长 0.1%、0.6%；英国、法国、德国碳排放已经达峰并逐步下降；中国、印度年均分别增长 5.0%、5.7%。

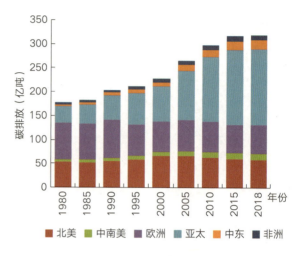

图1-42　1980−2018年分地区碳排放变化

2. 人均碳排放

全球人均碳排放整体增加，发达国家人均碳排放下降，但仍显著高于发展中国家。2018 年，全球人均二氧化碳排放达 4.4 吨，较 1980 年增长 6.1%，年均增长 0.2%。OECD 国家人均碳排放自 2005 年开始逐步下降，但 2018 年仍高达 9.6 吨，为非 OECD 国家（3.2 吨）的 3 倍。

北美、欧洲人均碳排放逐步下降，亚太、中东人均碳排放增速较快。1980−2018 年，北美、欧洲人均碳排放分别从 16.7、10.0 吨降至 12.1、7.0 吨，年均分别下降 0.9%、0.9%；亚太、中东人均碳排放分别从 1.4、1.2 吨增至 4.0、3.1 吨，年均分别增长 2.7%、2.5%。

发达国家人均碳排放远高于发展中国家。加拿大、美国人均碳排放水平较高，2018 年均超过 15 吨；澳大利亚、韩国、俄罗斯、日本、德国、南非均高于中国；西班牙、英国、意大利、法国等高于全球平均水平但低于中国，在 4.5~5.5 吨之间；印度人均碳排放仅 1.6 吨，约为全球平均水平的 36.6%。中国人均碳排放在主要国家中处于中等水平，2018 年约 6.6 吨。

图1-43　2018年主要国家和地区能源相关碳排放及人均碳排放水平

3. 碳排放强度

全球碳排放强度持续下降，发展中国家碳排放强度仍明显高于发达国家。 2018 年，全球碳排放强度为 4.0 吨/万美元，较 1980 年下降 38.7%。其中，OECD 国家为 2.3 吨/万美元，降幅达 52.5%；非OECD 国家为 6.5 吨/万美元，降幅达 47.0%。

北美、欧洲碳排放强度下降最大。 1980—2018 年，北美、欧洲碳排放强度持续下降，年均分别下降 2.3%、2.8%；非洲、亚太碳排放强度先升后降，年均分别下降 0.6%、0.2%；中东、中南美碳排放强度有所上升，年均分别增长 2.4%、0.1%。

发展中国家碳排放强度普遍高于发达国家。 2018 年，美国、加拿大、德国、澳大利亚、英国、法国、日本碳排放强度分别为 2.8、3.1、1.7、2.6、1.2、1.0、1.8 吨/万美元，较 1980 年分别下降 62%、44%、66%、47%、75%、66%、40%；俄罗斯、南非、印度碳排放强度分别为 10.3、9.2、7.6 吨/万美元，远高于发达国家水平，其中南非、印度较 1980 年分别下降 22%、13%，俄罗斯较 1990 年下降 36%。

中国碳排放强度降幅大，但仍处于较高水平。 2018 年，中国碳排放强度为 8.5 吨/万美元，较 1980 年的 42.1 吨/万美元下降 80%，在主要国家中降幅最大，但仍分别为法国、英国、日本、美国的 8.2、7.1、4.7、3.1 倍，比俄罗斯、南非分别低 17.7%、7.6%。

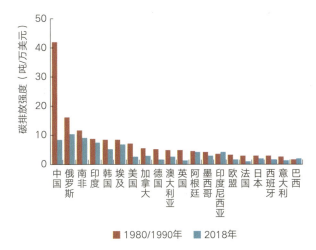

图1-44　1980/1990年与2018年主要国家和地区碳排放强度对比

第二部分

全球能源发展展望

要点

全球一次能源需求较 2018 年增幅在 25% 以内。展望未来，全球经济持续增长、人口规模不断扩张带动能源服务需求稳步提升，但能源需求增长还会受到政策取向、技术进步等因素影响。在基准情景下，2050 年全球一次能源需求增至约 260 亿吨标准煤，较 2018 年增长约 1/4。在加快转型情景下，2035 年前全球一次能源需求平缓增长，之后处于平台波动，2050 年约 230 亿吨标准煤，较 2018 年增长约 1/8。在 2℃情景下，全球一次能源需求 2035 年后稳步下降，2050 年约 190 亿吨标准煤，较 2018 年下降约 1/14。

一次能源结构趋向清洁低碳。展望未来，以风能、太阳能为主的可再生能源迅速崛起，能源政策的支持和技术创新的加快将有力推动全球能源清洁转型。在加快转型情景下，煤炭占比下降主要是发电用煤和工业用煤均有所减少；石油占比下降主要是汽车用油较快达峰，而货运、航空、航运、化工用油保持增长；天然气在发电、工业、建筑等部门均有所增长；2050 年非化石能源占一次能源需求的比重约 36%，较 2018 年提高约 16 个百分点。

全球能源发展重心继续向亚太转移。展望中长期，发达国家能源需求有望延续饱和或减少态势，发展中国家则保持稳定增长，贡献绝大部分增量。在加快转型情景下，亚太贡献至 2050 年全球一次能源需求增量的约 2/3，主要由印度、东盟等发展中国家贡献；受效率提升影响，欧洲、北美能源需求有所下降。

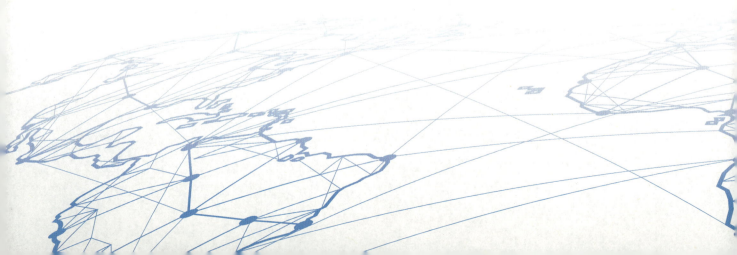

终端用能电气化特征日益显著。未来，随着新能源大规模开发以及电能替代加快，终端电气化水平将加速提升。在加快转型情景下，终端能源中煤炭、石油、天然气等化石能源占比持续下降；电气化进程明显加快，2050 年电能占比约 40%，增幅超过 20 个百分点。

全球电力需求增长 1.3 倍以上。全球电力需求增长由电力普及程度、工业化进程、电气化加速、城市化发展等因素驱动，而工业电动机、家用电器、建筑节能等领域的效率提升会减缓用电增速。在基准情景下，2050 年全球电力需求约 57 亿千瓦·时，较 2018 年增长约 1.3 倍。在加快转型情景下，2050 年全球电力需求约 61 万亿千瓦·时，增长约 1.5 倍。在 2℃情景下，2050 年全球电力需求约 65 万亿千瓦·时，增长约 1.7 倍。

全球发电装机快速增长，可再生能源发电成为主力电源。展望中长期，全球电力需求持续增长带动发电装机快速攀升，电力清洁转型带动新能源发电占比大幅提高，发电装机的增幅远高于电力需求增幅。在加快转型情景下，2050 年全球发电装机增至约 250 亿千瓦，较 2018 年增长约 2.5 倍，其中化石能源发电装机占比从 60% 降至不足 20%；可再生能源发电装机占比在 2025 年前后达到 50%，2050 年约 75%。

全球碳排放增长放缓，在展望期内达峰下行。当前，多数国家按自主贡献承诺如约减排。在加快转型情景下，全球碳排放在 2025 年后持续下行，2050 年约 263 亿吨，约为 2018 年的 80%。即便如此，全球碳减排进程仍无法满足 2℃目标要求，还需各国政府进一步加大减排力度。

当今时代，世界处于百年未有之大变局，能源面临清洁低碳之大转型。全球治理体系深度重塑，经济逆全球化思潮抬头，国际地缘政治博弈加剧；世界能源供需格局深刻调整，新兴经济体需求较快增长，多极供应新格局逐步形成；新一轮技术变革方兴未艾，数字化、智能化为能源发展注入新的动力；新一轮能源革命蓬勃兴起，清洁低碳、电气化是其中的重要特点和趋势。全球能源发展展望部分在研判人口增长、经济发展、能源政策、市场机制、技术进步、成本价格等关键因素未来趋势的基础上，面向 2050 年设计了基准、加快转型、2℃三个情景，开展全球分品种、分部门、分地区能源展望。

一、关键影响因素

（一）人口增长

全球人口增长至 96 亿，中等收入人口大幅增加，城市化率进一步提高。展望中长期，全球人口规模将持续扩张，但增速不断放缓，预计 2050 年全球人口达到 96.0 亿[1]，较 2018 年增长近三成，年均增长 0.7%。分区域看，受经济条件改善、生活水平提升、医疗技术进步等因素拉动，亚太、非洲分别贡献全球人口增长的约 2/5、1/2，近十亿人口成为中等收入水平群体，是未来全球经济能源发展的决定性力量。主要国家和地区[2]中，欧盟人口略有下降；中国人口在 2035－2040 年间达到约 14.5 亿的峰值水平，2050 年降至约 14.0 亿；印度 2030 年前超过中国成为世界人口第一大国，2050 年接近 17.0 亿。此外，全球城市化率平稳提升，从 2018 年的 55% 增至 2050 年的约 68%，其中美洲增至约 90%，欧洲约 85%，亚太约 66%，非洲约 60%。

表2-1　全球人口增长展望

单位：亿

地区／国家	2018	2025	2035	2050	2018－2050		
					年均增速	增幅	贡献率
北美	5.0	5.2	5.6	6.1	0.6%	22%	6%
美国	3.3	3.4	3.7	4.0	0.6%	21%	3%
中南美	4.9	5.5	5.9	6.4	0.8%	30%	7%
巴西	2.1	2.2	2.3	2.5	0.5%	17%	2%
欧洲	8.7	9.3	9.4	9.3	0.2%	7%	3%
欧盟	5.1	5.1	5.1	5.0	0.0%	-1%	0%

---

[1] 主要参考联合国人口司中等增速方案。

[2] 在展望部分，主要国家和地区包括美国、巴西、欧盟、英国、法国、德国、俄罗斯、中国、印度、日本、韩国、东盟、南非等。

地区/国家	2018	2025	2035	2050	2018—2050		
					年均增速	增幅	贡献率
英国	0.7	0.7	0.7	0.7	-0.2%	-5%	0%
法国	0.7	0.7	0.7	0.7	-0.2%	-5%	0%
德国	0.8	0.8	0.8	0.8	0.0%	1%	0%
俄罗斯	1.4	1.4	1.4	1.4	0.0%	-1%	0%
亚太	39.1	43.2	45.7	47.4	0.6%	21%	41%
中国	13.9	14.1	14.5	14.0	0.0%	1%	1%
印度	13.5	14.5	15.7	17.0	0.7%	26%	17%
日本	1.3	1.2	1.2	1.1	-0.5%	-14%	-1%
韩国	0.5	0.5	0.5	0.5	0.0%	2%	0%
东盟	6.5	6.8	7.4	7.8	0.6%	20%	6%
中东	6.2	2.6	3.0	3.6	-1.7%	-42%	-13%
非洲	12.1	15.1	18.5	23.3	2.1%	92%	56%
南非	0.6	0.6	0.6	0.7	0.3%	9%	0%
全球	75.9	80.9	88.0	96.0	0.7%	27%	100%

（二）经济发展

全球经济持续增长，较 2018 年增长 1.4 倍。 近十年来，全球经济总体走出 2008 年国际金融危机阴影；但受经济逆全球化思潮抬头，地缘政治结构性重塑等因素影响，近期多家权威机构接连调低全球经济增长预期。展望中长期，经济增长主要受人口增长、效率提高、技术进步等供给侧因素影响，预计 2050 年全球 GDP 增至约 200 万亿美元（2010 年不变价，下同）[1]，较 2018 年增长约 1.4 倍，年均增长 2.8%，略低于 1980—2018 年年均增速 0.1 个百分点。

以中国、印度、东盟为代表的发展中国家成为全球经济增长的主要引擎。 展望中长期，发达国家经济总体保持平稳增长，2050 年北美经济总量较 2018 年增长约 4/5，欧洲增长约 2/3。亚太经济发展基础良好，政治局势稳定，增长潜力巨大，2050 年增长 2.5 倍，对全球经济增长的贡献率高达 55%，是未来增长的主要引擎。非洲经济发展基础薄、潜力大，增速虽快（3.9%），但贡献较小（5%）。主要国家和地区中，中国经济年均增长 4.5%，对全球增长的贡献率接近 30%，按 2010 年不变价计算将在 2030 年前超过美国成为全球第一大经济体；印度年均增长 6.5%，2050 年约 21 万亿美元，略低于中国 2030 年的规模。

---

❶　主要参考世界银行、国际货币基金组织相关展望。

表 2-2　全球经济增长展望　　　　　　　　　单位：万亿美元（2010 年不变价）

地区 / 国家	2018	2025	2035	2050	2018-2050 年均增速	2018-2050 增幅	2018-2050 贡献率
北美	21.1	24.1	29.4	38.6	1.9%	83%	15%
美国	17.8	20.3	24.7	32.4	1.9%	82%	12%
中南美	4.2	5.8	7.6	13.0	3.6%	209%	7%
巴西	2.3	2.8	3.6	6.5	3.3%	185%	4%
欧洲	23.9	27.0	32.0	40.0	1.6%	67%	14%
欧盟	19.2	21.1	24.3	29.1	1.3%	52%	8%
英国	2.9	3.1	3.4	3.8	0.9%	32%	1%
法国	2.9	3.1	3.5	3.9	0.9%	33%	1%
德国	3.9	4.3	4.9	5.8	1.3%	49%	2%
俄罗斯	1.7	2.0	2.3	3.1	1.9%	84%	1%
亚太	26.9	36.8	56.5	92.9	3.9%	245%	55%
中国	10.8	16.5	28.2	44.0	4.5%	307%	28%
印度	2.8	4.4	8.3	21.1	6.5%	652%	16%
日本	6.2	6.5	7.0	7.6	0.6%	23%	1%
韩国	1.4	1.7	2.1	2.7	2.0%	90%	1%
东盟	3.2	4.0	6.1	11.4	4.0%	256%	7%
中东	4.1	3.0	4.2	7.1	1.7%	73%	3%
非洲	2.5	3.4	5.0	8.5	3.9%	241%	5%
南非	0.4	0.5	0.7	1.4	4.1%	259%	1%
全球	82.6	100.2	134.7	200.0	2.8%	142%	100%

（三）能源政策 [1]

携手应对气候变化是国际社会的广泛共识。《巴黎协定》开创了全球气候治理新机制，为 2020 年后共同应对气候变化行动作出安排。近 200 个国家提交了国家自主贡献承诺（美国已正式启动退出程序），主要减排举措包括提高能源效率、推动清洁转型、加快技术创新等。2019 年年初，IPCC 第六次评估阶段性成果显示多数国家正在如约减排，全球碳排放的快速增长态势有望得到遏制，但整体进度无法满足 2℃减排目标，未来需加大减排政策力度、加快技术创新步伐、探索普遍征收碳税。

可再生能源开发利用是各国电力发展的普遍选择。为应对气候变化、满足用电增长，各国普遍将可再生能源开发利用作为电力发展的战略选择，多数国家设置了可再生能源发电规模目标或占比目标，部分国家还对煤电、核电发展制定了限制举措。联合国 2030 年可持续发展目标提出 100% 电力可及，让约 10 亿无电人口获得电力供应。总体上，"清洁低碳 + 电气化"成为大部分国家能源转型的现实路径。

能效标准、能源管理、能效审计在工业领域广泛实施。在全球范围内，工业领域能源政策体系成熟、主体明确、效果显著，能效标准覆盖范围不断

---

[1]　主要参考国际能源署政策数据库。

扩大，企业能源管理系统逐步推广，能效审计得以普遍实施。例如，美国对工业及商用锅炉实施更加严格排放标准；欧盟制定了电动机、风扇、水泵、热泵、压缩机等节能指导标准；中国加速落后产能退出，淘汰老旧工业燃煤锅炉；日本要求大型企业强制实施能源管理，向小型企业提供免费的能效审计。

电气化是交通发展的大势所趋。 当前，交通领域能源政策主要是提高内燃机效率、提高燃油标号。面向未来，交通电气化是大势所趋，主要支持政策包括购买直接补贴、停车费及过路费减免、保有量及销售量目标、公共财政采购、传统燃油车禁售、充电设施支持等。例如，欧盟、中国、印度等多地提出了电动汽车发展规模或销售占比目标，英国、法国等多国提出了禁止燃油汽车销售的时间表，丰田、大众、通用等汽车生产商制定了雄心勃勃的电动车计划，自动驾驶、共享汽车等新技术新模式蓬勃发展。

强制性能效标准和能效标识计划在建筑领域普遍推开。 伴随经济社会发展与中产人群壮大，强制性能效标准和能效标识计划从欧美发达国家向发展中国家扩散，逐步覆盖电灯、电视、冰箱、空调等多种家用电器。特别地，发展中国家普遍选择逐步淘汰白炽灯等低效电器，努力实现 100% 现代能源可及。此外，建筑节能标准的实施加快推动节能建筑或"净零能耗"建筑发展，数字化技术提高电器可控性及用能灵活性。

（四）市场机制

能源市场全球化推动基础设施互联互通、能源

资源合作共享。 伴随经济全球化持续推进、能源转型进程加快，能源市场的范围由国家向区域、全球拓展，能源的商品属性进一步凸显。展望未来，全球煤炭市场重心进一步向亚太转移，供需平衡呈现整体宽松态势；随着交通电气化降低部分国家对石油进口的依赖，发展中国家在石油定价机制中的话语权有望提高；非常规天然气生产和液化天然气贸易迅速增长，将北美、欧洲、亚太三大区域天然气市场重构整合为全球统一市场。

电力市场建设促进供给侧清洁转型、消费侧电气化发展。 在能源供给侧，大规模可再生能源发电利用是能源清洁转型的必然选择，但其出力间歇性对系统灵活性提出很高要求，现货市场、辅助服务市场、容量市场等协同发展将有力确保系统稳定运行，提高清洁能源消纳。在能源消费侧，售电市场的开放加大了电价机制的灵活性，将有力支撑电力消费新模式新业态的培育和成熟，有助于扩大电能消费，提高电气化水平。

（五）技术进步 ❶

技术进步是提高能源效率、加快能源转型的核心驱动，能源开发技术、能源加工转换技术、能源传输技术、终端用能技术、数字信息技术的任何一项重大突破都将给未来能源发展带来深远影响。

1. 能源开发技术

油气勘探开发技术进步可提升油气可采储量，降低开发周期和成本。 考虑压缩感知地震勘探技术、弹性波成像技术、高精准智能压裂技术、井下油水分离技术、全自动钻井技术等进步创新，预计 2050 年世界油气可采储总量较当前水平增加约

---

❶ 主要参考国际能源署、BP 公司、DNV GL 相关能源技术展望报告。

1/3，达到 7.3 万亿桶油当量。自动钻井技术的成熟有望将钻井时间和成本降低 30%~50%，进一步缩短油气开发周期，降低开发成本。

可再生能源开发技术进步可有效扩大可利用种类和规模。伴随资源评估和空间规划技术、大容量风机技术、智能化监测预警技术等进步，风能、太阳能的可利用规模将进一步扩大。氢能、生物质能、地热能、海洋能等开发利用技术的成熟，将大幅提高能源供应的多元化程度。

2. 能源加工转换技术

加工转换技术进步促进转换效率提升和成本降低。炼油、制气、洗选、炼焦等传统技术难以出现革命性进步，但通过生产工艺优化和信息技术改造，可实现在线运营监测、自动化维护管理，有效提高加工转换效率、降低中间过程损耗。

发电技术进步有助于提高发电效率及可再生能源消纳。超超临界发电、"热-电-冷"三联产、燃气-蒸汽联合循环等技术进步可提高发电利用效率。通过对可再生能源发电实现精准预测、实时控制、灵活调度，可有效降低发电成本、扩大利用规模。因地制宜大范围推广分布式发电、微电网技术，有助于清洁能源就地消纳。

3. 能源传输技术

自动化巡检技术有力保障能源传输通道安全。通过远程操控配备摄像头和传感器的水下自主航行器，可嗅探到海底油气管道甲烷或石油的泄漏情况。通过配备高度复杂传感器系统（雷达、光学、红外成像仪等）的无人驾驶飞行器，可对陆上油气管道、输电线路进行巡检，大大提高巡检频率和便捷度。

坚强智能、广泛互联的电网成为多能转换利用的枢纽和资源优化配置的平台。特高压输电技术可实现大容量、远距离输电，极大提高资源大范围配置能力。柔性交流/直流输电技术、智能化控制技术、先进需求侧管理技术可加强电网运行的灵活性和稳定性。依托坚强、稳定、灵活、高效的电网平台，多种能源协调互补、协同高效，可提高能源综合开发利用效率。

4. 终端用能技术

终端用能技术向清洁化、高效化、便捷化转变。电能作为清洁低碳、便捷高效的二次能源，有望满足更多能源服务需求，其占终端能源的比重将加快提升。展望未来，电驱动、电动矿山采选设备等将在工业部门推广应用；电气化铁路、港口岸电、新能源汽车（纯电动汽车、燃料电池汽车等）的发展将加快交通电气化进程；建筑领域的用能技术创新包括现代高效家电、电采暖/制冷、智能家居等。

5. 数字信息技术

数字信息技术将从全产业链推动能源转型发展。展望未来，"大云物移智"、区块链、5G 等数字信息技术将全方位渗透能源行业，从煤油气智能化勘探开发、新能源高效开发利用，到提高能源加工转换效率，到能源高效传输和精准监测，再到终端能源清洁高效便捷利用。国家电网有限公司创造性地提出"三型两网、世界一流战"战略目标，建设泛在电力物联网为电网赋能，充分应用各种先进数字技术，实现电力系统各个环节万物互联、人机交互，推动电网功能、业务、管理全面升级。

6. 其他技术

储能技术发展助力能源系统更加灵活、高效。未来，抽水蓄能仍是重要的储能方式。电力储存技术尤其是高能量密度电池的迅速发展，将有效促进清洁能源消纳、提高电力系统灵活性，同时降低电动汽车成本、增加行驶里程。

生态环保技术将在能源系统清洁化、应对气候变化中发挥重要作用。碳捕捉、利用与封存

（CCUS）技术将在电力、钢铁、化工等行业普遍应用，将大幅降低 CO_2 排放甚至实现负排放。烟气除尘、脱硫脱硝、VOCs 废气处理等技术亦将发挥重要作用。

（六）成本价格

国际煤炭价格相对平稳，市场供需总体平衡。 受中国供给侧结构性改革影响，近几年国际煤炭价格在相对合理区间内波动。考虑多国控煤、减煤政策及发电、化工需求，预计中长期国际煤炭价格相对平稳，市场供需总体平衡。

国际原油价格不确定性巨大，市场干预手段推动供需再次平衡。 国际原油市场受金融、政治、战争、灾害等影响显著，中长期不确定性巨大。近年，国际石油投资虽有所回升但仍未恢复，经济扩张带动需求回升或在短期内推高国际油价，但通过市场干预手段有望实现再次平衡。

全球统一天然气市场加速形成，各地价格逐步趋同。 伴随液化产能、运输能力、收储容量的大幅提升，液化天然气的蓬勃发展加速了全球统一天然气市场的形成。北美页岩气革命带来了较大的供给富余与市场灵活，大幅拉低了国际天然气价格。展望中长期，亚太、欧盟、北美的天然气价格将逐步趋同，价格差异主要是运输成本差别所致。

传统发电技术度电成本面临较大上涨压力。 考虑环境治理、排放约束等因素影响，煤电发电成本在中国、美国、欧盟等地区面临上涨压力。气电在北美、欧盟具备一定成本优势，在中国非常规天然气开发取得突破前难有大的发展。水电开发面临资源条件、移民安置、生态保护等多重挑战，未来发电成本有所上升。核电受能源政策取向、民众接受程度、技术调节特性等因素影响，未来发电成本有所增加。

新能源发电逐步在全球取得成本优势[1]。 过去五年，全球光伏发电平准化度电成本下降了约 65%，陆上风电平准化度电成本下降了约 15%，海上风电平准化度电成本下降了约 25%。展望中长期，新能源发电成本持续下降，预计 2030 年陆上风电较当前下降约 15%，海上风电下降超 30%，集中式光伏发电下降约 40%，2040 年光热发电较当前下降约 20%。随着储能技术成熟与规模应用，新能源发电有望在全球大部分地区获得成本优势。

---

[1] 新能源发电成本数据主要参考国际可再生能源署相关报告。

二、情景设计

《全球能源分析与展望 2019》在人口增长与经济发展预期的基础上，考虑政策、技术进步等方面发展趋势，面向 2050 年设计了基准、加快转型、2℃三个情景。其中，基准情景描绘了延续当前能源政策取向、技术创新步伐下的未来能源发展图景，为对比分析提供了参照，其展望结果与本报告 2018 年版自主减排情景一致；加快转型情景描绘了加大能源转型力度、加快技术创新步伐条件下一种可能的未来能源发展图景，较 2018 年版高能效情景更加突出了能源政策的作用；2℃情景描述了全球温升控制目标的一种可实现路径，其展望结果与本报告 2018 年版 2℃情景一致。

（一）基准情景

基准情景是延续当前能源政策取向和技术创新步伐，各国朝着自定目标稳步推进能源转型，兑现自主减排承诺并在 2030 年后保持政策连续性。

表 2-3　基准情景设计假设

项目	假设
政策 取向	● **能源政策**：各国已公布的能源转型目标如期实现，弃煤／减煤、弃核／弱核、支持新能源发展等政策切实落地。 ● **行业政策**：稳步淘汰落后产能，电动汽车在 2025 年获得经济性优势，强制性能效标准在部分发展中国家实施。 ● **市场政策**：天然气市场的开放融合推动消费的增长和贸易的扩张，电力辅助服务市场有效提高电力系统灵活性。 ● **减排政策**：各国兑现自主减排贡献承诺，2030 年后保持减排政策连续性；部分国家在工业、交通、电力等部门开征碳税
技术 进步	● **开发利用**：非常规天然气开采局限在个别国家，风能、太阳能等可再生能源稳步发展，储能技术取得一定突破。 ● **加工转换**：发展中国家冶炼、焦化、炼油效率向发达国家水平靠近，全球平均效率年均提升 0.1 个百分点。 ● **终端消费**：能源消费强度年均降幅略高于 2010 年以来平均水平的 1.5%，信息化、智能化在各部门逐步渗透。 ● **碳封存**：碳捕捉、利用和封存（CCUS）技术商用化规模有限，整体封存规模约为 5%

（二）加快转型情景

加快转型情景是在基准情景的基础上，加大能源政策力度，加快技术创新步伐，进一步加快电气化步伐，加大清洁转型力度，提高能效提升速度。

表 2-4　加快转型情景设计假设

项目	假设
政策取向	● **能源政策**：各国已公布的能源转型目标提前实现，风电、太阳能等新能源逐步成为电力供应主体。 ● **行业政策**：加快生产设备改造更新，更多国家制定燃油车禁售计划，强制性能效标准和能效标识计划得到普遍实施。 ● **市场政策**：电力辅助服务市场提高电力系统灵活性，容量市场确保电力供应裕度，灵活电价机制提高需求侧响应积极性。 ● **减排政策**：各国提前兑现自主减排贡献承诺，减排政策力度不断加大；多数发达国家在工业、交通、电力等部门开征碳税
技术进步	● **开发利用**：非常规天然气开采技术逐步扩散，大规模高效储能技术取得重大突破。 ● **加工转换**：发展中国家冶炼、焦化、炼油效率达到发达国家水平，全球平均效率年均提升 0.2 个百分点。 ● **终端消费**：能源消费强度年均降幅是 2010 年以来平均水平的 1.5 倍，信息化、智能化在各部门快速渗透。 ● **碳封存**：碳捕捉、利用和封存（CCUS）技术商用化规模扩大，2050 年约 15% 的发电和工业部门碳排放得到封存

（三）2℃情景

2℃情景是以实现全球 2℃温升控制目标为约束，电气化达到更高水平，能源转型更快推进，可再生能源实现对化石能源更大力度替代。

表 2-5　2℃情景设计假设

项目	假设
政策取向	● **能源政策**：可再生能源对化石能源更大力度替代，仅在部分工业生产、航空／航运、非能利用等无法替代环节使用化石能源。 ● **行业政策**：能源管理及能效审计强制实施，全面禁售燃油车，新建建筑强制要求"净零能耗"。 ● **市场政策**：电力消费新模式新业态蓬勃发展，完善的电力市场体系推动电能成为能源生产和消费的中心。 ● **减排政策**：以实现 2℃温升控制目标为强制约束，将至 2050 年的全球能源相关累计碳排放控制在 8000 亿吨以内
技术进步	● **开发利用**：可再生能源开发利用潜力尽量释放，大规模高效储能技术得到大规模应用。 ● **加工转换**：全球平均冶炼、焦化、炼油效率达到当前发达国家水平，全球平均效率年均提升 0.4 个百分点。 ● **终端消费**：能源消费强度年均降幅是 2010 年以来平均水平的 2 倍，信息化、智能化在各部门广泛渗透。 ● **碳封存**：碳捕捉、利用和封存（CCUS）技术普遍应用，2050 年近 1/3 的发电和工业部门碳排放得以封存

三、主要展望结果

（一）一次能源

1. 总量

2050 年全球一次能源需求较 2018 年增幅在 25% 以内。 展望中长期，全球经济持续增长、人口规模不断扩张带动能源服务需求稳步提升，但能源需求增长还会受到政策取向、技术进步等因素影响。在基准情景下，清洁转型与节能减排的成效初步显现，2050 年全球一次能源需求增至约 260 亿吨标准煤，较 2018 年增长约 1/4。在加快转型情景下，能源效率提升、终端能源替代、能源清洁转型的潜力加大释放，2035 年前全球一次能源需求平缓增长，之后处于平台波动，2050 年约 230 亿吨标准煤，较 2018 年增长约 1/8。在 2℃ 情景下，能源转型更快推进，可再生能源实现对化石能源的更大力度替代，电气化达到更高水平，全球一次能源需求迅即进入峰值平台期，2035 年前后开始稳步下降，2050 年约 190 亿吨标准煤，较 2018 年下降约 1/14。

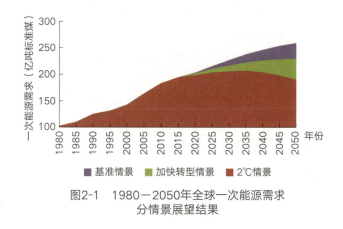

图2-1 1980－2050年全球一次能源需求分情景展望结果

表 2-6 不同情景 2050 年关键指标展望结果

指标	单位	基准情景	加快转型情景	2℃情景
一次能源需求	亿吨标准煤	260	230	190
非化石能源占一次能源需求的比重	%	30	37	58
终端能源需求	亿吨标准煤	188	167	140
电力需求	万亿千瓦·时	57	61	65
电能占终端能源需求的比重	%	34	40	51
发电装机	亿千瓦	223	250	293
非化石能源发电装机占比	%	73	79	95
可再生能源发电装机占比	%	70	75	93
非化石能源发电量占比	%	63	69	92
可再生能源发电量占比	%	57	60	86
能源相关碳排放	亿吨	366	263	100

2. 分品种

一次能源结构趋向清洁低碳，非化石能源占比升至 30% 以上。 长期以来，化石能源都占据着全球能源供需的中心位置。未来，以风能、太阳能为主的可再生能源迅速崛起，能源政策的支持和技术创新的加快将有力推动全球能源清洁转型。在基准情景下，2050 年煤炭、石油占全球一次能源需求的比重分别降至约 17%、29%；天然气占比平缓升至约 24%；2050 年非化石能源占比约 30%，其中非水可再生能源占比约 20%。在加快转型情景下，煤炭占全球一次能源需求的比重更快下降，2050 年约 15%，主要是发电用煤增长有限、工业用煤有所减少；石油占比降幅扩大，2050 年约 27%，主要是汽车用油较快达峰，但货运、航空、航运、化工用油保持增长；天然气占比基本持平，2050 年约 22%；非化石能源占比大幅提升，2050 年约 36%，其中非水可再生能源占比约 25%。在 2℃ 情景下，2050 年非化石能源占比约 58%，其中非水可再生能源占比约 46%，较加快转型情景进一步提高。

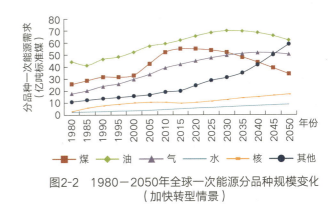

图2-2　1980－2050年全球一次能源分品种规模变化
（加快转型情景）

表 2-7　分情景一次能源需求的分品种对比　　　　　　　　　　　　单位：亿吨标准煤

类别	基准情景			加快转型情景			2℃情景		
	2025	2035	2050	2025	2035	2050	2025	2035	2050
煤	60	58	45	54	48	34	52	41	19
油	70	75	74	68	69	62	64	60	42
气	50	57	62	47	51	50	43	36	20
水	6	7	8	6	7	8	6	7	7
核	11	13	17	11	14	17	12	15	15
其他	19	28	53	29	35	58	26	47	88
合计	216	238	260	212	224	230	205	205	190

发达国家能源清洁转型进程快于发展中国家。 展望中长期，发达国家能源需求增长潜力小、用能效率高、技术资金足，主要在存量领域推进清洁能源替代；而发展中国家能源需求增长潜力大、速度快、效率低，清洁能源主要用于满足需求增量，能源转型整体步伐慢于发达国家。在加快转型情景下，北美、欧洲、亚太 2050 年非水可再生能源占一次能源需求的比重与全球平均水平相差不大；中南美、非洲明显偏高，主要是传统生物质能仍有一定规模；中东最低，主要受廉价而丰富的油气资源影响。主要国家中，2050 年美国非水可再生能源占比约 27%；日本 2030 年核能占比回升至 20% 以上，2050 年非水可再生能源占比升至 21%；韩国核能占比的下降被非水可再生能源替代；印

度、南非等国化石能源占比不同程度下降，但降幅相对较小，非水可再生能源中传统生物质能逐步被现代可再生能源替代。

中国 2050 年非化石能源占比超过 50%。《能源生产和消费革命战略（2016—2030）》是中国能源革命的纲领性文件，提出了 2050 年非化石能源占比超过一半的宏伟目标。在加快转型情景下，中国一次能源中煤炭占比稳步降至 2050 年的约 27%；石油占比略降至约 18%；天然气占比稳步升至约 15%；水能占比约 5%，核能、非水可再生能源占比大幅提高，2050 年分别约 12%、23%。按发电煤耗法折算，加快转型情景下 2050 年中国非化石能源占一次能源需求的比重约 62%，远高于 50% 的目标。

3. 分地区

全球能源发展重心继续向亚太转移。展望中长期，发达国家能源需求有望延续饱和或减少态势，发展中国家则保持稳定增长，贡献绝大部分增量。在加快转型情景下，北美、欧洲一次能源需求分别降至 2050 年的约 34 亿、33 亿吨标准煤，占全球的比重分别降至约 15%、14%；亚太一次能源需求增至 2050 年的约 103 亿吨标准煤，占全球的 45%，贡献全球增量的约 2/3；非洲、中东、中南美 2050 年一次能源需求分别约 21 亿、19 亿、13 亿吨标准煤，占比分别增至 9%、8%、6%。主要国家中，2050 年美国一次能源需求较 2018 年下降约 1/8；英国、法国、德国、日本等降幅约 30%；韩国于 2025—2030 年间达峰，之后平缓下降；俄罗斯降幅约 1/5；印度增长约 1.3 倍，超越中国成

2018年   2025年

2035年   2050年

■ 北美 ■ 中南美 ■ 欧洲 ■ 亚太 ■ 中东 ■ 非洲

图2-3   2018—2050年全球一次能源分地区结构变化
（加快转型情景）

为全球能源需求增长的最大贡献者；巴西增长约 1/3；南非增长约 1/2。

中国一次能源需求在 2030 年前后达峰。展望新时代，中国经济高质量发展要求高端制造业、现代服务业等低能耗、高附加值行业不断壮大，加之能源利用效率持续提升，中国一次能源需求有望达峰下行。在加快转型情景下，中国一次能源需求在 2030 年前后达峰，峰值约 50 亿吨标准煤，之后持续下降，2050 年约 40 亿吨标准煤。按发电煤耗法折算，加快转型情景下中国一次能源需求在 2025 年达到 55 亿吨标准煤，2035 年进入 58 亿吨标准煤上下的峰值平台期，2050 年降至约 55 亿吨标准煤。

表 2-8　分地区一次能源需求变化（加快转型情景）　　　　　单位：亿吨标准煤

地区/国家	2000	2018	2025	2035	2050	2018—2050 增幅	2018—2050 贡献率
北美	38.7	38.6	36.7	36.3	33.9	-12%	-18%
美国	32.9	31.8	30.0	29.3	26.8	-16%	-19%
中南美	6.5	9.6	10.0	10.9	12.6	31%	12%
巴西	2.7	4.2	4.4	4.8	5.7	35%	6%
欧洲	39.4	41.2	37.1	35.8	33.2	-19%	-31%
欧盟	24.3	23.1	19.5	17.6	15.4	-33%	-30%
英国	3.2	2.5	2.2	1.9	1.7	-33%	-3%
法国	3.7	3.5	3.1	2.8	2.5	-28%	-4%
德国	4.8	4.4	3.8	3.4	2.7	-39%	-7%
俄罗斯	8.9	10.9	9.6	9.5	8.9	-18%	-8%
亚太	43.2	86.0	95.6	103.7	103.1	20%	66%
中国	16.3	45.1	49.1	48.4	40.0	-11%	-20%
印度	6.3	13.3	15.8	21.8	30.1	126%	65%
日本	7.2	6.3	5.5	5.0	4.3	-31%	-8%
韩国	2.7	4.2	3.9	3.5	2.7	-35%	-6%
东盟	5.5	10.1	10.1	12.6	15.4	52%	21%
中东	5.1	11.1	13.0	15.6	18.8	69%	30%
非洲	7.1	11.7	13.2	14.6	20.9	79%	36%
南非	1.6	1.9	2.2	2.4	2.9	54%	4%
航空航运	3.9	5.8	6.6	7.3	7.4	28%	6%
世界	143.9	204.2	212.2	224.2	230.0	13%	100%

（二）终端能源

1. 总量

2050 年全球终端能源需求较 2018 年增幅在 35% 以内。 受能源加工转换效率提升及可再生能源占比提高影响，终端能源需求增幅将高于一次能源需求增幅。在基准情景下，全球终端能源需求持续增长，2050 年约 188 亿吨标准煤，较 2018 年增幅约 35%。在加快转型情景下，全球终端能源需求 2040 年进入平台期，2050 年约 167 亿吨标准煤，增幅约 20%。在 2℃情景下，全球终端能源需求在 2035 年前后达峰，峰值约 151 亿吨标准煤，2050 年降至约 140 亿吨标准煤，与 2018 年持平。

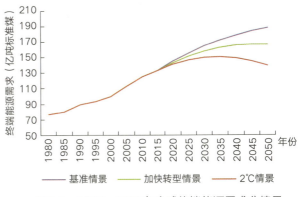

图2-4　1980—2050年全球终端能源需求分情景展望结果

2. 分品种

终端结构稳步调整，电能占比持续提升。 作为一种清洁高效的能源载体，电能具有便捷、可控、精准的特点，未来将对终端能源消费中的化石能源和传统生物质能形成持续替代。在加快转型情景下，煤、油、气等化石能源占终端能源需求的比重持续下降，2050 年分别约 6%、32%、12%；电气化进程进一步加快，2050 年电能占比约 40%，增幅超过 20 个百分点；热及其他占比持续下降，2050 年约 10%，较 2018 年下降约 4 个百分点。

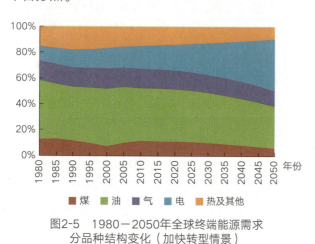

图2-5　1980－2050年全球终端能源需求
分品种结构变化（加快转型情景）

3. 分部门

工业占全球终端能源需求的比重下降，交通、居民占比提升，主要由发展中国家经济社会发展带动。 展望中长期，以欧美为代表的发达国家能效持续提升导致各部门能源需求有所下降，以中国为代表的发展中国家经济重心不断向服务和消费转移，以印度为代表的经济后发国家工业化进程稳步推进，三股趋势共同决定了全球能源需求的部门格局变化。在加快转型情景下，2050 年工业用能占全球终端能源需求的比重较 2018 年下降 0.4 个百分点；交通用能占比上升约 0.7 个百分点，主要受出行需求快速增长拉动；居民用能占比上升约 0.4

个百分点，主要受生活水平持续提升拉动；商业用能占比下降约 0.8 个百分点，其他及非能利用等占比变化不大。分地区看，北美、欧洲交通用能占比下降，主要是燃油效率政策约束趋紧、电气化进程加速推进；中南美工业用能占比下降，而交通用能占比上升；亚太交通用能占比提升接近 4 个百分点，下降主要来自工业部门；中东地区能源出口从以原油为主向以油品为主过渡，非能利用占比大幅提升；非洲居民消费用能占比下降约 6 个百分点。

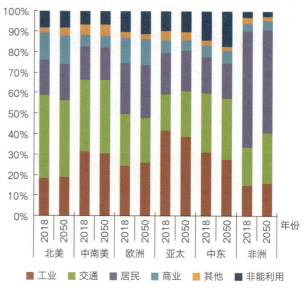

图2-6　2018/2050年终端能源需求分地区分部门
结构对比（加快转型情景）

（三）电气化水平

1. 总体

电气化水平提升是能源发展大势所趋。 1980 年以来，全球终端电气化水平以每十年 2 个百分点的速度持续提升。未来，随着新能源大规模开发以及电能替代加快，终端电气化水平将加速提升。据测算，在技术可行条件下，约 65% 的终端能源可由电能提供，无法替代的部分主要是化石能源参与生产过程或投入非能利用，以及技术上尚无法由电能满足的用能领域。在基准、加快转型、

2℃情景下，2050年全球电能占终端能源需求的比重分别约34%、40%、51%，呈现出明显的加速提升态势。

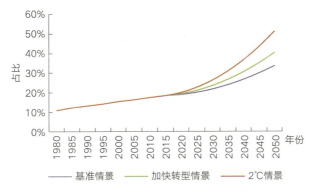

图2-7 1980－2050年全球终端电能占比分情景对比

2. 分部门

各部门电气化水平普遍提升。考虑各部门用能行为特点，居民、商业等建筑部门存在巨大电气化潜力；工业部门受生产技术工艺、高温高压要求等限制，电气化提升空间相对有限；电气化是交通发展重大趋势，具体进程主要取决于政策支持力度和技术成熟程度。在加快转型情景下，2050年工业、交通部门电气化水平分别约50%、22%，居民、商业电气化水平分别约55%、73%。

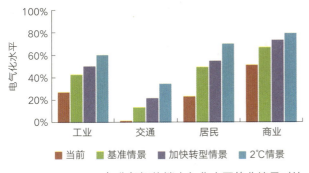

图2-8 2050年分部门终端电气化水平的分情景对比

3. 分地区

各地区电气化水平提升速度加快。展望中长期，各国电气化水平普遍提升，其中发达国家在较高基数上加速增长，新兴市场国家因基数相对

较低，提升速度更快，这与终端传统生物质能消费大幅下降也有一定关系。在加快转型情景下，2050年北美、欧洲电气化水平（46%、45%）处于较高水平，亚太、中东、中南美（43%、39%、38%）与全球平均水平（40%）基本相当，非洲大幅提升近21个百分点至约30%。主要国家中，2050年英国、法国、德国、日本等国终端电气化水平有望超过50%；韩国、南非分别约45%、42%；印度约37%，与较低的工业化和城镇化水平有关。

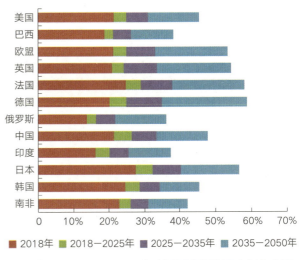

图2-9 2018－2050年主要国家和地区电气化水平变化（加快转型情景）

2050年中国电气化水平达到50%以上。中国能源结构长期以煤为主，实现清洁低碳转型任务尤为艰巨。随着发电成本的下降和用电技术的成熟，未来电能在工业、建筑、交通等领域利用规模将不断扩大，占终端能源的比重将持续提升。在加快转型情景下，中国终端电气化水平2025年约31%，2035年约41%，2050年约52%。

电气化水平伴随经济增长呈现加快提升态势。总体来说，受经济社会发展、生活水平提升等因素带动，电气化水平随人均GDP增加而持续提升。在加快转型情景下，全球平均电气化水平保持与人均 GDP 之间的强相关关系，其中发达国家电气化水平提升速度明显快于人均 GDP 增长步伐，与过去近四十年的平缓走势形成对比；发展中国家电气化水平延续快速提升态势，与发达国家之间的差距进一步缩小。

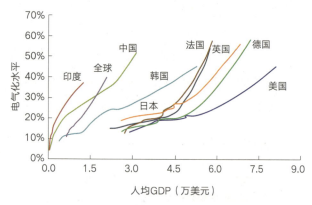

图2-10　1980－2050年主要国家人均GDP和电气化水平

（四）电力需求

1. 总量

2050 年全球电力需求较 2018 年增长 1.3 倍以上。 未来全球电力需求的增长，主要由电力供应的普及程度以及发展中国家的工业化进程、交通电气化加速、城市化发展等因素驱动。虽然工业电动机、家用电器、建筑节能等方面的效率

提升会减缓电力需求增长，全球电力需求仍然保持较高增速。在基准情景下，2050 年全球电力需求约 57 万亿千瓦·时，较 2018 年增长约 1.3 倍。在加快转型情景下，2050 年全球电力需求约 61 万亿千瓦·时，增长约 1.5 倍。在 2℃情景下，2050 年全球电力需求约 65 万亿千瓦·时，增长约 1.7 倍。

2. 分部门

全球终端电力需求分部门结构变化显著。 展望中长期，电力消费分部门结构的主要变化是交通用电规模快速增长；此外，由于无电人口大规模减少、电器拥有率迅速提升，居民用电也存在较大增长空间。在加快转型情景下，2050 年工业用电占全球终端电力需求的比重约 36%，较 2018 年下降约 6 个百分点；交通电气化发展势头强劲，用电占比升至 16%，增幅约 14 个百分点；居民用电占比约 30%，增幅约 3 个百分点；商业用电占比降至约 13%，降幅约 9 个百分点。

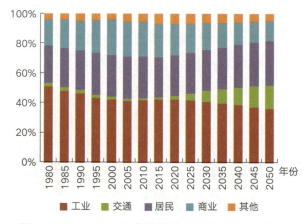

图2-12　1980－2050年终端电力需求分部门结构变化
（加快转型情景）

3. 分地区

发展中国家电力需求增幅大，是全球电力需求增长的主力。 发展中国家人均用电水平低，伴随经济社会发展，各部门用电需求均存在较大增长空间；而发达国家人均用电水平高，部分国家受人口

图2-11　1980－2050年终端电力需求分地区变化
（加快转型情景）

老龄化、用能效率提升影响已显现饱和态势。在加快转型情景下，亚太、非洲、中东、中南美合计贡献全球电力需求增长的约 3/4，是全球电力需求增长的主力；北美、欧洲合计贡献率约 1/4，主要是由于人口增长缓慢、电器拥有率高、能源效率持续提升，而在数字化、交通电气化和电制热等领域有一定增长潜力。主要国家中，2050 年美国电力需求较 2018 年增长约 90%，日本增长约 40%，韩国增长约 30%，印度增长约 3 倍，巴西增长约 2 倍，南非增长约 1.5 倍。

表 2-9　分地区终端电力需求变化（加快转型情景）　　　　　单位：万亿千瓦·时

地区／国家	2000	2018	2025	2035	2050	2018－2050 增幅	2018－2050 贡献率
北美	4.6	5.0	5.9	7.3	10.1	101%	14%
美国	3.9	4.2	4.8	5.9	8.0	92%	10%
中南美	0.7	1.1	1.4	1.9	3.3	196%	6%
巴西	0.3	0.5	0.7	0.9	1.6	201%	3%
欧洲	4.3	5.1	5.6	7.1	10.0	97%	13%
欧盟	2.8	3.1	3.3	4.0	5.5	77%	6%
英国	0.4	0.3	0.3	0.4	0.6	80%	1%
法国	0.4	0.5	0.5	0.6	0.8	63%	1%
德国	0.5	0.6	0.7	0.8	1.1	101%	2%
俄罗斯	0.8	1.0	1.2	1.5	2.3	127%	3%
亚太	3.9	11.5	14.9	20.6	28.7	149%	46%
中国	1.3	6.6	9.2	11.9	13.4	149%	18%
印度	0.4	1.4	2.1	3.7	7.1	414%	16%
日本	1.0	1.0	1.1	1.2	1.4	40%	1%
韩国	0.3	0.6	0.6	0.7	0.7	29%	0%
东盟	0.1	1.0	1.4	2.2	4.0	286%	8%
中东	0.4	1.0	1.4	2.3	4.5	351%	9%
非洲	0.4	0.7	1.1	2.1	4.7	537%	11%
南非	0.2	0.2	0.3	0.4	0.6	145%	1%
世界	14.2	24.5	30.2	41.2	61.4	151%	100%

注　终端用电不含输配损耗，有别于国内常用的全社会用电量口径。

2050 年中国电力需求较 2018 年翻番。中国虽为全球第一大电力消费国，但人均用电水平仍然较低，2018 年仅为 OECD 国家平均水平的 55%；社会主义现代化强国建设征程中，经济高质量发展与人民生活水平提高将带动用电需求保持较快增长。在加快转型情景下，2025 年中国电力需求约 9.2 万亿千瓦·时，2035 年约 11.9 万亿千瓦·时，2050 年约 13.4 万亿千瓦·时。按全社会用电量口径折算，中国 2025 年全社会用电量约 9.5 万亿千瓦·时，2035 年约 12.4 万亿千瓦·时，2050 年约 13.9 万亿千瓦·时。

（五）电力供应

1. 总量

全球发电装机增长 2 倍以上。展望未来，全球电力需求持续增长带动发电装机快速攀升，电力清洁转型带动新能源发电占比大幅提高，发电装

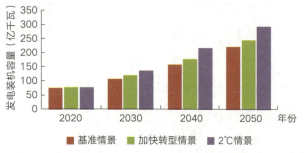

图2-13　2020－2050年全球发电装机规模
分情景对比

机的增幅远高于电力需求增幅。在基准、加快转型、2℃情景下，2050 年全球发电装机分别增至约 223 亿、250 亿、293 亿千瓦，较 2018 年增长 2 倍以上。

2. 分品种

2050 年全球可再生能源发电装机占比超过 75%。为应对气候变化、满足用电增长，各国普遍将可再生能源开发利用作为电力发展的战略选择，明确设置了可再生能源发电发展目标。在加快转型情景下，全球化石能源发电装机占总装机的比重从 2018 年的约 60% 降至 2050 年的约 20%，其中燃煤发电占比从约 30% 降至约 8%，燃气发电占比从约 25% 降至约 12%；可再生能源发电装机占比在 2025 年前后达到 50%，2050 年超过 75%。需注意的是，高比例可再生能源发电提

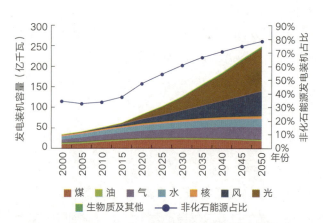

图2-14　2000－2050年全球发电装机分品种变化
（加快转型情景）

出了较高的系统灵活性需求，将主要来自传统电厂灵活性改造、电网互联互通、大规模电池蓄能等渠道。

可再生能源发电量占比在 2050 年超过 60%。展望中长期，化石能源发电为保障高峰电力供应和提高系统灵活性作出重要贡献，利用小时数持续下降，电量占比亦有所下降。在加快转型情景下，化石能源发电量占总发电量的比重由 2018 年的约 2/3 降至 2050 年的约 30%，其中燃煤发电量占比从约 35% 降至约 12%，燃油发电在大部分地区退出历史舞台，燃气发电占比平缓增至约 17%；非化石能源发电对化石能源发电形成有力替代，2030 年发电量占比超过 50%，2050 年约 70%，其中可再生能源发电量占比在 2040 年前超过 50%，2050 年约 60%。

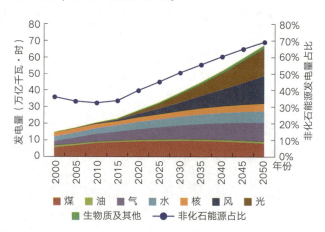

图2-15　2000－2050年全球发电量分品种变化
（加快转型情景）

3. 分地区

全球近一半的新增发电装机来自亚太。展望中长期，可再生能源开发利用坚持集中式与分散式并举，跨国电力贸易平稳增长，发电装机的地区分布与电力需求的地区分布大体一致。在加快转型情景下，亚太发电装机 2050 年增至约 115 亿千瓦，约贡献全球增长的 46%；北美、欧洲合计贡献 30%，非洲、中东、中南美合计贡献 24%。在主要国家

表 2-10　分地区发电装机变化（加快转型情景）　　　　　　　　单位：亿千瓦

地区 / 国家	2000	2018	2025	2035	2050	2018—2050 增幅	2018—2050 贡献率
北美	10.2	14.5	19.6	26.6	40.2	177%	14%
美国	86.6	12.1	16.4	21.6	31.9	163%	11%
中南美	1.8	3.6	4.4	6.8	13.7	280%	6%
巴西	0.7	1.7	1.9	2.9	5.7	239%	2%
欧洲	10.7	15.4	19.8	28.6	44.4	189%	16%
欧盟	6.0	10.1	11.8	15.7	23.1	128%	7%
英国	0.8	1.1	1.3	1.8	2.7	159%	1%
法国	1.2	1.3	1.7	2.7	3.8	184%	1%
德国	1.2	2.2	3.0	4.3	6.2	184%	2%
俄罗斯	2.1	2.8	4.1	6.5	10.9	298%	5%
亚太	10.2	33.3	50.9	79.2	115.1	246%	46%
中国	3.2	19.0	27.7	44.5	54.5	187%	20%
印度	1.2	4.2	7.8	15.0	29.6	614%	14%
日本	2.6	3.5	4.0	4.5	5.2	49%	1%
韩国	0.5	1.2	1.8	2.4	2.8	130%	1%
东盟	0.9	2.4	4.3	7.6	15.0	517%	7%
中东	1.0	2.9	4.4	8.2	16.7	474%	8%
非洲	1.0	2.0	3.5	7.4	19.9	898%	10%
南非	0.5	0.6	1.0	1.6	2.3	298%	1%
世界	34.8	71.6	102.6	156.7	249.8	249%	100%

中，2050 年美国发电装机增长约 1.6 倍，俄罗斯增长约 3 倍，日本增长约 1/2，韩国增长约 1.3 倍，巴西增长约 2.4 倍，印度增长约 6 倍并成为仅次于中国、美国之后的全球第三大发电装机国。

中国 2050 年非水可再生能源发电装机占比超过 70%，发电量占比超过 50%。 展望中长期，煤电等传统电源仍将在中国电力供应中发挥基础支撑作用，新能源发电装机规模快速扩张，逐步由增量主体向存量主体演进。在加快转型情景下，中国发电装机持续较快增长，2035 年约 45 亿千瓦，2050 年约 55 亿千瓦。其中，2050 年煤电、气电装机分别约 7.4 亿、3.9 亿千瓦；水电、核电分别约 4.7 亿、2.1 亿千瓦；非水可再生能源发电装机约 35 亿千瓦，占总发电装机的比重约 65%。从发电量结构看，中国 2050 年煤电发电量占比由

2018 年的约 2/3 降至 2050 年的约 18%，气电占比增至约 9%，水电占比缓降至约 11%，核电占比增至约 10%，非水可再生能源发电量占比约 51%。

（六）碳排放

1. 总量

全球能源相关碳排放增长放缓，但仍无法实现 2℃ 温升控制目标。 IPCC 第六次评估阶段性报告显示，当前多数国家正按自主贡献承诺如约减排，近年全球碳排放的快速增长态势有望得到遏制，但仍无法满足 2℃ 目标要求，还需进一步加大减排政策力度、加快技术创新步伐。在基准情景下，全球能源相关碳排放在 2035 年前后达峰，峰值约 390 亿吨，2050 年降至约 366 亿吨，较

2018 年高约 10%；全球平均温升在 2035－2040 年间超过 2℃，2050 年上升约 3℃。在加快转型情景下，全球碳排放在 2025 年后持续下行，2050 年约 263 亿吨，约为 2018 年的 80%；全球平均温升在 2040－2045 年间超过 2℃。在 2℃情景下，2050 年全球碳排放不足 2018 年的 1/3；剩余约 100 亿吨碳排放，主要来自两个方面，一是交通运输中的重型货运和航空航运用油，二是在钢铁、化工、水泥等行业提供高温或参与生产的化石能源。

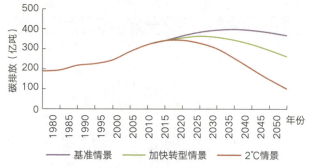

图2-16　1980－2050年全球能源相关碳排放分情景展望结果

2. 分品种

石油相关碳排放于 2030 年前后超越煤炭。展望中长期，分品种能源相关碳排放与分品种能源需求的变化趋势一致。在加快转型情景下，燃煤碳排放约在 2025 年后开始下降，燃油碳排放在 2030 年后开始下降，燃气碳排放 2035 年进入峰

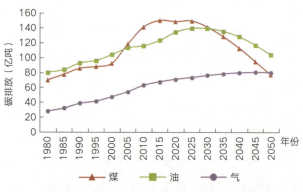

图2-17　1980－2050年全球能源相关碳排放分品种变化（加快转型情景）

值平台期。从结构看，2050 年石油（41%）、天然气（30%）相关碳排放占比均超过煤炭（29%）。

3. 分部门

各部门能源相关碳排放逐步进入下行通道。展望中长期，受能源结构调整、利用效率提升、发电清洁转型、封存规模扩大等多因素带动，各部门能源相关碳排放逐步进入下行通道。在加快转型情景下，受用能结构深度调整带动，工业部门碳排放 2030 年前处于平台波动期，2050 年较 2018 年下降约 30%；交通部门碳排放在 2035 年前后达峰，2050 年与 2018 年相当，进一步减排举措包括更加严格的效率标准和更大范围的油车禁售；因发电用能中清洁能源比例不断提高、化石能源发电碳封存安装规模持续扩大，尽管全球发电量持续较快增长，发电相关碳排放在 2025－2030 年间达峰；建筑部门碳排放降幅约 1/3，主要是能源效率及电气化水平不断提升；受化工产品需求增长影响，非能利用相关碳排放达峰最晚（2035－2040年间），2050 年较 2018 年增长约 20%。

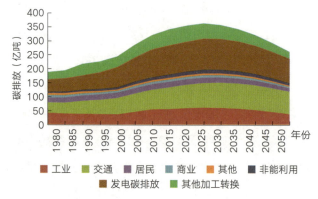

图2-18　1980－2050年全球能源相关碳排放分部门变化（加快转型情景）

4. 分地区

发达国家碳排放持续下降，中国 2025 年左右达峰，发展中国家有所增长。展望中长期，全球能源相关碳排放绝对规模的下降，主要来自于 OECD

国家、中国的不懈努力；以印度为代表的发展中国家碳排放脱离与经济增长的强耦合，但仍有一定增长。在加快转型情景下，发达国家能源相关碳排放持续下降；中国在 2025 年前实现碳排放达峰，较自主贡献承诺提前 5 年，峰值约 106 亿吨，2050 年降至约 48 亿吨；印度碳排放持续增长，2035—2040 年间超越美国成为世界碳排放第二大国；非洲、中东碳排放分别增长约 80%、30%。

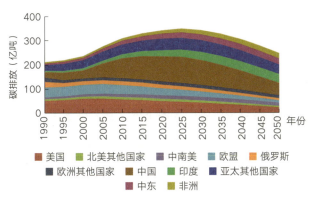

图2-19　1990—2050年全球能源相关碳排放分地区变化（加快转型情景）

（七）能源经济指标

1. 人均情况

全球整体人均能源需求持续下降，发展中国家仍有所增长。 在基准、加快转型、2℃情景下，全球人均能源需求持续下降，2050 年分别约 2.7、2.4、1.9 吨标准煤。在加快转型情景下，多数发达国家人均能源需求较 2018 年下降 30% 左右；中国人均能源需求"先升后降"，2030 年左右达峰，2050 年略低于 2018 年水平；印度增至 1.8 吨，较 2018 年翻番；东盟增至 2.0 吨，较 2018 年增长约 1/3。

各国人均用电需求持续增长，发展中国家增幅更大。 在基准、加快转型、2℃情景下，2050 年全球人均电力需求分别约 5900、6400、6700 千瓦·时，较 2018 年分别增长 1.8、2.0、2.1 倍。

在加快转型情景下，发展中国家人均用电增幅更大，其中中国增长 1.3 倍至 9600 千瓦·时，印度增长近 4 倍至 4200 千瓦·时，东盟增长 2.9 倍至 5100 千瓦·时，巴西增长 1.6 倍至 6500 千瓦·时，南非增长 1 倍至 8500 千瓦·时。

全球人均碳排放有所下降，印度、东盟有所增加。 在基准、加快转型、2℃情景下，全球人均

图2-20　2018/2050年主要国家和地区人均能源需求对比（加快转型情景）

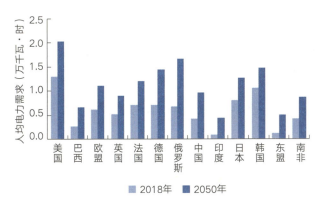

图2-21　2018/2050年主要国家和地区人均电力需求对比（加快转型情景）

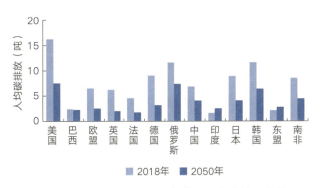

图2-22　2018/2050年主要国家和地区人均碳排放对比（加快转型情景）

碳排放总体下降，2050 年分别约 3.8、2.7、1.0 吨，较 2018 年分别下降 1/8、2/5、3/4。在加快转型情景下，发达国家人均碳排放均有所下降，部分发展中国家有所增长，其中 2050 年中国较 2018 年下降约 45% 至 3.6 吨，印度增长约 40% 至 2.3 吨，东盟增长约 1/4 至 2.5 吨。

2. 强度情况

各国能源消费强度普遍下降。 在基准、加快转型、2℃情景下，全球能源消费强度持续下降，2050 年分别约 1.3、1.2、0.8 吨标准煤 / 万美元，降幅分别约 50%、55%、66%。在加快转型情景下，发达国家降至 2018 年的 40% 左右，中国下降近 85%，印度下降约 75%。

全球整体电力消费强度有所上升，中国、印度有所下降。 在基准、加快转型、2℃情景下，全球电力消费强度分别约 2900、3100、3200 千瓦·时 / 万美元，总体较 2018 年有所上升。在加快转型情景下，发达国家电力消费强度略有上升，增幅在 10%~20% 之间；中国、印度分别下降 1/2、1/3，主要是由于经济结构调整和用能效

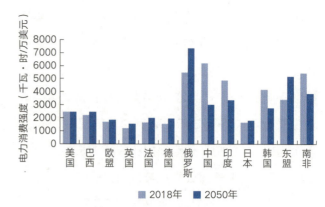

图2-24　2018/2050年主要国家和地区电力消费强度对比（加快转型情景）

率提升；东盟上升约 15%，主要是受经济社会发展带动电力需求快速增长。

全球碳排放强度普遍下降，发展中国家仍相对较高。 在基准、加快转型、2℃情景下，2050 年全球碳排放强度分别约 1.8、1.3、0.5 吨 / 万美元，分别约为 2018 年的 45%、1/3、1/8。在加快转型情景下，发达国家碳排放强度普遍降至 1.0 吨 / 万美元以下，而发展中国家仍处相对较高水平，其中中国约 1.1 吨 / 万美元，印度约 1.8 吨 / 万美元，东盟约 1.8 吨 / 万美元。

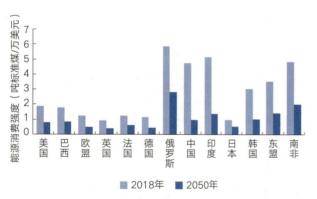

图2-23　2018/2050年主要国家和地区能源消费强度对比（加快转型情景）

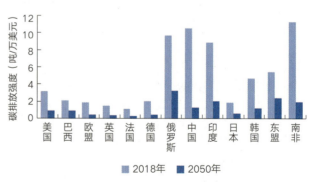

图2-25　2018/2050年主要国家和地区碳排放强度对比（加快转型情景）

四、分品种供需情况

（一）煤炭

1. 需求

煤炭需求 2025 年后持续下行。当前，全球煤炭消费已经处于平台期，近两年的回弹并不具备牢固基础；展望未来，全球煤炭需求将早于石油、天然气率先达峰，与过去 20 年的快速增长形成鲜明对比。在加快转型情景下，受中国持续减量调控、欧洲多国弃煤减煤、北美天然气竞争等因素影响，全球煤炭需求在 2025 年后进入下行通道，2050 年约 34 亿吨标准煤，较 2018 年下降约 40%。

煤炭需求增长的重心在亚洲。受环境污染、气候变化、天然气竞争等因素影响，北美、欧盟等发达地区的煤炭需求持续下降，加拿大、德国、英国计划在发电领域实现彻底去煤。作为全球第一大煤炭消费国，中国煤炭需求呈现"控总量、调结构、多发电"特征，其中经济结构调整、工业和居民"煤改气"是煤炭需求下降的主要推手；燃煤发电是煤炭需求的重要支撑，电煤占比进一步提高，为大气污染防治、清洁能源消纳作出重要贡献；煤化工既是对丰富煤炭资源的充分利用，也是降低石油

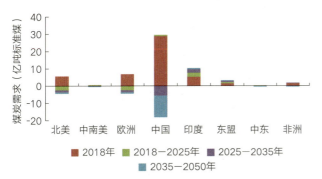

图2-26　2018－2050年煤炭需求分地区变化
（加快转型情景）

对外依存的变通之举，但总体规模相对较小。印度是全球第二大煤炭消费国，未来增长空间较大，一方面是燃煤发电持续扩张以满足快速增长的电力需求，另一方面是工业化进程拉动焦炭需求快速攀升。

2. 生产

煤炭生产平缓下行，动力煤达峰下行，炼焦煤相对平稳。近三年，虽然煤炭价格受中国供给侧结构性改革影响有所提升，煤炭企业利润大幅增加、效益明显好转，但煤炭投资仍然受到抑制。展望未来，预计全球煤炭产量总体平缓下行，其中动力煤需求随燃煤发电达峰同步下行；炼焦煤需求相对平稳，主要由发展中国家工业化和城市化进程拉动。中国动力煤产量在煤电达峰前将平缓增长，炼焦煤产量因钢材需求增长放缓、电弧炉炼钢比例提高而有所下滑。印度大力提振本地煤炭生产，其中占据较大份额的动力煤提供了稳定可靠的电力供应，炼焦煤因煤质较差而不得不依赖进口，印度将成为全球第二大煤炭生产国、第一大煤炭进口国。在北美和欧洲，由于本地消费下滑、出口市场疲软、环境成本上升，煤炭生产持续下降。

3. 贸易

国际煤炭贸易的增长重心在印度。当前，国际煤炭贸易约占全球煤炭供需总量的 20%；未来，国际煤炭贸易规模预计与当前总体相当，主要是满足印度、东盟的发电需求和炼钢需求，而发达国家进口需求大幅减少，中国进口需求降至总需求的

2% 以下。从出口看，澳大利亚、俄罗斯、南非等国贡献大部分出口增长，出口占本国产量的比重升至约 90%、60%、50%；美国、蒙古国的出口规模有所减小；印度尼西亚因自身需求增加导致出口减少，出口占比降至 50% 以下。

4. 发电

北美、欧盟、中国等煤电装机大幅减少，未来增长取决于以印度为代表的亚太发展中国家。 当前，中国、印度两大煤电大国出于应对气候变化、防治环境污染的考量已决定限制煤电发展，英国、法国、丹麦、意大利、荷兰、葡萄牙等欧洲多国和加拿大、韩国、智利决定逐步放弃煤电。在加快转型情景下，全球煤电装机在 2030 年前后达峰，峰值约 22.8 亿千瓦，之后平缓下降，2050 年约 19 亿千瓦。北美因廉价天然气丰富、欧盟因生态环保趋严，出现了明显的"去煤电"倾向，2050 年煤电装机规模不足 2018 年的 2/5、1/3。中国煤电装机在 2030 年前后达峰，峰值约 12 亿千瓦，此后大幅下降，2050 年约 7.4 亿千瓦。印度煤电装机有所增长，2050 年约 5.4 亿千瓦。非洲燃煤发电增长有限，2050 年约 0.5 亿千瓦。

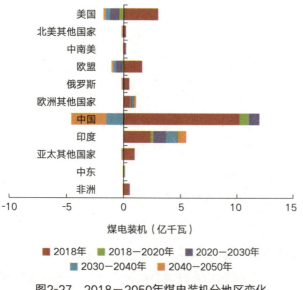

图2-27　2018－2050年煤电装机分地区变化
（加快转型情景）

（二）石油

1. 需求

石油需求在 2030 年左右达峰。 受交通和化工需求增长拉动，未来 30 年石油在全球一次能源中仍将承担重要角色，但受交通电气化影响，增长明显放缓。在加快转型情景下，石油需求在 2030 年前后达峰，峰值约 70 亿吨标准煤，2050 年需求规模与 2018 年基本相当。

亚太发展中国家贡献大部分石油需求增长。 经合组织国家的石油需求已在 21 世纪初达到峰值，未来受燃油效率标准趋严影响持续下降。非经合组织国家石油需求平稳增长，主要受交通运输、非能利用等驱动。中国有望在 2025 年前后超越美国成为全球第一大石油消费国。受人均汽车保有量提升、化工行业用油增长推动，印度有望成为全球第三大石油消费国。中东从原油出口为主向成品油出口为主转变，自身的石油需求增长较快。

图2-28　2018－2050年石油需求分地区变化
（加快转型情景）

交通电气化进程对石油需求影响巨大。 展望未来，燃油效率的提升速度及电气化的普及力度将决定石油需求何时达峰及其峰值水平。发达国家石油需求下降主要来自交通部门，预计 2050 年北美较 2018 年下降约 35%，日本下降约 45%，欧盟下降约 60%。此外，全球化进程促进了国际商旅贸易的繁荣发展，2050 年航空、航运用油需求分别较 2018 年增长约 40%、20%。虽然生物燃料在航空领域得到一定规模利用，但目前无法看到深度替代的经济可行性。

2. 生产

近中期非常规油品开发前所未有，远期仍需 OPEC 国家发挥基础支撑。近中期，以美国为代表的非 OPEC 国家占国际原油市场的份额有所增加，从当前的 57% 提升至 60% 以上；2030 年前后，随着北美页岩油产量的饱和及欧洲原油产量的下降，OPEC 国家得益于丰富的资源储量及充裕的生产能力，将通过产能调控逐步夺回丢失掉的份额，占国际原油市场的份额回升至 45% 以上，继续发挥对国际石油市场的基础支撑作用。主要国家和地区中，出于能源独立的国家战略考虑，美国投入大量资金从事页岩油的勘探开发，其产量在未来十年有望快速增长；俄罗斯原油生产逐步向北冰洋地区、开采条件较差地区延伸，国际制裁对石油生产的影响相对有限；亚太原油产量持续下滑，主要是资源禀赋条件较差。

全球石油炼化的中心从环大西洋转向中东和亚太。中东从原油出口为主向油品出口为主转变，其炼化产能稳步提升，预计 2030 年超过欧盟。中国在 2040 年前后将超越美国成为炼化产能第一大国。印度受本国需求增长带动，2050 年成为继中国、美国之后的全球炼化产能第三大国。当前，多数新建炼油厂同步配备了化工生产工艺，用于应对油品需求下降风险，更好适应化工需求增长预期。

3. 贸易

亚太需求增长与北美生产增加重塑国际原油贸易格局。中长期内，发达国家原油进口规模将稳步减少，一方面是欧洲需求平缓下降，另一方面是北美生产持续增加。包括中国、印度、东盟

等发展中国家和日本、韩国等发达国家在内的亚太对国际原油贸易格局的影响越来越大，亚太成为世界原油进口的中心。从贸易流向看，中东、非洲仍将提供亚太大部分的原油进口，而北美、中亚、东欧将积极加入到对亚太市场份额的争夺；北美在不断减少从拉美、中东进口原油后，甚至开始向欧洲出口，美国成为全球重要的原油出口国；欧洲进口市场的竞争十分激烈，呈现出中东、非洲、东欧、中亚、北美"群雄逐鹿"的局面，但俄罗斯仍占据最大份额。

4. 发电

除中东外，燃油发电在全球范围普遍减少。当前，全球燃油发电的 40% 集中在中东，另在日本、墨西哥、非洲等地的应对电力短缺中发挥重要作用。未来，燃油发电将逐步退出电力领域，被天然气、可再生能源替代。在石油资源丰富、补贴力度较大的中东，燃油发电仍有所发展，加快转型情景下 2050 年占全球的比重接近 60%。在非洲也取得小幅增长，为保障电力供应、提高电力普及作出重要贡献。

（三）天然气

1. 需求

天然气在全球能源系统中的地位不断提升，2035 年前后进入平台期。展望未来，受非常规天然气资源的丰富储量及较低开发成本推动，全球天然气需求市场广阔、增长强劲，将超越煤炭成为全球第二大能源品种，且与石油的差距不断缩小，主要用于燃气发电、工业制热、建筑采暖、烹饪炊用等。在加快转型情景下，天然气需求在 2035 年前后进入平台期，2050 年约 50 亿吨标准煤，较 2018 年增长约 20%。

图2-29　1980－2050年天然气需求分地区变化
（加快转型情景）

全球天然气需求增长主要来自工业和建筑，重点在亚太和中东。展望未来，各行各业对天然气的需求均有所增长，其中工业、建筑的贡献较大，发电并非是最大贡献力量，交通需求增速快但总量小、贡献低。美国页岩气革命方兴未艾，天然气供应充足、价格低廉，近中期消费需求保持较快增长。欧盟天然气需求在 2025 年前达峰下行，主要由于能效提升和可再生能源替代。中国"蓝天保卫战"带动天然气需求快速增长，在工业、建筑领域实现了大规模"气代煤"，而燃气发电增长较为有限。受当地资源及能源政策影响，印度天然气需求增长主要由发电、工业部门拉动，东盟天然气需求增长主要由工业部门拉动。中东、非洲天然气需求的增长动力包括燃气发电、海水淡化、工业利用等。

2. 生产

全球天然气生产快速增长，非常规天然气增速更快。展望未来，全球天然气生产有望保持较快增长，其中非常规天然气的增速超过常规天然气增速，占比有望从当前的 20% 左右提升至 2050 年的 40% 左右。美国页岩气增长势头强劲，2025年前引领非常规天然气增长。俄罗斯向北冰洋沿岸及东西伯利亚的天然气开发投入大量资金，谋求扩大亚洲市场份额。中国、印度均努力加大本地天然

气开发以满足不断增长的本地需求，但资源开发难度较大、技术突破存在瓶颈，产量提升前景不明。中东天然气产量逐步提升，不仅能满足本地需求，其出口规模还不断扩大。非洲天然气开发在满足本地需求增长之外，新的液化天然气项目还促进了出口。

3. 贸易

液化天然气的快速增长重构全球天然气贸易格局。展望未来，全球天然气贸易增速高于需求增速，贸易规模占比从当前的 20% 左右增至 2050年的 30% 左右；液化天然气贸易对管道天然气贸易的主体地位形成有力冲击，2030 年前成为天然气贸易主要方式。欧洲是全球进口角力的关键，既是液化天然气的平衡市场，又是管道天然气与液化天然气的竞争中心。2050 年亚太将占全球液化天然气贸易的 65% 左右，东南亚及东亚沿海多个液化天然气收储站正在火热建设。中国已是全球最大天然气进口国，很快成为全球最大液化天然气进口国，主要通过"陆上＋海上"双管齐下的方式来保障供应。印度天然气进口存在巨大潜力，但基础设施建设是影响未来发展的关键不确定性因素。俄罗斯、中东是全球最大的天然气出口地，未来仍将保留这一地位，但所占份额有所下降。

4. 发电

全球燃气发电定位逐步转向保障供应和灵活调峰。展望未来，得益于较低的投资成本、更易获得的资源和持续增长的灵活性需求，天然气发电更多地用于保障高峰时段电力供应和为可再生能源消纳提供灵活性，是化石能源发电中唯一具有增长潜力的品种。在加快转型情景下，全球燃气发电装机增长近九成至 31 亿千瓦。美国燃气发电装机 2050年约 5.4 亿千瓦，欧盟约 3 亿千瓦，与减排控温政策趋严有关。因中国燃气发电经济性低、气源可

靠性差，预计中国 2050 年气电装机规模仅约 3.9 亿千瓦。印度 2050 年约 1.3 亿千瓦，主要受制于能源政策未强力去煤、储运基础设施较为薄弱等因素。在东盟，燃气发电已经占据较大比例，可再生能源发电的占比正在扩大。中东 2050 年增至约 4.8 亿千瓦，一方面满足快速增长的电力需求，另一方面减少电力部门对燃油发电的依赖。非洲增至约 3.8 亿千瓦，为满足快速增长的电力需求作出重要贡献。

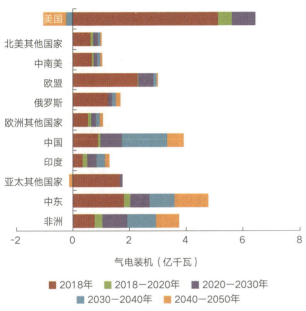

图2-30 2018－2050年全球气电装机分地区变化
（加快转型情景）

（四）核能

全球核电政策分化严重。当前，核电是仅次于水电的第二大低碳能源，主要由发达国家主导，美国、法国、日本合计占据全球核电的75%。20 世纪石油危机后核电装机快速扩张的光辉时代已经远去，21 世纪以来全球核电装机规模保持平稳，占比持续下降。受 2011 年日本福岛核事故影响，各国核电政策出现明显分化，其中德国、比利时已经明确表示弃核，法国、瑞典、

瑞士、日本、韩国准备逐步减少核电比重，东南亚发展中国家的核电热情骤然消退，中国、印度、俄罗斯、阿联酋、沙特阿拉伯等约 20 个国家表示依然大力发展核电，美国、加拿大希望继续发挥核电在能源供应中的作用。在政策分化因素之外，核能发展还受到度电成本高、调节能力差等技术因素限制。

全球核电装机保持平缓增长。展望未来，全球核电装机保持平缓增长，主要由两股趋势决定，一是因机组退役及新增有限，发达国家核电装机规模大幅下降；二是以中国为代表的亚太地区核电装机较快增长。在加快转型情景下，2050 年全球核电装机增至约 6.7 亿千瓦，其中中国将核电装备视为"中国制造"的拳头产品，保持对核电研发的持续投入与核电设施的持续建设，2050 年装机规模达 2.1 亿千瓦，超越经合组织国家总和；印度核电装机 2050 年增至 7200 万千瓦，是满足快速增长用电需求的重要力量；俄罗斯、中东亦有一定增长；美国、日本核电装机略高于当前；欧盟核电装机规模较 2018 年下降约 40%。

图2-31 2018－2050年全球核电装机分地区变化
（加快转型情景）

（五）可再生能源

全球水电增长速度有所放缓。当前，水能占据可再生能源利用的最大份额，过去 20 年 55% 的新增水电装机发生在中国。展望未来，全球水电装机增速有所放缓，主要是中国水电开发不再像过去那样突飞猛进，扩张期已经结束；增长动力将更为广泛，中国、印度、东南亚、中南美、非洲都将有所增长。在加快转型情景下，2050 年全球水电装机增至约 20 亿千瓦，其中中国新增约 1 亿千瓦，印度增至约 1.4 亿千瓦，非洲增至约 1.1 亿千瓦。

可再生能源发电成为全球最大电力来源。当前，可再生能源的发电利用规模要远高于直接利用（如生物燃油、地热加热等），全球约有 150 个国家就可再生能源发电制定了具体目标，但主要集中在陆上风电、光伏发电，近期海上风电获得更多关注，欧洲、韩国在波浪能、潮汐能技术方面持续投入。在电力需求快速增长、传统火电逐步退出、系统接入更加灵活等多因素推进下，可再生能源将以更快的速度渗透全球能源系统，逐步成为全球最大电力来源。在加快转型情景下，2050 年全球风电装机规模约 60 亿千瓦，约占 2050 年全球总装机的 24%；太阳能发电装机规模约 105 亿千瓦，约占 2050 年全球总装机的 42%，远高于风电装机预期，除了经济成本优势之外，还考虑到分布式光伏发电在建筑领域的快速扩张；生物质及其他发电装机规模约 4.3 亿千瓦，约占 2050 年全球发电总装机的 1.7%。

生物燃料消费规模小幅增长，可再生能源供热稳步扩张。当前，约 50 个国家对可再生能源在交通、供热领域的直接利用提供政策支持。在交通领域，以生物乙醇和生物燃油为主的可再生能源约占全球交通用能总量的 3.5%，其中美国、巴西、欧盟分别约占 50%、20%、18%。在加快转型情景下，预计 2050 年可再生能源占交通用能的比重缓增至 5% 左右，主要是生物燃料的生产受到植物成长周期、土地承载能力、粮食供给安全等多方面因素的制约。在供热领域，全球终端能源消费的一半用于加热，建筑用能的 75% 用于加热，但是全球只有约 10% 的热能来源于可再生能源；展望未来，地热、光热、热泵等可再生能源有望在供热领域发挥更大作用。

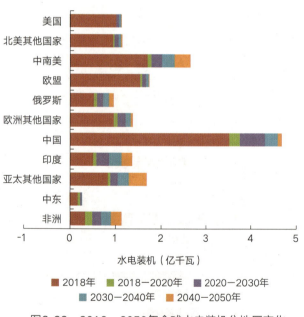

图2-32　2018－2050年全球水电装机分地区变化
（加快转型情景）

表 2-11 部分国家和地区电力生产有关能源政策

地区 / 国家	政策
全球	● 支持可再生能源发展； ● 取消对化石能源及火力发电的财政补贴
美国	● 部分州实施可再生能源配额制； ● 某些核电机组退役时间延长至 60 年
巴西	● 2030 年可再生能源占一次能源需求的 45%； ● 2030 年生物燃料占一次能源需求的 18%； ● 2030 年非水可再生能源发电装机占达 23%
欧盟	● 葡萄牙、意大利、荷兰、法国、丹麦、英国已承诺退出燃煤发电，2020 年后 26 个成员国不再新建燃煤机组； ● 2022 年前德国退役全部核电机组； ● 2030 年可再生能源占终端能源的 32%
中国	● 2020 年非化石能源占一次能源的比重达到 15%，2030 年达 20%，2050 年超过 50%； ● 2020 年水电 3.8 亿千瓦，核电 5800 万千瓦，风电、太阳能发电分别不低于 2.1 亿、1.1 亿千瓦； ● 2020 年煤电装机控制在 11 亿千瓦以内，1.5 亿千瓦缓建，大范围开展灵活性改造
印度	● 2022 年非水可再生能源发电装机达到 1.75 亿千瓦，其中太阳能发电达 1 亿千瓦； ● 2023 年实现电力 100% 可及，降低综合线损率（技术和管理）至 15%； ● 2030 年非化石能源发电装机占比达 40% 以上
日本	● 2030 年发电结构目标：煤 26%、油 3%、气 27%、核 20%~22%、可再生能源 22%~24%

五、分部门用能趋势

（一）工业部门

1. 总量

全球工业用能需求持续增长，增速逐步放缓。 经济全球化背景下，国际分工动态调整，产能转移梯次推进，世界整体工业化进程稳步向前，工业部门能源服务需求持续增长。考虑能效标准范围不断扩大、能源管理系统逐步推广、能效审计制度普遍实施等举措带动能源效率稳步提高，工业部门能源需求增速逐步放缓。在加快转型情景下，2050 年全球工业用能需求约 48 亿吨标准煤，较2018 年增长约 1/4。分行业看，四大高耗能行业

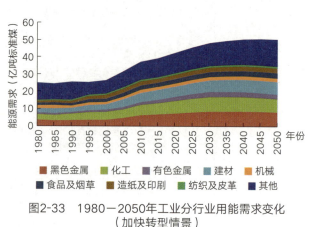

图2-33　1980－2050年工业分行业用能需求变化
（加快转型情景）

表 2-12　部分国家和地区工业部门有关能源政策

地区 / 国家	政策
全球	● 大幅提高能效标准覆盖范围； ● 加大铝、铁、纸张和塑料的回收力度； ● 鼓励使用能源管理系统或开展能效审计
美国	● 对工业及商用锅炉实施更加严格排放标准； ● 向中小企业提供免费的能效评估
巴西	● 向节能改造提供税收减免，鼓励能效培训和废物回收； ● 提高工业部门生物燃料使用规模
欧盟	● 制定电动机、风扇、水泵、热泵、压缩机等节能指导标准； ● 强制要求大型企业定期开展能效审计； ● 鼓励小型企业使用能源管理系统和开展能效审计
中国	● 落后产能加速退出，淘汰老旧工业燃煤锅炉； ● 工业能效标准全面覆盖； ● 支持能源服务公司发展，推广能效合同管理
印度	● 强制实施能源审计，开展节能证书交易； ● 向能源服务公司提供增值税和企业税减免
日本	● 全面实施能效标杆制度； ● 大型企业强制实施能源管理； ● 对小型企业节能改造给予补贴，提供免费的能效审计

用能占工业用能的比重较 2018 年略有下降，黑色金属、有色金属行业用能规模达峰下行，化工、建材行业用能规模保持平稳增长。

2. 分品种

工业用能中煤炭占比较快下降，电能占比快速提升。 受清洁转型影响，工业用煤增长在北美、欧盟、中国等地受到限制，石油作为工业能源的竞争力有所降低，天然气利用受减排约束而平稳增长，电能在工业用能中的作用持续增强。在加快转型情景下，2050 年工业用能中煤炭比重降至约 17%，较 2018 年低约 13 个百分点；石油、天然气占比分别约 9%、16%；电能占比从 2018 年的 27% 提升至 2050 年的约 50%，呈现快速提升态势。

图2-34　2000－2050年全球工业部门终端用能分品种结构变化（加快转型情景）

各国工业电气化水平普遍大幅提升。 展望未来，全球工业电气化水平的提升，一方面得益于发达国家产业结构的调整和用能设备的更替，另一方面得益于发展中国家工业用能的扩张和用电技术的普及。在加快转型情景下，全球工业用电需求增长 1.4 倍至 2050 年的约 22.2 万亿千瓦·时，年均增长 2.6%。主要国家中，2050 年韩国、德国、法国等工业电气化水平有望超过 60%，与其工业

自动化、信息化水平较高有关；印度工业电气化水平约为 40%，在主要国家中处于较低水平。

中国工业电气化水平超过 50%，煤炭占比明显下降。 中国工业化与自动化、信息化、智能化融合发展、稳步推进，电气化水平持续较快提升。在加快转型情景下，2050 年中国工业电气化水平约为 52%，用煤占比从 55% 降至 2050 年的 25%，用气占比由 4% 升至 2050 年的 12%。

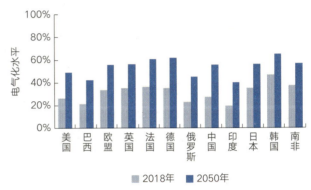

图2-35　2018/2050年主要国家和地区工业电气化水平对比（加快转型情景）

3. 重点环节

电能在工业部门的扩张既面临挑战，又充满机遇。 当前，工业部门占据了全球电力消费的约 40%。面向未来，提高工业电气化水平面临一定挑战，一是工业生产中改变能源品种往往意味着改变工艺流程；二是目前的电炉设计尚无法提供重工业所需的高温高压环境；三是工业设备的设计寿命长、初始投资大，不宜轻易改变。但随着未来电力成本的下降和用电技术的成熟，电动机、电制热、电弧炉炼钢等领域的用电增长潜力有望持续释放，电制氢等领域也存在较大的用电增长空间。

电动机用电保持平稳增长。 当前，电动机占全球工业用电的 75% 左右，集中在纺织、食品、电力电子、机械设备等领域。近期，中国电动机用电需求保持平稳增长；中远期，印度、东南亚等地电动机用电接续发力。此外，当前全球低效电动机占

比约 70%，其中中国低效电动机占比约 50%；预计 2050 年全球低效电动机占比降至 5% 以下，中国占比降至 1% 以下。在加快转型情景下，全球电动机用电将保持 2% 左右的年均增长，主要是发展中国家工业电动机快速增长抵消了电动机效率的提升。

热泵将提供约 10% 的工业制热需求。当前，工业制热需求约占终端制热总需求的 50%，而低温热能（100℃以下）约占工业制热需求的 1/4，其中纺织、食品、制药等行业低温热能占比约 50%，造纸、化工等行业低温热能占比约 25%，炼钢、水泥、冶金等行业低温热能占比约 5%。低温热能可由工业热泵提供，从而替代燃煤、燃气锅炉。在加快转型情景下，2050 年热泵提供约 10% 的工业制热需求，约可带来 2.5 万亿千瓦·时的电力需求。

电弧炉炼钢带来巨大用电需求。当前，全球电弧炉炼钢比例不足 15%；其中发达国家比例约 30%，中国生产了全球约 50% 的钢铁，但电弧炉炼钢比例仅 10%。究其原因，主要是电弧炉炼钢需要以回收废钢作为原料，而多数发展中国家钢材累积消费不足以支持。在加快转型情景下，2050 年全球电弧炉炼钢比例达到 55%，约可带来 3.0 万亿千瓦·时的电力需求。

电制氢技术将拓展用电增长空间。当前，富余可再生能源电力制氢备受关注，所产氢能可用于化肥用氨的生产和氧化铁的还原，同时大幅减少温室气体排放。未来，随着制氢技术发展及基础网络设施建设，可再生能源电力制氢成本将持续下降，为用电需求拓展出巨大的增长空间。

（二）交通部门

1. 总量

全球交通用能需求因效率提升而增长放缓。当前，新兴经济体和发展中国家对交通服务的数量和质量需求快速提升，预计 2050 年全球交通服务需求增长约 100%。但相较过去，交通部门能源需求增长明显放缓，主要是强制性的内燃机能效标准不断提高、覆盖范围持续扩大。其中，传统燃油汽车百公里平均油耗将从当前的 10 升左右降至 2050 年的 6 升左右；货运交通效率总体提升幅度在 30% 左右，主要得益于柴油卡车效率提高、重型货运占比提高、回程载货提高平均负载、智能仓储提高物流效率。在加快转型情景下，全球交通用能需求增长 30% 至 2050 年的约 49 亿吨标准煤。分方式看，公路交通用能依旧占据交通用能的最大份额，绝对规模持续扩张；铁路交通用能维持较小规模；受中产人口出行需求释放带动，航空用能需求快速增长，2050 年较 2018 年增幅约 40%；受货物贸易运输需求增长带动，航运用能需求较快增长，2050 年较 2018 年增幅约 20%。

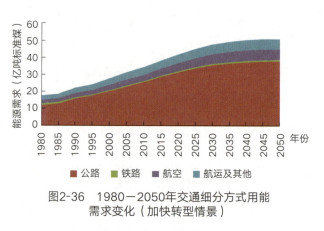

图2-36　1980－2050年交通细分方式用能需求变化（加快转型情景）

2. 分品种

交通用油 2030 年前后达峰。当前，油品约占交通用能的 92%。展望未来，交通用油需求达峰主要由燃油效率的提升速度和电气化的推进力度决定。在加快转型情景下，交通用油绝对规模约在 2030 年前后达峰，2050 年占交通用能的比重降至约 73%，依然是交通部门的主体能源。

表 2-13　部分国家和地区交通部门有关能源政策

地区/国家	政策
全球	● 支持新能源汽车发展，提供购买和使用补贴； ● 提高燃油效率、排放标准和燃油标号； ● 航空：大幅提高生物燃料使用，2050 年温室气体排放较 2005 年下降 50%； ● 航运：国际海事组织提出 2050 年温室气体排放较 2008 年下降 50%
美国	● 8 个州 2025 年合计电动汽车保有量达 400 万辆； ● 支持在公路运输领域利用天然气； ● 2022 年后乙醇和生物柴油利用有所增长
巴西	● 提高乙醇、生物柴油混合比例，2028 年减少燃油行业碳排放 10%； ● 鼓励基于可再生能源的公共交通，提高城市交通便捷性
欧盟	● 丹麦、爱尔兰、法国、芬兰、挪威、斯洛文尼亚、英国已经宣布燃油车销售禁令； ● 2020 年可再生能源占交通用能的 10%，2030 年提高至 14%； ● 2025 年零碳排放或低碳排放汽车销量占比达到 15%，2030 年达到 30%
中国	● 更加高效的燃油效率、更加严格的排放标准、更加清洁的燃油标号； ● 2020 年电动汽车保有量 500 万辆； ● 在大中城市鼓励公共交通发展
印度	● 2030 年电动汽车销量占比达 20%~30%； ● 鼓励铁路运输以缓解公路运输压力
日本	● 2020 年电动汽车保有量 100 万辆； ● 2030 年新一代汽车（混合动力、燃料电池、电动、氢能）销量占比达 50%~70%； ● 2030 年氢能汽车保有量 8 万辆

交通用气增长，占比不足 5%。当前，天然气约占交通用能的 3.5%，主要在公路和航运两个领域。其中，中国鼓励在货运、出租车使用压缩天然气或液化天然气来代替燃油；国际海事组织要求通过天然气来降低航运部门的污染和排放。在加快转型情景下，2050 年交通用气占比小幅升至 4.5%，增长较为有限。

交通电气化水平超过 20%。当前，电力约占交通用能的 1%，仅为交通领域可再生能源消费（主要是生物燃油）的 1/10。欧盟、中国、印度等多地提出了电动汽车发展规模或销售占比目标，英国、法国等多国提出了禁止燃油汽车销售的时间表，丰田、大众、通用等汽车生产商制定了雄心勃勃的电动车计划，加之自动驾驶、共享汽车等新技术新模式蓬勃发展，电气化是未来交通发展的核心趋势。在加快转型情景下，全球交通用电需求增长约 25 倍至 9.7 万亿千瓦·时，年均增长 9.8%，占交通用能的比重升至 22%。

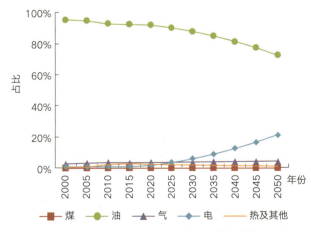

图2-37　2000—2050年全球交通部门终端用能分品种结构变化（加快转型情景）

油气资源丰富地区交通电气化进程缓慢。展望未来，交通电气化进程受政策支持力度、基础设施水平、油气资源禀赋等因素影响较大。在加快转型情景下，2050 年日本交通电气化水平有望达到 41%；欧盟交通电气化水平达到 40%，其中英国、法国、德国约 45%，与其雄厚的汽车工业基础及严格的燃料效率标准有关；美国、俄罗斯交通电气化水平 2050 年分别约为 29%、29%，与丰富的油气资源有关；南非、巴西的交通电气化支持政策尚不明朗，2050 年电气化水平在主要国家中处于较低水平。

中国有望引领全球交通电气化发展。中国政府谋求通过新能源汽车发展实现汽车工业的"弯道超车"，同时减少尾气排放以助力污染治理。新能源汽车强制配额制度于 2017 年开始实施，要求新能源汽车销量占据一定份额且不断提高。在加快转型情景下，预计 2025 年中国电动汽车保有量达到 2000 万辆，2050 年保有量达到 3.5 亿辆，整体交通电气化水平达到 32%。

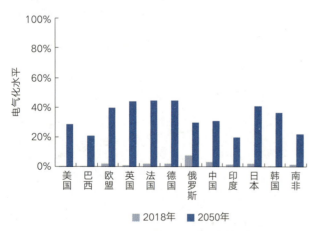

图2-38 2018/2050年主要国家和地区交通电气化水平对比（加快转型情景）

3. 具体方式

公路运输是交通电气化的主力。当前，电动汽车的支持政策包括购买直接补贴、停车费及过路费减免、保有量及销售量目标、公共财政采购、传统燃油车强制退出、充电设施支持等。总体判断，2025 年前后电动汽车的全寿命经济性超越传统燃油汽车，此后加快实现从"增量替代"到"存量替代"的转变。在加快转型情景下，预计 2050 年全球汽车保有量约 25 亿辆，较当前增长约 150%；电动汽车保有量约 12.5 亿辆，占比约 50%；公路电气化水平从当前的几乎为零提高到 2050 年的 27%。

多种车型实现广泛电气化。总体上，交通电气化主要集中在公路交通，主要是小型乘用车、轻型卡车、公共汽车、两轮 / 三轮车等车型。预计 2050 年，欧盟每销售 5 辆汽车就有 3 辆是电动汽车，中国每销售 2 辆汽车就有 1 辆是电动汽车。在货运方面，预计 2030—2035 年间轻型电动卡车取得经济性优势，2050 年达到约 800 万辆；而重型电动卡车发展有限，2050 年不足 50 万辆，主要限制因素包括大容量电池技术、快速充电技术、快速充电设施等。公共汽车的电气化集中在中国和欧盟，2050 年接近 600 万辆，约占全球公共汽车总量的 1/4。此外，两轮 / 三轮车的电气化水平当前约为 24%，集中在中国、印度和东南亚，预计 2050 年电气化水平超过 80%。

铁路电气化水平提高到约 80%。当前，全球铁路交通用能约 40% 为电能，占据交通用电的 70%，其余主要是柴油。在加快转型情景下，铁路交通电气化水平由 40% 提高到约 80%，主要得益于电气化铁路及轨道交通的发展。具体地，电气化铁路在人口多、密度大的地区得到快速发展，如中国、欧盟等；在加拿大、俄罗斯等人烟稀少国家，燃油机车仍是务实选择，主要是不用在铁路沿线建设电网。

航空航运电气化水平提升困难。当前，航空航运领域的用电规模极小，主要依赖油品。在《巴黎协定》框架下，国际民航组织推动 2040 年生物燃料占比达到 5% 左右，减排目标是 2050 年温室气体排放较 2005 年下降 50%；国际海事组织提倡天然气消费，减排目标是 2050 年温室气体排放较 2008 年下降 50%。虽然空中客车、西门子、劳斯莱斯等公司设计了可用于短途航行的飞机原型，挪威探索了电气化渡轮，但各界普遍认为若无重大技术突破，航空航运交通无法依靠电能运转。

（三）建筑部门

1. 总量

全球建筑用能较快增长，增量主要来自新增中产群体。当前，受发展中国家经济繁荣与中产人群壮大推动，建筑部门能源服务需求快速增长。与此同时，更多国家实施了家用电器的强制性能效标准和能效标识计划，新兴市场国家逐步淘汰白炽灯等低效用电设备，建筑节能标准提升推动"净零能耗"建筑发展。受能源利用效率提升影响，未来全球建筑用能需求将保持较快增长。在加快转型情景下，全球建筑用能需求增长 28% 至 2050 年的约 49 亿吨标准煤，其中居民用能增长约 1/4 至

37 亿吨标准煤，商业用能增长约 15% 至 12 亿吨标准煤。分地区看，发达国家建筑用能需求基本持平，能源效率的提升抵消了服务需求的增长；亚太、中南美、非洲等地近 10 亿新增中产人群贡献了绝大部分建筑用能需求增长。

2. 分品种

全球建筑用能增长以电为主。展望未来，建筑用煤逐步减少，转向了天然气和电力，典型案例是中国政府在建筑领域推动"以气代煤""以电代煤"，提倡北方地区清洁供暖；建筑用油集中在个别国家的供暖领域，缺乏增长潜力；建筑用气小幅增长，但占比有所下降，主要在采暖和烹饪领域替代煤和油；建筑用电大幅增长，占比迅速提高，主

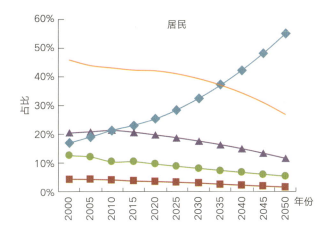

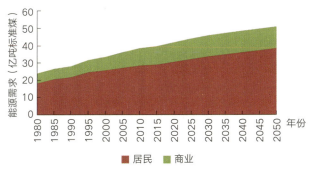

图2-39　1980－2050年居民、商业用能需求变化
（加快转型情景）

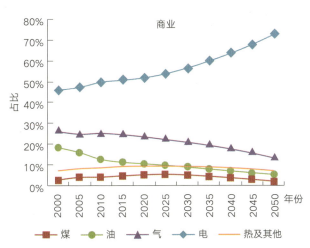

图2-40　2000－2050年居民、商业终端用能分品种结构变化（加快转型情景）

表 2-14　部分国家和地区建筑部门有关能源政策

地区 / 国家	政策
全球	● 2030 年实现可负担、可依靠、现代化的能源 100% 可及； ● 对所有电器实施能效标准和标识计划，2030 年或更早时间禁止低效白炽灯、电热器及空调的使用； ● 更新建筑节能准则，支持光热、地热、热泵使用； ● 通过数字化加强需求响应，提高电器可控性及用能灵活性
美国	● 部分州实施强制性建筑能效标准； ● 通过"能源之星"实施更加严格的电器能效标准； ● 部分州为可再生能源供热提供税收返还，包括太阳能热水器、热泵、生物质锅炉
巴西	● 禁止低效白炽灯使用； ● 针对家用电器和公共建筑设备开展能效标识计划
欧盟	● 2050 年新建建筑接近实现"净零能耗"； ● 部分成员国支持可再生能源供热； ● 对空间加热与热水实施最低能效标准
中国	● 实施民用建筑节能设计标准、电器能效标识计划； ● 2020 年新建房屋能效水平较 2015 年下降 20%，50% 新建城镇建筑符合节能要求； ● 鼓励利用电锅炉替代分散式燃煤、燃油锅炉，2020 年城镇天然气可及率达 57%； ● 鼓励北方地区冬季供暖使用天然气、电力等清洁能源，在京津冀2+26重点城市推行"煤改气""煤改电"
印度	● 对电灯、电视、冰箱、空调实施强制标准和能效标识，2020 年前淘汰白炽灯； ● 2023 年实现电力 100% 可及
日本	● 大型建筑综合体每年节能 1%，并按期提交年度报告； ● 300 米^2 以上建筑必须满足强制能效标准； ● 2030 年后所有新建建筑实现"净零能耗"

要是电器、制冷、采暖等需求增加；热及其他占比迅速下降，主要是传统生物质能大量被现代能源所取代。在加快转型情景下，全球居民用电需求增长约 2 倍至 18.5 万亿千瓦·时，年均增长 3.3%，居民电气化水平从 23% 升至约 55%；全球商业用电需求增长 0.7 倍至 8.1 万亿千瓦·时，年均增长 1.5%，商业电气化水平从 51% 升至约 73%。

2050 年各国居民电气化水平多在 60%~80% 区间，商业电气化水平多在 70%~80% 区间。 从居民电气化水平看，主要国家普遍大幅提升，多在 60%~80% 范围内；中国城市化进程稳步推进，居民电气化水平接近 70%；印度居民电气化水平较低，仅 55%，主要受电力普及程度、

电网供应能力等因素制约；非洲居民电气化水平约为 31%，虽较 2018 年的 5% 有大幅提升，但传统生物质等非现代能源仍在取暖、炊事、制热等领域占据一定份额。从商业电气化水平看，巴西商业

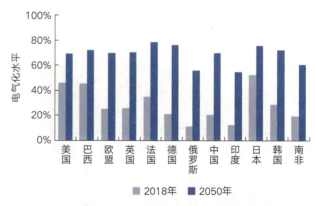

图2-41　2018/2050年主要国家和地区居民电气化水平对比（加快转型情景）

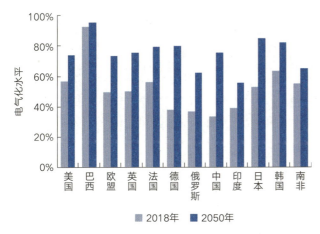

图2-42 2018/2050年主要国家和地区商业电气化
水平对比（加快转型情景）

电气化水平最高，2050年进一步提升至95%，处于绝对领先地位；多数主要国家处于70%~80%范围内；中国约为75%，商业仍是中国电气化水平最高的部门；印度较低，仅约为55%。

3. 细分领域

建筑部门电器、制冷、取暖用电增长潜力巨大。当前，建筑部门占全球年度电力消费的50%左右，在电器、制冷、取暖等领域存在较大增长空间。细分来看，全球还有近10亿人口尚未获得电力供应，主要集中在印度、东盟、撒哈拉以南非洲；全球仅30%的家庭拥有空调，炎热地区数十亿人口的降温需求未能得到满足；全球仅13%的家庭用电采暖，但主要是电阻丝加热，而非效率较高的热泵。

家用电器贡献约70%建筑用电增长。联合国2030年可持续发展目标提出100%电力可及，预计2050年前7亿多人口新获电力供应，除非洲可及率约60%外，全球其他地区实现100%电力可及。在加快转型情景下，家用电器有望贡献建筑用电增量的70%，主要由发展中国家电视、冰箱、洗衣机、空调、洗碗机、烘干机等拥有量的增长所驱动。手机、电脑等小电器虽用电量较低，但使

用频率高，其电力消费也将保持较快增长。虽然LED高效照明技术快速普及，但服务需求的快速增长很快抵消效率提升的节能效果，未来全球照明用电将重拾较快增长态势。

全球制冷用电需求增长近3倍。当前，建筑领域降温服务需求100%由电力提供，降温用电是增长最快的终端用电领域。据估算，目前全球约有16亿台空调，其中约1/3在中国；在美国、日本、沙特阿拉伯等地，空调拥有率高达90%以上，而在发展中国家集中的热带和亚热带，空调拥有率仅5%，约30亿人口无力购买降温设备或无力承担降温电费。在加快转型情景下，预计2050年全球空调保有量约40亿台，全球年度降温用电约3.0万亿千瓦·时，较2018年增长近3倍。

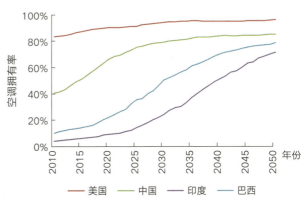

图2-43 2010－2050年美国、中国、印度、巴西
建筑部门空调拥有率变化

电能将满足约50%的建筑采暖需求。当前，加热需求约占全球建筑能源消费的75%，包括采暖、热水、炊事等；其中采暖占建筑加热需求的55%左右，而电力仅贡献建筑采暖的10%左右。建筑领域用电采暖并不存在技术障碍，主要是当前用电成本较高，但预计2025年前后热泵取暖将较燃煤、燃气锅炉具有经济成本优势。在加快转型情景下，2050年电能可满足50%的建筑采暖需求，约可带来2.0万亿千瓦·时的电力需求。

（四）非能利用

1. 总量

发展中国家经济社会发展带动非能利用能源需求稳步增加。发展中国家的工业化和城市化进程带动化工产品、塑料制品等需求稳步增长，全球非能利用能源需求持续增加。在加快转型情景下，全球非能利用能源需求增长约 1/3 至 2050 年的约 15 亿吨标准煤。其中，原料利用增长约 40%，2050 年约 12 亿吨标准煤。

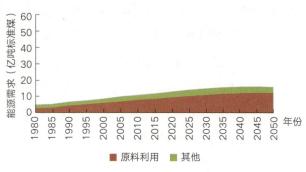

图2-44　1980－2050年非能利用能源需求变化
（加快转型情景）

2. 分品种

非能利用中，天然气占比提升，石油占比下降，煤炭规模增长有限。受化学合成技术的进步以及天然气资源的低成本开采推动，非能利用天然气需求规模较快增长。在加快转型情景下，天然气占非能利用能源需求的比重从 2018 年的约 20% 升至 2050 年的约 27%；石油占比从 3/4 降至约 2/3；非能利用煤炭需求规模保持增长，主要是中国规划建设了数个煤化工项目作为减少油气依赖、保障能源安全的战略储备。

六、主要国家能源展望

（一）美国

美国能源战略以"能源独立"为核心，消极减排带来严重负面影响。 20 世纪 70 年代，两次石油危机给美国经济造成了严重影响；此后，美国国家能源战略长期以实现"能源独立"为目标。特朗普政府上台后，美国能源政策发生重大变化。在"能源新现实主义"指引下，美国彻底推翻了《清洁电力计划》，谋求"可承受的清洁能源"，主要包括通过技术创新生产更多的石油、天然气，同时推进煤炭的清洁利用，发展零排放的核能及水电等可再生能源。受非常规页岩革命带动，美国本土油气产量持续增长，能源自给率稳步提升。此外，美国消极应对气候变化，不愿做出明确减排承诺，于 2019 年 11 月正式启动《巴黎协定》退出程序，给全球共同应对气候变化蒙上阴影。

美国一次能源需求平缓下降。 美国联邦政府当前的能源政策虽不利于清洁转型和减排控温，但考虑未来政策调整的可能，本报告仍对其中长期能源清洁转型给予乐观展望。在加快转型情景下，美国一次能源需求平缓下降，2050 年约 27 亿吨标准煤，较 2018 下降约 1/7，其中非化石能源占比从 2018 年的不足 20% 升至 2050 年的约 40%；电能占终端能源的比重升至 45%。

美国人均用电量突破 2 万千瓦·时。 在加快转型情景下，2050 年美国终端电力需求增至 8.0 万亿千瓦·时，较 2018 年接近翻番，年均增长 1.9%；人均用电量增至 2.0 万千瓦·时，保持领先水平；发电装机规模增至约 32 亿千瓦，其中非化石能源发电装机占比从 2018 年的不足 30% 增至 2050 年的约 80%。

美国能源相关碳排放降幅超过一半。 在加快转型情景下，2050 年美国能源相关碳排放降至约 23 亿吨，较 2018 年下降超过一半。

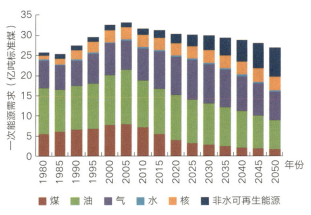

图2-45　加快转型情景下美国一次能源分品种变化

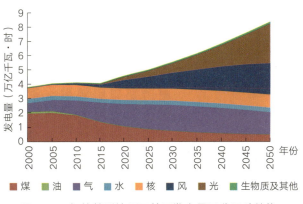

图2-46　加快转型情景下美国发电量及分品种结构

（二）中国

能源安全新战略指引中国构建现代能源体系。改革开放四十多年来，中国经济保持平稳快速增长，中国能源发展取得举世瞩目的成就。2018年，中国是全球第一大能源生产国和消费国，同时还是第一大煤炭生产国和消费国、第一大原油进口国（对外依存度 71%）、第一大天然气进口国（对外依存度 43%）；是全球第一大电力生产国和消费国，拥有全球第一大水电、风电、太阳能发电装机。面向新时代，中国以"四个革命、一个合作"能源安全新战略为指引，坚定不移推动能源领域供给侧结构性改革，着力推动能源高质量发展，加快构建清洁低碳、安全高效的现代能源体系。《能源生产和消费革命战略（2016−2030）》提出，2020 年非化石能源占比达到 15%；2030 年非化石能源占比达到 20% 左右，天然气占比达到 15% 左右，二氧化碳排放 2030 年前后达峰并争取尽早达峰；2050 年非化石能源占比超过 50%。

中国一次能源需求 2030 年前后达峰。在加快转型情景下，受经济转型升级、用能效率提高等因素影响，中国一次能源需求约在 2030 年前后达峰，峰值约 50 亿吨标准煤，2050 年降至约 40 亿

吨标准煤；电能占终端能源需求的比重 2025 年约31%，2035 年约 41%，2050 年约 52%。

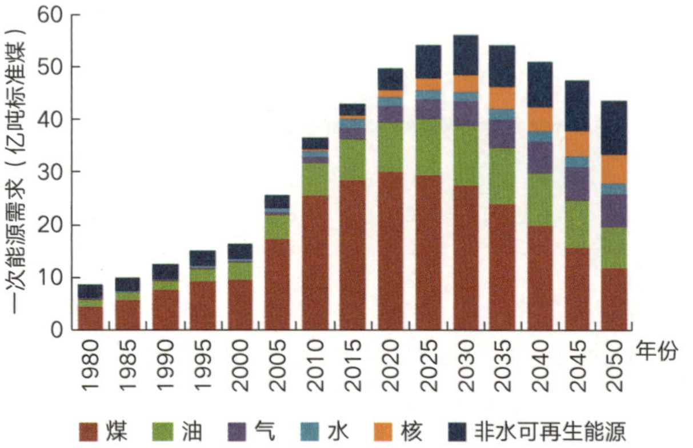

中国电力需求保持较快增长。在加快转型情景下，中国 2050 年终端用电量达 13.4 万亿千瓦·时（折合全社会用电量约 13.9 万亿千瓦·时），年均增长 2.6%；人均用电量约 9600 千瓦·时，较2018 年增长 1.4 倍；发电装机规模增至约 55 亿千瓦，其中非化石能源发电装机占比增至约 80%。

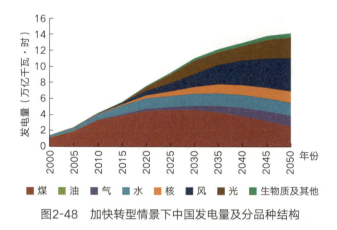

图2-48 加快转型情景下中国发电量及分品种结构

中国能源相关碳排放 2025 年左右达峰。在加快转型情景下，中国能源相关碳排放在 2025年前后达峰，峰值约 106 亿吨，之后持续下降，2050 年较峰值下降一半以上。

（三）日本

日本逐步恢复核能在能源系统中的重要地位。日本国内能源资源贫瘠，是全球能源自给率最低的国家之一。经多年努力，日本政府摸索出了一条克服能源资源劣势的道路，主要举措有加强与中东产油国关系，通过能源供应多元化提高能源安全；构建官民一体的石油储备计划，加大能源物资战略储备；引进核电技术并大规模、批量化应用，构建以核电为主的低碳能源体系；培养全民低碳节能意识，建设低碳节能社会。面向未来，日本

图2-47 加快转型情景下中国一次能源分品种变化

《巴黎协定》国家自主贡献承诺是 2030 年温室气体排放较 2013 财年下降 26%；2018 年年中公布的《第五次能源基本计划》，计划 2030 年燃煤发电量占比降至 26%，气电占比降至 27%，核电占比重回 21%，可再生能源发电占比达到 36%（其中水电、太阳能发电占比分别为 9%、7%）；首次将新能源定位为 2050 年的"主力能源"。

日本能源需求持续下降。在加快转型情景下，日本一次能源需求持续下降，2050 年约 4.4 亿吨标准煤，较 2018 年下降约 1/3，其中非化石能源占比从不足 10% 升至约 45%；电能占终端能源的比重升至 57%。

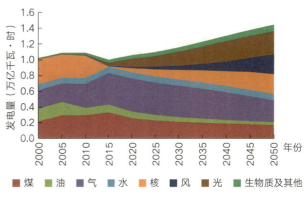

图2-50　加快转型情景下日本发电量及分品种结构

图2-49　加快转型情景下日本一次能源分品种变化

日本人均用电需求增长近 60%。在加快转型情景下，2050 年日本终端电力需求增至 1.4 万亿千瓦·时，年均增长 0.9%；人均用电量达 1.25 万千瓦·时，较 2018 年增长近 60%；发电装机规模增至 5.2 亿千瓦，其中非化石能源发电装机占比从 40% 增至约 80%，核能逐步恢复在日本电力系统中的重要作用，但总发电量仍低于福岛事故前水平。

日本能源相关碳排放下降近 2/3。在加快转型情景下，由于一次能源需求减量发展、能源结构趋于清洁低碳，日本能源相关碳排放快速下降，2050 年约 3.6 亿吨，较 2018 年下降约 2/3。

（四）德国

德国设定了宏伟的可再生能源发展目标。德国煤炭资源相对丰富、油气对外依存度较高，出于能源安全考量，德国较早提出向核能和可再生能源转型。然而，核能发展长期饱受民众担忧和政策摇摆之苦，2011 年福岛核事故促使德国正式宣布在 2022 年前关闭国内所有核电站，成为全球首个坚决弃核的国家。近年，德国可再生能源发展较快，非水可再生能源发电量占比达到 30% 以上，位居世界第一。当前，德国能源战略将可再生能源视为未来的绝对主导能源，设定了 2050 年可再生能源占一次能源需求总量的比重达到 60%、可再生能源发电量占比达到 80% 的宏伟目标。此外，德国还计划到 2050 年温室气体排放较 1990 年水平下降 80%~95%，一次能源消费总量较 2008 年减少 50%。

德国一次能源需求下降约 40%，核能于本世纪 20 年代初期清零。在加快转型情景下，德国 2050 年一次能源需求约 2.7 亿吨标准煤，较 2018 年下降约 40%，其中非水可再生能源占比超过 50%，核能占比在本世纪 20 年代初期降至 0；2045 年电能占终端能源的比重即超过 50%，2050 年约 59%。

图2-51 加快转型情景下德国一次能源分品种变化

德国电力需求及人均用电水平较 2018 年翻番。在加快转型情景下，2050 年终端电力需求增至 1.1 万亿千瓦·时，较 2018 年翻番，年均增长 2.0%；人均用电量约 1.4 万千瓦·时，较 2018 年翻番；发电装机规模增至 6.2 亿千瓦，其中非化石能源发电装机占比从 60% 增至约 90%。

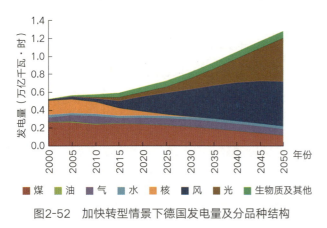

图2-52 加快转型情景下德国发电量及分品种结构

德国实现 2050 年碳排放下降目标。在加快转型情景下，2050 年德国能源相关碳排放约 2.0 亿吨，较 2018 年下降约 70%，较 1990 年下降约 80%，实现宏大减排目标。

（五）法国

法国积极争取全球气候变化领导地位。长期以来，法国通过大力发展核能有效应对了国内能源资源的匮乏困境，成为全球核电占比最高的国家。进入 21 世纪，法国政府与欧盟能源战略保持一致，在降低核能过度依赖、保持核能基础地位的基础上，积极向可再生能源转型，争夺全球应对气候变化领导地位。2018 年年底，马克龙政府宣布在 2030 年前将风力发电扩增 2 倍，将太阳能发电扩增 5 倍，承诺在 2035 年前将核能发电占比降至 50%。此外，法国还积极完成《巴黎协定》减排承诺，宣布在 2040 年后禁止石油和天然气的开采活动。

法国一次能源需求下降约 30%。在加快转型情景下，2050 年法国一次能源需求约 2.5 亿吨标准煤，较 2018 年下降约 30%，其中非化石能源占比从 55% 升至约 75%，核能占比约 40%，非水可再生能源占比约 30%；电能占终端能源的比重 2045 年超过 50%，2050 年约 58%。

图2-53 加快转型情景下法国一次能源分品种变化

法国核能发电占比 2050 年降至约 1/3。在加快转型情景下，2050 年法国终端电力需求增长 2/3 至 0.8 万亿千瓦·时，年均增长 1.5%；发电装机增至 3.8 亿千瓦，较 2018 年增长约 2 倍，其中核能发电量占比由 2018 年的约 3/4 降至 2030 年的约 1/2、2050 年的约 1/3。

法国能源相关碳排放下降近七成。在加快转型情景下，法国能源相关碳排放持续下降，2050 年约 0.9 亿吨，较 2018 年下降约 70%。

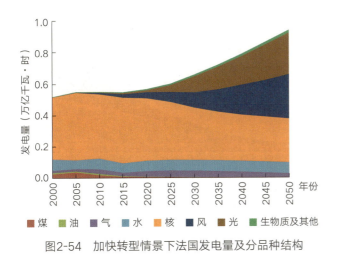

图2-54　加快转型情景下法国发电量及分品种结构

图2-55　加快转型情景下英国一次能源分品种变化

（六）英国

英国为能源发展制定了明确的减排目标和转型路径。 英国本土能源资源较为丰富，19 世纪煤炭的大规模开发为工业革命注入澎湃动力；20 世纪北海油田的发现，推动了从煤炭向油气的快速转型；进入 21 世纪，风电、太阳能的蓬勃发展奠定了英国在能源低碳转型中的领袖地位。可以说，过去的一百多年见证了英国能源从"煤炭时代"向"油气时代"，再向"低碳能源时代"的不断迈进。面向未来，英国政府制定了明确的减排目标和转型路径，主要有 2025 年前全面关停境内燃煤电厂，2030 年新建房屋能耗下降 50%，2030 年新建核电装机 1600 万千瓦，2040 年前禁售传统燃油汽车，2050 年温室气体排放较 1990 年至少下降 80%。

英国能源需求下降近 1/3。 在加快转型情景下，2050 年英国一次能源需求约 1.7 亿吨标准煤，较 2018 年下降约 1/3，其中非化石能源占比从 20% 升至 55%；电能占终端能源的比重升至54%。

英国燃煤发电在 2025 年前全部退出。 在加快转型情景下，2050 年英国终端电力需求约 0.6

万亿千瓦·时，较 2018 年增长约 80%；发电装机规模增至 2.7 亿千瓦，其中非化石能源发电装机占比增至 95%，燃煤发电在 2025 年前全部退出。

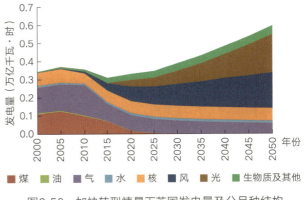

图2-56　加快转型情景下英国发电量及分品种结构

英国实现 2050 年碳排放下降目标。 在加快转型情景下，2050 年英国能源相关碳排放降至约1.0 亿吨，较 2018 年下降约 70%，较 1990 年下降约 80%。

（七）印度

印度要构建全球能源网络仍面临一定挑战。 近年来，印度经济保持较快增长，能源需求及对外依存度不断攀升，能源成为制约经济社会发展的关键短板。印度政府始终致力于谋求"能源安全"

和"能源独立"。当前，莫迪政府抓住全球能源格局重塑机遇期，谋求改变"地缘政治制衡力量"定位，试图构建全球能源网络，建设"全球领导大国"，但仍面临一系列挑战。首先，煤炭仍将是印度未来的主体能源，但低品质问题非常突出，大量低质动力煤用于发电将不可避免地加剧印度已经不容乐观的环境污染，炼焦煤的大量进口亦会提高其能源对外依存度；其次，印度周边多国政治局势动荡，国际合作互信程度不高，跨境油气管道建设构想难以落实；再次，印度风光资源条件优越，但电网基础设施薄弱、设备制造产能不足等因素制约着风能、太阳能发电快速发展。在《巴黎协定》框架下，印度承诺 2030 年单位 GDP 碳强度较 2005 年下降 33%~35%。

印度进入能源需求增长快车道。 在加快转型情景下，印度一次能源需求保持高速增长，2050 年增至约 30 亿吨标准煤，较 2018 年增长约 1.5 倍，其中非化石能源占比增至约 1/3；电能占终端能源的比重增至约 37%，在主要国家中处于较低水平。

印度电力需求快速增长。 在加快转型情景下，2050 年印度终端电力需求增至 7.1 万亿千瓦·时，年均增长 5.4%；人均用电增至 4200 千瓦·时，较 2018 年增长约 4 倍；发电装机规模增至 29 亿千瓦，其中非化石能源发电装机占比增至 77%。

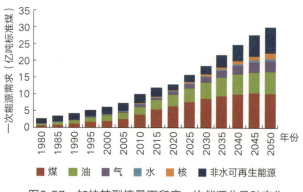

图2-57　加快转型情景下印度一次能源分品种变化

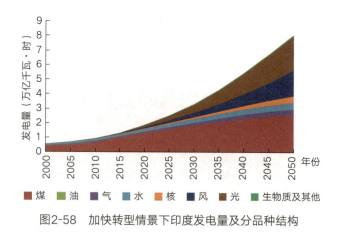

图2-58　加快转型情景下印度发电量及分品种结构

印度碳排放增幅小于能源需求增幅。 在加快转型情景下，2050 年印度能源相关碳排放增至约 39 亿吨，较 2018 年增长近九成，低于能源需求增幅。

（八）巴西

巴西能源发展进一步向清洁化迈进。 20 世纪中叶正值巴西经济扩张时期，石油对外依存度曾高达 90% 以上。经多年努力，巴西国家能源战略从单一向多元演变，能源供应从依赖进口到本土自给转变，主要由水力发电、生物燃料、深海石油"三驾马车"驱动。在水电方面，巴西是全球水电装机占比最高的国家之一，提供了全国超七成的发电量；在生物燃料方面，巴西依托丰富的生物原料实施了"国家生物乙醇计划"和"国家生物柴油计划"，成为全球第二大生物燃料生产国和消费国，占全球的 20% 以上；在深海石油方面，巴西通过市场开放、外资引进、技术创新等举措推进油气勘探开发，大西洋盐下层超深水油田的探明使巴西一跃成为全球产油国十强、南美第二大产油国。除此之外，得益于优越的自然条件，近年巴西风能、太阳能发电迅速发展，与传统的水电、生物质发电形成互补和促进，为未来巴西能源的进一步清洁化打下坚实基础。

巴西能源需求增长约 1/3。在加快转型情景下，2050 年巴西一次能源需求约 5.7 亿吨标准煤，较 2018 年增长约 1/3，其中非化石能源占比升至约 50%；电能占终端能源的比重约 38%。

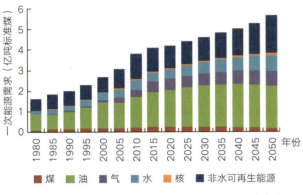

图2-59　加快转型情景下巴西一次能源分品种变化

巴西人均用电大幅增至 6500 千瓦·时。在加快转型情景下，2050 年巴西终端电力需求增至约 1.6 万亿千瓦·时，较 2018 年增长约 2 倍；人均用电量增至 6500 千瓦·时，较 2018 年增长约 1.6 倍；发电装机规模增至 7.5 亿千瓦，其中非化石能源发电装机占比进一步增至 93%，水电发电量占比从 2018 年的约 60% 降至 2050 年的约 30%。

巴西能源相关碳排放于 2030—2035 年间达峰。在加快转型情景下，巴西能源相关碳排放在

2030—2035 年间达峰，峰值约 5.5 亿吨，2050 年降至约 5.0 亿吨，略高于 2018 年水平。

（九）俄罗斯

俄罗斯未来能源发展重心向亚太倾斜。从苏联时期能源发展与国际政治、经济增长、军事竞赛相互融合，到 20 世纪 90 年代放松管制以促进能源贸易、经济增长，再到普京时代的利用能源资源优势建设"强大的俄罗斯"，能源一直都是俄罗斯政治、经济、外交的核心。作为全球第一大天然气资源国、第二大石油资源国，俄罗斯国家能源战略持续优化，近期主要是强化多元出口战略，大幅提高亚太地区出口比重。此外，在绿色低碳转型背景下，俄罗斯开始重视可再生能源开发利用，计划到 2030 年可再生能源发电量占比达到 7%，谋求在世界清洁能源产业链中占据一定地位。在《巴黎协定》框架下，俄罗斯的国家承诺是 2030 年温室气体排放较 1990 年下降 25%~30%。

俄罗斯能源需求平缓下降。在加快转型情景下，2050 年俄罗斯一次能源需求约 8.9 亿吨标准煤，较 2018 年下降约 1/8，其中非化石能源占比从 2018 年的 10% 升至约 1/3；电能占终端能源的比重约 36%，石油、天然气占比分别约 24%、28%。

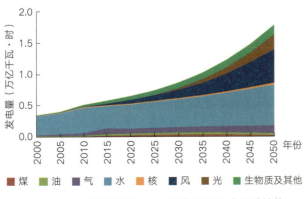

图2-60　加快转型情景下巴西发电量及分品种结构

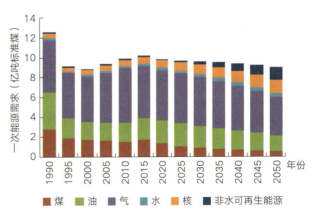

图2-61　加快转型情景下俄罗斯一次能源分品种变化

俄罗斯电力需求较快增长。 在加快转型情景下，2050 年俄罗斯终端电力需求增至约 2.3 万亿千瓦·时，较 2018 年增长约 1.4 倍，年均 2.6%；发电装机规模增至 11.0 亿千瓦，其中非化石能源发电装机占比从约 30% 增至约 80%。

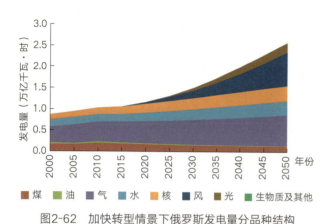

图2-62　加快转型情景下俄罗斯发电量分品种结构

俄罗斯能源相关碳排放下降近一半。 在加快转型情景下，2050 年俄罗斯能源相关碳排放约 9.2 亿吨，较 2018 年下降近一半。

（十）韩国

韩国能源战略转向绿色低碳。 第二次世界大战后，韩国经济的迅速腾飞以能源消费的快速增长为代价，因其国内能源资源极度匮乏，近年能源对外依存度长期保持在 95% 以上，能源进口贸易高达进口总额的 20% 以上。分品种看，韩国国内煤炭资源产量日渐减少，无具有开发价值的油气资源，2018年韩国是全球第三大煤炭进口国、第五大石油进口国和第三大天然气进口国；水能开发利用资源较为有限；核能发电占比达 1/3 左右，但近年核电丑闻不断，国内新建及技术出口的难度明显加大。为应对能源资源困境，韩国采取了夯实战略资源储备、加强能源多元化进口、加大国际资源投资开发、加

快改革破除垄断等举措。近年，韩国各届政府不断优化能源战略，先后发布多个绿色低碳发展战略，2019 年《第三个能源基本计划》公布的目标是2040 年可再生能源能源发电占比达到 35%。

韩国能源需求在 2020－2025 年间达峰。 在加快转型情景下，韩国一次能源需求在 2020－2025 年间达峰，峰值约 4.1 亿吨标准煤，之后平缓降至 2050 年的约 2.8 亿吨标准煤，较 2018 年下降约 30%，其中非化石能源占比升至约 35%；电能占终端能源的比重约 45%。

图2-63　加快转型情景下韩国一次能源分品种变化

韩国电力需求增长约 40%。 在加快转型情景下，韩国终端电力需求增长 40% 至 0.7 万亿千瓦·时，年均增速为 0.9%；发电装机规模增至 2.8亿千瓦，其中非化石能源发电装机占比增至约 3/4。

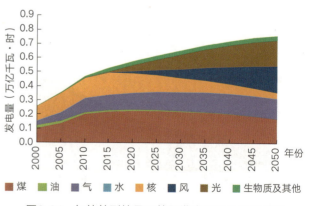

图2-64　加快转型情景下韩国发电量及分品种结构

韩国能源相关碳排放下降近六成。 在加快转型情景下，韩国能源相关碳排放持续下行，2050年约2.6亿吨，较2018年下降近60%。

（十一）南非

南非政府明确了可再生能源发展战略。 南非"富煤炭、少油气、缺水能"的资源禀赋特点，决定了其以煤为主的能源结构。多年来，南非沿海油气资源的勘探开发，受国内政局波动影响较大，对国际油气公司存在依赖；境内仅有一座20世纪80年代建设的核电项目，核能发展基本停滞；可再生能源发展基础较差，缺乏坚强战略引领与系统政策支持；能源总量短缺、结构失衡、设施薄弱、发展不均等问题长期存在。2010年以来，考虑国际能源发展大势、国内经济发展实情，南非国家能源战略转向支持应对气候变化、

摆脱煤炭依赖、加大可再生能源开发。2018年，南非政府进一步明确未来能源战略，包括停建核电、关停火电、管制民用煤炉等。

南非能源需求平稳增长。 在加快转型情景下，南非一次能源需求平稳增长，2050年增至约2.9亿吨标准煤，较2018年增长约45%，其中煤炭占比从2018年的约2/3降至约1/4，非水可再生能源占比升至约50%；电能占终端能源的比重升至约42%。

南非人均用电量较2018年翻番。 在加快转型情景下，南非终端电力需求增长1.5倍至0.6万亿千瓦·时，年均增长2.6%；人均用电增至8500千瓦·时，较2018年翻番；发电装机规模增至2.3亿千瓦，其中非化石能源发电装机占比增至80%。

南非能源相关碳排放下降约40%。 在加快转型情景下，南非能源相关碳排放持续下行，2050年约2.7亿吨，较2018年下降约40%。

图2-65　加快转型情景下南非一次能源分品种变化

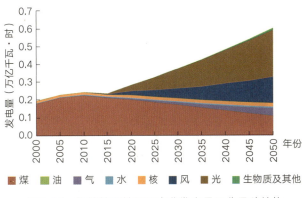

图2-66　加快转型情景下南非发电量及分品种结构

第三部分

专题研究

专题一 亚太中长期能源发展展望

要　点

亚太约贡献全球能源消费增长的 2/3。2018 年，亚太一次能源消费为 86 亿吨标准煤，较 1980 年增长 2.9 倍，对 1980－2018 年全球一次能源消费增长的贡献率高达 64%。

亚太煤炭消费占比明显高于其他地区。2018 年，亚太煤炭消费占比高达 47%，远高于全球的 26%；油、气占比分别为 24%、11%，明显低于全球的 31%、22%。

亚太一次能源消费集中度高。2018 年，中国一次能源消费占亚太的 52%，远超其他国家，印度、OECD 四国、东盟分别占 15%、15%、12%，合计占亚太的 94%。

亚太是全球电力消费增长的重要拉动力。2018 年，亚太电力消费为 11.5 万亿千瓦·时，较 1980 年增长 8.4 倍，对 1980－2018 年全球电力消费增长的贡献率高达 61%。

亚太煤电装机占比较高。2018 年，亚太发电装机总规模为 33.3 亿千瓦，约占全球总装机的 46%。其中，煤电占亚太发电总装机的比重为 46%，远高于全球的 29%。

亚太地区减排任务任重道远。2018 年，亚太能源相关碳排放达 158 亿吨，较 1980 年增长 3.6 倍，对 1980－2018 年全球增长的贡献率超过 80%。

印度和东盟是亚太未来能源需求增长的重心。2050 年，亚太一次能源需求增至 103 亿吨标准煤，较 2018 年增长 20%。其中，印度能源需求增至 30 亿吨标准煤，增长 1.3 倍；东盟能源需求增至 15 亿吨标准煤，增长 1/2；中国能源需求在 2030 年前后达峰，峰值约 50 亿吨标准煤。

亚太逐步形成煤、油、气、水、核、非水可再生能源均衡发展的多元能源结构。2018－2050 年，煤炭占亚太一次能源消费的比重由 47% 降至 26%；石油占比降至 23%；天然气占比升至 15%；水能、核能增长较为平缓，2050 年分别占 4%、8%；非水可再生能源占比提升至 24%。

亚太电力需求较快增长，电气化水平加速提升。2050 年，亚太终端电力需求约 29 万亿千瓦·时，较 2018 年增长 1.5 倍，占终端能源消费的比重增至 43%。其中，中国约 13.4 万亿千瓦·时；印度约 7.1 万亿千瓦·时，略高于中国当前水平。

非化石能源发电是亚太电力供应的主体。2050 年，亚太发电量增至约 31 万亿千瓦·时，发电装机增至约 115 亿千瓦。2018－2050 年，非化石能源发电量占比从 37% 提升至 67%，非化石能源发电装机占比从 41% 提升至 78%。

亚太能源相关碳排放在 2025－2030 年间达峰。展望中长期，亚太能源相关碳排放在 2025－2030 年间达峰，2050 年降至当前水平的 87%。其中，OECD 四国碳排放持续下降；中国 2050 年约为当前水平的一半，峰值出现在 2025 年前后；印度 2050 年增长 1 倍至 43 亿吨；东盟增长 1.3 倍至 22 亿吨。

亚太，是全球经济增长速度最快、贡献最大的地区，也是能源消费最具潜力、最有活力的地区，是未来世界经济能源发展的"动力之源"。聚焦亚太区域，深入国别层面，分析能源发展现状、总结能源战略方向、探索未来发展路径，对更好把握全球能源未来发展趋势具有重要意义。亚太中长期能源发展展望专题仅提供加快转型情景结果供参考。

一、能源发展现状

（一）经济社会

亚太是全球经济最具活力的地区。 1980—2018 年，亚太❶经济总量扩大了 4.0 倍至 26.9 万亿美元（2010 年不变价，下同），年均增长 4.3%，占世界经济的比重从 19.2% 增至 32.5%，贡献了同期全球经济增长的 39.3%。

亚太经济集中度较高，中国、日本、印度、澳大利亚、韩国占据近 85%。 分国家和地区看，2018 年中国占亚太经济总量的 40.2%；日本占比

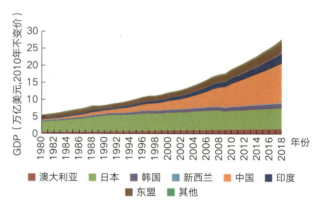

图3-1　1980－2018年亚太分地区经济增长

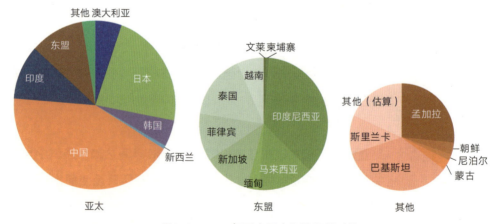

图3-2　2018年亚太国家经济规模对比

---

❶ 具体国家详见附录B。专题中，亚太国家有澳大利亚、日本、韩国、新西兰、中国、印度、东南亚、其他，其中澳大利亚、日本、韩国、新西兰为 OECD 国家；东南亚包含文莱、柬埔寨、印度尼西亚、老挝（数据未获得）、马来西亚、缅甸、菲律宾、新加坡、泰国、越南等，均为东南亚国家联盟（ASEAN）成员；其他包含孟加拉国、朝鲜、蒙古、尼泊尔、巴基斯坦、斯里兰卡及其他未获得统计数据而不得不进行估算的国家。

达 23.0%，澳大利亚、韩国、新西兰占比分别约 5.3%、5.1%、0.8%；印度占比为 10.6%，东盟占比为 11.8%，其中体量较大的有印度尼西亚（占 4.3%）、泰国（占 1.9%）。

中国、印度占亚太人口的 2/3，发展中国家人口比重显著高于经济比重。2018 年，亚太总人口约 39.1 亿，占世界总人口的 51.5%。分地区和国家看，中国、印度两国人口分别为 13.9 亿、13.5 亿，合计约占亚太总人口的 2/3，约贡献 1980 年以来全球人口增长的 1/3；OECD 四国合计约 2.1 亿人口，其中日本约 1.3 亿；东盟合计约 6.5 亿人口，占亚太的 15.6%，其中印度尼西亚（2.7 亿）、菲律宾（1.1 亿）、越南（9600 万）人口较多；其他国家合计约 5.1 亿，占亚太的 12.3%，其中巴基斯坦 2.1 亿、孟加拉国 1.6 亿。

图3-3　2018年亚太各国人均GDP

OECD 四国及新加坡人均 GDP 处于领先水平，发展中国家普遍较低。2018 年，亚太人均 GDP 为 6868 美元，约为全球平均水平的 60%。分国家和地区看，OECD 四国人均 GDP 遥遥领先，澳大利亚、日本、新西兰、韩国分别为 5.7 万、4.9 万、4.2 万、2.7 万美元；中国略高于亚太平均水平，为 7755 美元；印度为 2104 美元，仅为亚太平均水平的 1/3；东盟平均为 4910 美元，

为亚太平均水平的 2/3，其中新加坡、文莱、马来西亚较高，分别为 6.6 万、3.6 万、1.4 万美元，其余东盟国家均低于亚太平均水平；其他国家平均水平为 1633 美元，仅约为亚太平均水平的 1/4。

（二）一次能源

亚太对全球一次能源消费增长的贡献超过六成。1980－2018 年，亚太一次能源消费增长 2.9 倍至 86 亿吨标准煤，占全球的比重从 21% 翻倍至 42%，对全球增长的贡献率为 64%。分国家和地区看，2018 年 OECD 四国合计占亚太的 15%，日本、韩国分别占 7%、5%；中国 2018 年一次能源消费达 45.1 亿吨标准煤，占亚太的 52%；印度为 13.3 亿吨标准煤，略高于 OECD 四国总量；东盟合计约 10.1 亿吨标准煤，其中印度尼西亚、泰国、马来西亚较高，分别为 3.7 亿、2.1 亿、1.3 亿吨标准煤；其他国家仅 3.0 亿吨标准煤，占亚太的 3.5%。

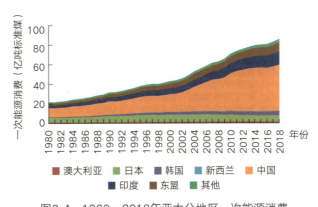

图3-4　1980－2018年亚太分地区一次能源消费

煤炭占比高是亚太能源消费的重要特点。分品种来看，亚太一次能源消费中煤炭占比明显高于全球平均水平，高达 47%，石油占比略低，天然气占比仅为全球的一半，化石能源合计比重为 82%，略高于全球平均水平的 80%。

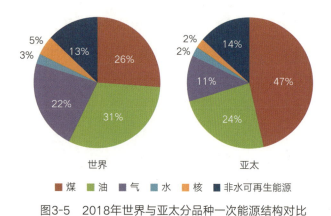

图3-5　2018年世界与亚太分品种一次能源结构对比

发达国家能源结构较为均衡，中印煤炭占比较高，其余多数国家生物质占比仍较高。分国家和地区看，OECD 四国中澳大利亚、日本、韩国的煤、油、气占比较为均衡，新西兰化石能源占比较低，主要得益于丰富的水能、地热资源；中国煤炭消费（28 亿吨标准煤）占比高（63%），主要由资源禀赋、产业结构、发电构成等因素决定；印度同样依赖煤炭，而非水可再生能源占比偏高（29%）主要是存在大量的传统生物质能消费；东盟及其他国家传统生物质能占比亦较高，平均

水平超过 30%；新加坡、马来西亚、文莱经济相对发达，高度依赖化石能源，占比分别为 97%、96%、100%。

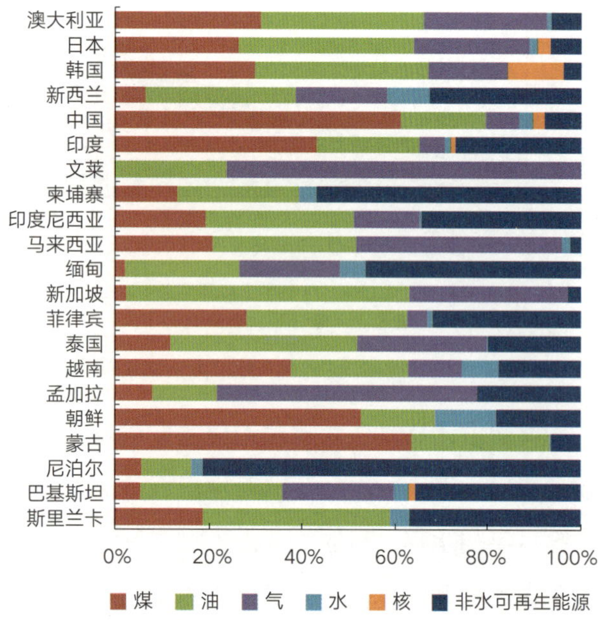

发达国家人均能耗明显高于发展中国家。2018年，亚太人均能源消费约 2.2 吨标准煤，为全球平均水平的 80% 左右。分国家和地区看，OECD 四国明显较高，韩国、澳大利亚、新西兰、日本分别为 8.1、7.7、6.3、4.9 吨标准煤；中国为 3.2 吨标准煤，分别高出亚太、全球平均水平约 56%、20%；印度仅 1.0 吨标准煤，不足亚太平均水平的一半；东盟约 1.6 吨标准煤，其中文莱（11.4 吨标准煤）、新加坡（7.1 吨标准煤）、马来西亚（4.2吨标准煤）较高，与其石油炼化行业份额较大有关；其他国家中除蒙古外均不足 1 吨标准煤。

图3-7　2018年亚太各国人均能源消费

发展中国家能源消费强度普遍较高。2018年，亚太能源消费强度为 3.2 吨标准煤 / 万美元，高于全球平均水平 30%。分国家和地区看，OECD 四国明显较低，其中仅韩国较高，2018 年为 3.0 吨标准煤 / 万美元，与其重工业占比较高有关；中国、印度分别为 4.2、4.7 吨标准煤 / 万美元；东盟平均为 3.2 吨标准煤 / 万美元，其中新加坡低至 1.1 吨标准煤 / 万美元，与其贸易、金融发展较好有关；其他国家能源消费强度平均为 3.6吨标准煤 / 万美元。

图3-6　2018年亚太各国一次能源消费结构

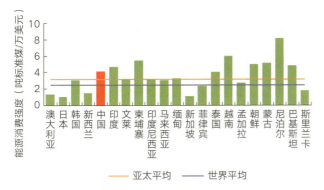

图3-8　2018年亚太各国能源消费强度

（三）终端能源

亚太终端煤炭占比远高于全球平均水平。 2018年，亚太终端能源消费为 57.0 亿吨标准煤，占全球的比重为 41%。其中，亚太终端能源消费中化石能源合计占比略低于全球平均水平，主要表现为煤炭高、油气低，显示出煤炭依然占据重要地位。

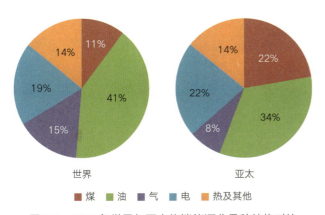

图3-9　2018年世界与亚太终端能源分品种结构对比

发达国家终端能源消费结构趋同，中国煤炭占比较高，欠发达国家热及其他仍占据较大份额。 分国家和地区看，OECD 四国终端结构相似，煤炭占比大多数在 3%~7% 之间，石油占比在 44%~53% 之间，天然气占比在 11%~16% 之间，热及其他低于 10%；中国终端煤炭占比达 36%，石油占比为 25%，天然气占比仅 6%；印度终端煤炭、石油占比分别为 17%、33%；东盟

部分国家石油占比高，主要是依托地理位置带来的航运优势大力发展石油化工行业；东盟大部分国家及其他亚太国家热及其他占比高，主要是薪柴等传统生物质能仍大量使用。

电气化是表征经济社会发展水平的可信指标，发达国家明显高于发展中国家。 2018年，亚太终端电气化水平为 22.2%，高于全球平均水平（19.2%）3.0 个百分点。分国家和地区看，日本、韩国、新西兰、澳大利亚分别为 28.5%、25.1%、22.3%、22.1%；中国为 24.0%，略低于韩国水平；印度为 17.9%，东盟为 16.4%，其他为 11.6%，均处于较低水平。

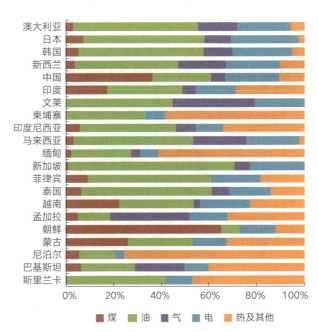

图3-10　2018年亚太各国终端能源分品种结构

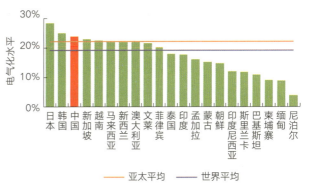

图3-11　2018年亚太各国终端电气化水平

（四）电力消费

亚太贡献全球用电增长的六成以上。1980—2018 年，亚太地区终端电能消费从 1.2 万亿千瓦·时增至 11.5 万亿千瓦·时，增长 8.4 倍，年均增长 6.1%，占全球的比重从 16.1% 升至 47.0%，对全球增长的贡献率高达 60.9%。

中国、印度、东盟合计约占亚太用电总量的 80%。分国家和地区看，1980—2018 年，澳大利亚、新西兰、日本用电增长较为平缓，年均增速分别为 2.8%、1.9%、1.6%，与服务业比重高、用电效率提升等因素有关；韩国年均增速达到 7.7%，主要是由于其工业化起步晚、重工业化程度高；2018 年中国用电量占亚太的约 58% 和全球的约 1/4，1980 年以来年均增长 8.7%；印度占亚太的 12.1%，年均增长 7.2%；东盟占亚太的 9.3%，年均增长 7.9%；其他国家仅占亚太的 2.2%，年均增长 4.9%。

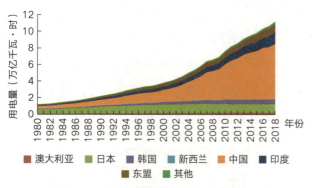

图3-12　1980—2018年亚太分地区用电量增长

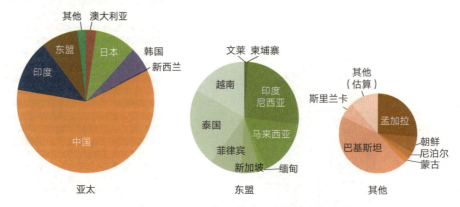

图3-13　2018年亚太分国家终端电能消费

东盟及其他亚太地区人均用电较低。2018 年，亚太人均电力消费为 2941 千瓦·时，约为全球平均水平的 91%。分国家和地区看，OECD 四国超过亚太平均水平 2 倍以上，韩国、澳大利亚、新西兰、日本分别为 1.1 万、1.0 万、0.8 万、0.8 万千瓦·时；中国约 4765 千瓦·时，约为亚太平均水平的 1.6 倍；印度仅 1027 千瓦·时，约为亚太平均水平的 35%；东盟平均约 1647 千瓦·时，略超亚太平均水平的一半，其中文莱、新加坡较高，分别为 1.05 万、1.00 万千瓦·时；其他国家平均水平仅 505 千瓦·时，不足亚太平均水平的 20%。

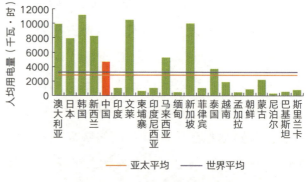

图3-14　2018年亚太各国人均用电量

经济发展落后、工业结构偏重的国家电力消费强度较高。2018年，亚太电力消费强度为4282千瓦·时/万美元，约为全球平均水平的1.4倍。分国家和地区看，OECD四国中韩国较高，仅略低于亚太平均水平，澳大利亚、日本、新西兰为亚太的35%~50%；中国为6144千瓦·时/万美元，高出亚太平均水平43%，与产业结构中重工业占比高有关；印度为4880千瓦·时/万美元，高出亚太平均水平14%；东盟为3354千瓦·时/万美元，其中新加坡最低，仅1508千瓦·时/万美元；其他国家平均为3089千瓦·时/万美元，为亚太平均水平的72%。

图3-15　2018年亚太各国电力消费强度

（五）电力供应

亚太发电结构中煤电占比较高。2018年，亚太发电装机总规模33.3亿千瓦，约占全球总装机的46%。分品种看，亚太地区占据了全球72%的煤电、35%的油电、23%的气电、43%的水电、29%的核电、42%的风电、59%的太阳能发电、32%的生物质及其他发电装机。分结构看，亚太煤电装机占比（46%）远高于全球平均水平（29%）；气电装机占比（13%）低于全球平均水平（25%）；核电（3%）占比为全球平均水平的一半；风、光、生物质等发电装机合计占比与全球大体一致。

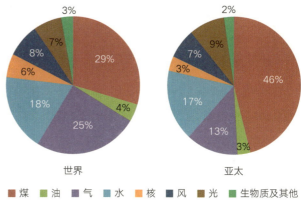

图3-16　2018年世界与亚太分品种发电装机结构对比

发达国家电力供应结构较为多元，欠发达国家结构较为单一。对比来看，澳大利亚、日本、韩国发电结构较为多元，气电装机占比均在30%左右，2018年新西兰水电装机占比接近60%；中国、印度两国发电以煤为主，2018年占比分别为54%、57%，其余主要是水电（分别为19%、12%）、风光（分别为19%、15%）；东盟，文莱、印度尼西亚、马来西亚、新加坡、泰国等的化石能源发电占比较高，柬埔寨、缅甸、越南的水电占比相对较高；其他国家中，发电结构多由资源禀赋决定，朝鲜、尼泊尔的水电占比极高，蒙古煤电占比极高。

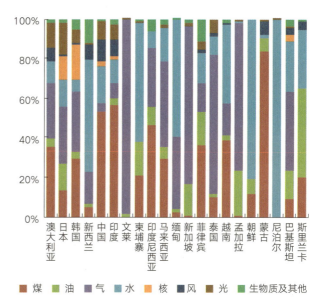

图3-17　2018年亚太各国分品种发电装机结构对比

（六）碳排放

亚太碳排放持续增长。1980—2018 年，亚太能源相关碳排放增长 3.6 倍至 158 亿吨，对全球增长的贡献率超过 4/5。分国家和地区看，澳大利亚、日本、新西兰增长有限，韩国增长 5 倍；中国增长 5.4 倍至 92 亿吨，贡献全球增长的 52%；印度增长 7 倍至 22 亿吨，贡献全球增长的 13%；东盟增长 7 倍至 17 亿吨，贡献全球增长的 10%，其中 2018 年印度尼西亚、泰国分别为 4.9 亿、3.0 亿吨；其他国家仅 5.3 亿吨，占亚太总量的 3%。

发达国家人均碳排放明显较高。2018 年，亚太人均碳排放为 4.0 吨，约为全球平均水平的 92%。分国家和地区看，OECD 国家明显较高，其中澳大利亚、韩国分别为 14.6、14.3 吨；中国为 6.6 吨，高出亚太平均水平 69%；印度为 1.6 吨，仅为亚太平均水平的 42%；东盟平均为 2.6 吨，其中文莱（13.0 吨）、新加坡（9.5 吨）、马来西亚（7.5 吨）相对较高；其他国家平均为 1.0 吨，其中蒙古为 6.5 吨，与人口规模小、煤炭占比高有关。

图3-18　1980—2018年亚太能源相关碳排放增长

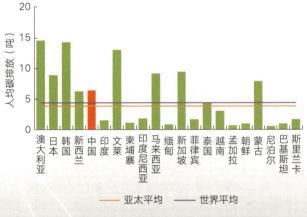

图3-19　2018年亚太各国人均碳排放

二、能源发展战略

（一）澳大利亚

澳大利亚能源资源较为丰富，大量的煤炭、铀、液化天然气出口，满足了亚太多地的能源需求增长。近年，澳大利亚东部沿海供气紧张，油品进口稳步增长，能源价格持续上升。在电力方面，澳大利亚煤电装机占比高达 60% 以上，机组老化问题逐步凸显，煤电退役给电力供应带来一定冲击；受本地需求增长影响，天然气供应显现趋紧态势，对燃气发电产生影响；受 2016 年南澳大利亚大停电影响，系统融合和电网安全得到越来越多的重视。展望未来，澳大利亚政府期望 2020 年可再生能源发电量达到 330 亿千瓦·时，约相当于其总发电量的 1/4；其《巴黎协定》中的国家自主减排承诺为 2030 年温室气体排放较 2005 年下降 26%~28%。

（二）日本

日本能源资源贫瘠，进口规模巨大，对外依存度极高。核能一度是日本最主要的能源，但 2011 年福岛核事故的发生，使得日本核电厂逐步全面停运，此后几年化石能源消费、能源进口规模、能源相关碳排放快速攀升。近期，日本能源政策取向为进一步加强多元化能源供应，包括降低化石能源依赖、增加可再生能源消费、适时重启核电机组、逐步退出燃油发电等。2017 年，日本公布《氢能基本战略》，提出 21 世纪 20 年代末启动氢发电、2040 年建设"零碳"氢能供应链。2018 年，日本政府公布《第五次能源基本计划》，计划 2030 年燃煤发电量占比降至 26%，油电占比降至 3%，气电占比降至 27%，核电占比重回 20%~22% 区间，可再生能源发电占比达 22%~24%（其中水电、太阳能发电分别占 9%、7%），并首次将新能源定位为 2050 年的"主力能源"。

（三）韩国

韩国能源资源极度匮乏，第二次世界大战后经济的迅速腾飞以大规模能源消费为代价，能源对外依存度长期在 95% 以上。20 世纪末，韩国能源消费增长由钢铁、化工等重工业驱动；当前，韩国经济以出口为导向，重点产品有电子器件、半导体、汽车等。受空气污染、减排压力、核电忧虑等因素影响，韩国能源战略正从煤炭、核能向可再生能源、液化天然气转型，并制定了核电退出、削减煤电的具体计划。2017 年，《第八次电力供需计划（2017—2031）》要求 2022 年核电装机达峰，约 2800 万千瓦，2030 年降至 2000 万千瓦。2019 年，韩国政府在《第三个能源基本计划》提出 2030 年可再生能源发电量占比达到 20%，装机占比达到 34%；2040 年可再生能源发电占比达到 35%。

（四）新西兰

新西兰能源资源得天独厚，水能、地热、风能资源条件优越；在没有直接补贴和财税支持的情况下，可再生能源在发电、供热等领域份额也稳步提升。2017 年，新西兰可再生能源发电量占比已达 81%，《新西兰能源与转型战略（2017－2022）》计划将这一比例在 2025 年进一步提升到 90%。《巴黎协定》框架下，新西兰承诺 2030 年温室气体排放较 1990 年下降 30%。2017 年，工党领导的新一届联合政府上台后，能源政策取向主要是计划 2050 年实现碳中和。

（五）中国

2009 年至今，中国保持全球第一大能源消费国地位，并长期位列全球第一大煤炭消费国，2017 年超越美国成为第一大原油进口国。当前，中国经济从高速增长阶段转向高质量发展阶段，能源发展的最大挑战不再是保障供应，发展重心已经转向优化供给结构、提高能源效率、推进可持续发展、加强能源安全。中国能源行业正以"四个革命、一个合作"安全新战略为指引，加快构建清洁低碳、安全高效的现代能源体系。《能源生产和消费革命战略（2016－2030）》是中国中长期能源发展的纲领性文件，主要目标有 2020 年非化石能源占比达到 15%；2030 年非化石能源占比达到 20% 左右，天然气占比达到 15% 左右，二氧化碳排放 2030 年前后达到峰值并争取尽早达峰；2050 年非化石能源占比超过 50%。

（六）印度

印度能源消费高度依赖煤炭，传统生物质能占比亦较高。近年，印度经济平稳较快增长，带动能源需求及对外依存度不断攀升，能源安全、可持续供应问题日益突出。然而，印度政府中央、联邦州、直辖区的多层级行政体系导致能源政策反复多、耗时长，按品种分设煤炭、油气、核能、可再生、电力等部门的分散式管理体系导致"政出多门"，阻碍了政策的协调统一，降低了政策的实际效果。展望未来，煤炭在较长一段时期内仍将是印度的主体能源，但低品质问题突出，低质动力煤发电将加剧环境污染问题，大量进口炼焦煤将提高能源对外依存度。印度风光资源条件优越，计划在 2022 年前实现可再生能源发电装机 1.75 亿千瓦（其中 1 亿千瓦为光伏发电），但印度电网基础设施薄弱、设备制造产能不足，不仅极大制约了可再生能源的快速发展，而且还直接影响了印度本世纪末 20 年代初期实现电力 100% 普及的目标。

（七）东盟

东盟各国积极制定中长期经济发展战略，相继推出经济转型和产业升级政策，加快优化重组和结构调整步伐。其中，新加坡、马来西亚、泰国、越南重点向高附加值、高技术型产业转型；印度尼西亚以能源战略支撑经济发展，产业集约化主要是氧化铝、电解铝、铝加工一体化发展，发展清洁化包括大力发展水电、有序开发光伏和风电，出口多元化主要是减少能源原料直接出口，探索电力外送；

文莱通过改善国内营商环境吸引国际投资，期望减少对油气出口的依赖；老挝、缅甸、柬埔寨在保障农业的基础上大力发展工业。

《东盟国家能源合作行动计划》（APAEC）明确提出 2016—2035 年东盟整体能源发展目标，节能增效方面主要是 2020 年、2030 年能源强度较 2005 年分别下降 20%、30%；可再生能源方面主要是 2025 年一次能源供应中可再生能源占比达到 23%。此外，东盟全部成员国作出了《巴黎协定》自主减排承诺，东盟整体未提交区域减排承诺。

表 3-1　东盟国家能源政策与目标

国家	节能增效	可再生能源	减排控温
文莱	2035 年能源强度较 2005 年下降 45%	2035 年可再生能源发电量比重达 10%	2035 年能源消费较基准情景下降 65%
柬埔寨	农村电气化带动生物质能下降 30%~50%	2020 年水电装机达 224 万千瓦	2030 年工业碳排放较基准情景下降 27%
印度尼西亚	2025 年前能源强度年均下降 1%，能源弹性系数降至 1 以下	2025 年可再生能源占一次能源的 23%，2035 年达 31%	2030 年碳减排幅度在 29%~41% 之间
老挝	2030 年终端能耗下降 10%（较 2016 国家能源政策基准情景）	2025 年非水可再生能源占比达 30%	2025 年交通领域生物燃料占比达 10%
马来西亚	2025 年电力消费下降 8%（较国家能效行动计划基准情景）	2020 年非水可再生能源装机超过 208 万千瓦	2030 年单位 GDP 碳排放较 2005 年下降 35%~45%
缅甸	2030 年电力消费下降 20%（较国家提效节能路线图基准情景）	2030 年可再生能源发电量占比达 30%	2030 年水电装机 940 万千瓦，非水可再生能源发电装机 200 万千瓦
菲律宾	2040 年能源强度较 2005 年下降 40%	2030 年可再生能源发电装机达 1.52 亿千瓦	2030 年碳排放较基准情景下降 70%
新加坡	2030 年能源强度较 2005 年下降 35%	2020 年光伏发电装机达 35 万千瓦	2030 年碳排放较 2005 年下降 36%
泰国	2036 年能源强度较 2010 年下降 30%	2036 年可再生能源占一次能源的 30%	2030 年碳排放较基准情景下降 20%（25% 国际援助）
越南	2020 年终端能耗下降 8%（较国家提效节能计划基准情景）	2025 年可再生能源发电装机占比达 13%，2030 年达 21%	2030 年碳排放较基准情景下降 8%（25% 国际援助）

三、能源发展展望

（一）经济社会

中国、印度、东盟是亚太经济的主要增长点。 中国经济由高速增长转为高质量发展，仍是亚太经济增长的稳定动力；印度、东盟处于工业化初期，工业化进程的快速推进将拉动经济较快增长，中国、印度、东盟合计对亚太经济增长的贡献率约 90%。预计 2050 年，亚太经济总量扩大 3.5 倍至 94 万亿美元，年均增长 4.0%，增速较 2000—2018 年平均水平下降 0.7 个百分点，仍是全球经济发展最活跃的地区。

表 3-2　亚太地区经济增长展望　　　　　　　　　　　　　　　单位：万亿美元

地区 / 国家	2000	2018	2025	2035	2050	2000—2018增速	2018—2050增速
亚太	11.7	26.8	37.7	57.8	93.9	4.7%	4.0%
澳大利亚	0.8	1.4	1.9	2.3	3.0	2.9%	2.2%
日本	5.3	6.2	6.5	7.0	7.6	0.8%	0.6%
韩国	0.7	1.4	1.7	2.1	2.7	3.8%	2.1%
新西兰	0.1	0.2	0.2	0.3	0.3	3.1%	2.0%
中国	2.2	10.8	16.9	28.8	44.9	9.2%	4.7%
印度	0.9	2.8	4.4	8.3	21.0	6.8%	6.5%
东盟	1.2	3.2	4.0	6.1	10.6	5.5%	3.9%
其他	0.3	0.8	1.6	2.4	4.0	5.5%	4.9%

印度、东盟拉动亚太人口平缓增长。 亚太地区人口增长明显放缓，预计 2050 年亚太人口增至 48 亿。分国家和地区看，印度将于 2030 年前超越中国成为世界人口第一大国，2050 年人口约 17 亿；受人口结构老龄化及生育率低影响，中国人口数量在 2035—2040 年间达峰下行，2050 年约 14 亿；东盟人口增长约 1/5，2050 年达 7.8 亿，是亚太第二大人口增长源；OECD 四国总人口无明显变化。

表 3-3　亚太地区人口增长展望　　　　　　　　　　　　　　　　　　　　　　　　　　单位：亿

地区 / 国家	2000	2018	2025	2035	2050	2000－2018 增速	2018－2050 增速
亚太	32.7	39.1	44.5	46.5	47.4	1.0%	0.5%
澳大利亚	0.2	0.2	0.3	0.3	0.3	1.5%	0.9%
日本	1.3	1.3	1.2	1.2	1.1	0.0%	-0.4%
韩国	0.5	0.5	0.5	0.5	0.5	0.5%	0.0%
新西兰	0.04	0.05	0.1	0.1	0.1	1.3%	0.9%
中国	12.6	13.9	14.3	14.4	14.0	0.5%	0.1%
印度	10.6	13.5	15.0	16.1	17.0	1.4%	0.7%
东盟	5.2	6.5	7.1	7.6	7.8	1.2%	0.6%
其他	4.0	5.1	5.6	5.9	6.0	1.8%	0.5%

（二）一次能源

印度和东盟是亚太能源需求增长的重心。经济发展、人口扩张是拉动能源需求增长的主要原因，虽然能效技术不断进步、积极节能降耗政策有效减缓了能源需求增长，但预计 2050 年亚太一次能源需求仍将增长 20% 至 103 亿吨标准煤。分国家和地区看，随着工业化发展及居民生活水平提升，预计印度、东盟能源需求分别增长约 1.3 倍、1/2 至 30 亿、15 亿吨标准煤，是亚太能源需求增长的主要贡献者；OECD 四国能效水平提升带动能源需求下降，其中日本能源需求持续负增长，韩国、澳大利亚、新西兰均在展望期内达峰下行。

中国能源需求在 2030 年左右达峰。在新旧动能持续转换、节能技术加快应用的带动下，中国能源需求增长放缓，2030 年左右达到峰值水平约 50 亿吨标准煤，此后稳步下降，2050 年约 40 亿吨标准煤[1]。

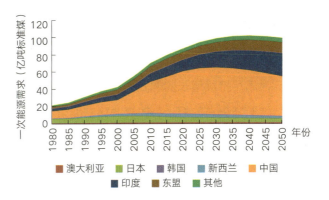

图3-20　1980－2050年亚太分地区一次能源需求增长

亚太逐步形成煤、油、气、水、核、非水可再生能源均衡发展的多元结构。亚太目前煤炭占比显著高于全球水平，为应对环境和气候问题，降低煤炭占比是大势所趋，预计 2050 年约 26%。亚太石油资源相对匮乏，预计 2050 年略降至 23%。天然气是相对清洁的化石能源，但受储量有限和成本较高限制，预计 2050 年占比仅升至 15%。受资源条件限制及安全考虑，水能、核能增长较为平缓，2050 年分别占 4%、8%。在有力的政策支持、成熟的开发技术等因素推动下，非水可再生能源占比持续提升，2050 年约 24%。

---

[1]　按发电煤耗法计算，中国一次能源需求于 2035 年达峰，峰值约 58 亿吨标准煤，2050 年降至 55 亿吨标准煤左右。

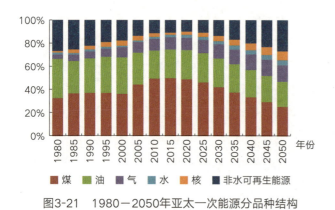

图3-21　1980−2050年亚太一次能源分品种结构

各国非化石能源占比普遍提升，但主要贡献品种有所不同。 展望 2050 年，亚太非化石能源占一次的比重约 36%，达到全球平均水平。分国家和地区看，澳大利亚、日本分别为 41%、45%，日本受资源匮乏制约重启核能，澳大利亚太阳能、风能占比较高；新西兰清洁化程度最高，非化石能源占比为 63%，其中水能占 18%，地热能亦有较大贡献；为满足持续增长的能源需求，印度、东盟不得不持续消耗化石能源，导致其非化石能源占比仅约 30%。

强有力的政策推动中国能源结构加速清洁化、多元化转型。 随着政策法规体系持续完善、清洁能源技术日益成熟、市场运行机制不断完备，以风能、太阳能为代表，以生物质能、地热能、潮汐能等为补充的新能源将成为中国能源系统的主体能源。按发电煤耗法折算，2050 年非化石能源占一次能源需求的比重达到 62%，远超《能源生产和消

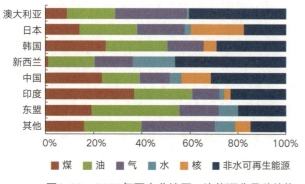

图3-22　2050年亚太分地区一次能源分品种结构

费革命战略（2016−2030）》中设定的 50% 目标。

亚太人均一次能源需求仅小幅增长，主要得益于 OECD 国家及中国需求的下行。 展望 2050 年，受印度、东盟及其他欠发达地区能源需求增长拉动，亚太人均一次能源需求增长约 5% 至 2.2 吨标准煤。分国家和地区看，发达国家呈现能源需求与人口规模双降的局面，在强有力的节能政策及技术进步支撑下，OECD 四国人均能源需求出现 20%~35% 的降幅；中国人均一次能源需求约 4.0 吨标准煤，较 2018 年略有增长；在能源需求、人口规模的双增长及生活水平不断提高带动下，印度、东盟人均能源需求增至约 1.6 吨标准煤，但与亚太平均水平仍有一定差距。

图3-23　2018/2050年亚太人均一次能源需求对比

（三）终端能源

电力超越石油成为终端第一大能源品种。 展望 2050 年，亚太终端能源结构变化的主要趋势是煤降、油稳、气增、电升。具体地，煤炭占比下降一半至 12%，主要是建筑用煤持续减少，剩余主要是工业用煤、发电及非能利用；石油占比平缓下降 5 个百分点至 27%，但绝对规模仍有上升，主要是出行需求的增长；天然气占比稳步升至 10%，主要是工业、发电、居民生活用气的增加；电气化水平快速提升至 43%，为全球电气

化水平提升作出重要贡献；热及其他占比大幅下降，主要是传统生物质能被现代能源替代。

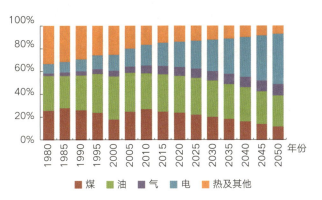

图3-24　1980－2050年亚太终端能源分品种结构

发达国家电气化水平高，发展中国家实现大幅增长。 在工业电锅炉、电窑炉、电采矿、电动汽车、轨道交通、电采暖、电厨炊及智能家居等终端用电技术的大规模推广下，各国电气化水平均大幅提升。展望2050年，澳大利亚、日本、新西兰电气化水平在50%以上，引领亚太电气化进程；韩国约45%，主要是工业比重相对较高，化石能源消费保持一定规模；由于发展水平相对滞后，印度、东盟电气化水平分别约为37%、39%。

中国电气化水平超过50%。 经济社会的发展对用能需求提出了更高品质要求，信息化、智能化、物联网技术的广泛渗透使得电能的优势愈加明显。随着各行业用电技术的日益成熟和推广应用，电能占终端能源消费的比重不断攀升，预计2050年可达52%。

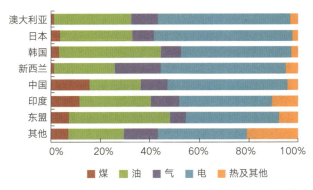

图3-25　2050年亚太分地区终端能源分品种结构

（四）电力需求

亚太电力需求呈线性增长特点。 电力作为清洁、高效、便捷的二次能源，是未来能源转型的重要方向。预计到21世纪中叶，亚太实现电力供应100%覆盖，为电力需求快速增长提供基础支撑。展望2050年，亚太电力需求年均增长2.9%至29万亿千瓦·时。分国家和地区看，澳大利亚、日本、韩国、新西兰等发达国家年均增速较低，在1%~2.5%之间；印度、东盟用电需求增长较快，分别以5.3%、4.2%的年均增速增至7.1万亿、4.0万亿千瓦·时。

中国电力需求持续较快增长。 大规模的清洁能源转化为电能开发利用，电网大范围配置能力不断增强，电能替代技术多行业全面渗透，政策及市场保障机制日益完善，多重利好拉动中国电力需求持续增长。预计2035年前电力需求保持较快增长，2035年后增速放缓，2035年、2050年全社会用电量分别达到12.4万亿、13.9万亿千瓦·时。

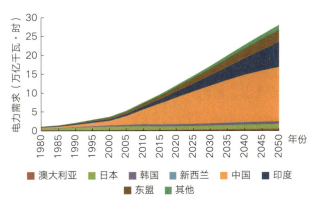

图3-26　1980－2050年亚太分地区终端电力需求

中国人均用电接近1万千瓦·时，印度约为亚太平均水平的70%。 展望2050年，亚太电力需求增速远超人口增速，人均电力需求增长1.1倍至6049千瓦·时。分国家和地区看，OECD四国均在1.2万~1.8万千瓦·时区间，仍处于领先水平；中国人均用电接近 1.0 万千瓦·时；印度约 4200 千瓦·时，约为亚太平均水平的 70%；东盟约 5100 千瓦·时，约为亚太平均水平的 84%。

图3-27　2018/2050年亚太分地区人均电力需求

（五）电力供应

非化石能源发电成为亚太电力供应的主体。 展望 2050 年，亚太发电量增长 1.5 倍至 31 万亿千瓦·时，发电装机增长 2.5 倍至 115 亿千瓦。为应对日益严重的环境问题、多元化能源供应以降低安全风险，非化石能源发电快速发展，2050 年非化石能源发电量、发电装机占比分别提升至 67%、78%。分品种看，煤电装机占比降至 14%；由于石油资源匮乏和油电经济性低，油电逐步退出，占比降至不足 1%；气电污染较小，

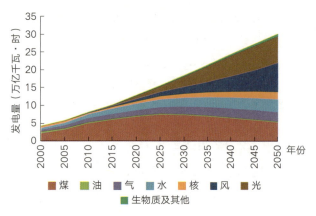

图3-28　2000－2050年亚太发电量分品种结构

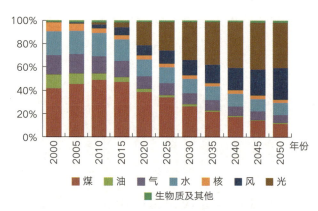

图3-29　2000－2050年亚太发电装机分品种结构

但由于成本较高，气电装机规模虽显著增长，但占比从 14% 降至 8%；水电、核电受资源和安全问题限制，装机规模虽有增长，但占比分别降至 9%、3%。

各国普遍实现非化石能源发电装机大幅提升。 为应对环境污染、气候变化及保障能源安全，各国因地制宜开发清洁能源，构建多元能源供应体系。OECD 国家起步早、发展快，其中新西兰拥有丰富多元的清洁能源，2050 年非化石能源发电装机占比接近 100%，日本、澳大利亚均超过 80%，韩国约 76%；印度非化石能源发电以风电、太阳能发电为主，同时仍保留较高比例的煤电，东盟形成了煤、气、水、风、光均衡发展的装机结构，两者非化石能源装机占比均略超 70%。

中国继续引领清洁电力供应转型。 短期内，补贴退坡虽对新能源发展产生一定影响；但从中长期看，风光发电技术日益成熟、成本持续下降、市场竞争力不断增强，仍将保持快速增长。其中，风电从陆上为主转为陆海并重，光伏发电采取集中式与分布式并举。预计 2050 年中国非化石能源发电占比达 78%，其中风光装机约 33 亿千瓦。

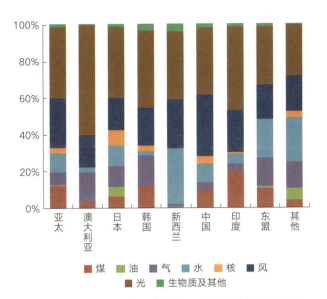

图3-30　2050年亚太分地区分品种发电装机结构

（六）碳排放

亚太能源相关碳排放于2025-2030年间达峰。展望2050年，亚太能源相关碳排放先升后降，峰值出现在2025-2030年间，2050年约为2018年的87%，对全球碳减排作出重要贡献。

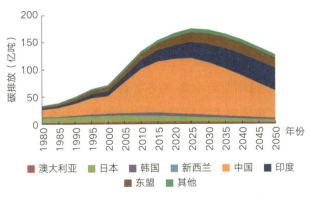

图3-31　2050年亚太分地区能源相关碳排放

发达国家及中国主导亚太碳排放的达峰下行。展望2050年，澳大利亚、日本、韩国、新西兰等发达国家碳排放持续下降；印度能源需求增长拉动碳排放持续增长，增长1倍至2050年的约43亿吨；东盟碳排放较2018年增长1.3倍至22亿吨。

中国是亚太碳排放下降的主要贡献者。预计中国碳排放在2025年前后达到峰值，约106亿吨，此后稳步下降，2050年降至约48亿吨。

印度、东盟人均碳排放有所增长，发达国家仍较高。展望2050年，在人口正增长和排放负增长的双重作用下，亚太人均碳排放降至约2.9吨，约为2018年的76%。分国家和地区看，OECD四国人均碳排放降幅最大，降至2018年的40%~50%，但仍处于相对较高水平；印度人均约2.5吨，较2018年高约一半；东盟人均约2.8吨，较2018年高约8%；中国降至2018年的55%左右。

图3-32　2018/2050年亚太分地区人均碳排放对比

专题二　世界能源展望对比分析

要　点

世界能源展望情景可划分为延续发展、变革转向、目标倒逼三类。第一类延续当前经济社会发展、能源政策取向、技术进步创新的趋势，描绘世界能源发展的未来图景；第二类通过变革行动加快能源转型，研判世界能源发展的未来图景；第三类以应对气候变化、大气污染防治、实现能源普及等为目标，探索倒逼机制下世界能源转型发展的可行路径。

能源需求增长动力依然充沛。在"延续发展"情景集下，2050年全球能源需求增长25%~40%；在"变革转向"情景集下，增幅在15%~25%之间；在"目标倒逼"情景集下，2050年全球能源需求与当前水平相当或略有下降。要想实现全球减排控温目标，必须充分发挥能源效率的"第一能源"作用，以延缓能源需求增长并争取绝对规模下降。

能源结构趋于多元清洁。在"延续发展"情景集下，化石能源占比降幅有限，主要来自煤炭，可再生能源占比不超过20%；在"变革转向"情景集下，可再生能源占比在20%~30%之间；在"目标倒逼"情景集下，煤、油、气占比均有所下降，核能占比增至10%左右，可再生能源占比增至30%~45%。相较国际机构，本报告展望中非化石能源占比更高，主要是考虑可再生能源的更大规模开发。

煤炭前景并不乐观，石油峰值终将到来，天然气增长潜力较大，核能总体平稳增长。发达国家煤炭需求持续下降，以印度为代表的亚太发展中国家是增长主力。石油需求峰值主要受交通电气化影响，航空航运、非能利用等领域持续增长。天然气在中短期内快速增长，未来发展取决于减排政策。核能发展总体平稳，份额持续下降。

电力需求持续增长是所有世界能源展望情景的一致判断。在"延续发展"和"变革转向"情景集下，国际机构普遍预期 2050 年全球电力需求不超过当前的 2 倍。在"目标倒逼"情景集下，个别情景为当前的 3 倍。相较国际机构，本报告展望中预期明显较高。

多数情景下电气化水平未大幅提升。在"延续发展"和"变革转向"情景集下，国际机构普遍预期 2050 年全球电气化水平不超过 30%。在"目标倒逼"情景集下，个别情景接近 50%。提升电气化水平对于实现减排控温目标至关重要，"清洁低碳 + 电气化"是全球能源转型、应对气候变化的现实路径和可行方案。

风电、太阳能发电提供大部分新增发电量。非水可再生能源发电占比在"延续发展"情景集下达到 20%~33%，在"变革转向"情景集下达到 30%~37%，在"目标倒逼"情景集下达到 40%~70%。

《巴黎协定》框架下自主贡献承诺并不足以将全球平均温升控制在 2℃以内。在"延续发展"情景集下，2050 年全球碳排放较当前高 10%~30%；在"变革转向"情景集下，2050 年全球碳排放约为当前的 90%；在"目标倒逼"情景集下，全球能源相关碳排放需在 2025 年前达峰，2050 年约为当前的 30%~50%。

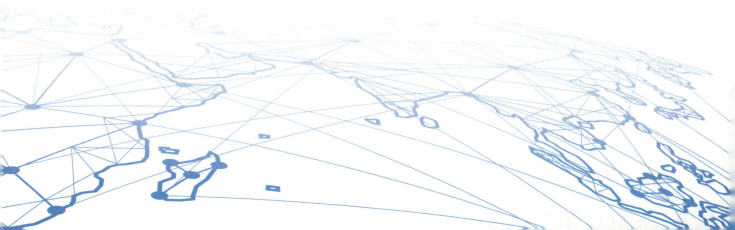

世界能源展望，是国际组织、政府机构、能源巨头普遍关注的热点议题，事关全球治理变革、国家能源安全和企业经营决策。每年，全球十余家不同机构都会发布自己的"世界能源展望"。本专题聚焦国际主要机构的世界能源展望，按设计思路对众多展望情景进行聚类划分，从能源总量、分品种结构、电力供需、碳排放等方面对比分析不同情景集下未来世界能源图景。

一、编制展望的主要机构

在国际上，持续开展世界能源展望相关研究并产生广泛影响的主要有国际组织、政府机构、能源巨头等三类。其中，国际组织的代表有国际能源署（IEA）、国际可再生能源署（IRENA）、世界能源理事会（WEC）；政府机构的代表有美国能源信息署（EIA）、日本能源经济研究所（IEEJ）；能源巨头的代表有 BP 公司、埃克森美孚（ExxonMobil）、壳牌石油（Shell）、挪威国家石油（Equinor）等。

此外，国际上开展世界能源展望的还有政府间气候变化专门委员会（IPCC）、俄罗斯科学院能源研究院（ERI RAS）、挪威船级社（DNV GL）、西班牙石油公司（CEPSA）、石油输出国组织（OPEC）、麦肯锡、IHS Markit 等，其中某些机构只是间断性开展。在国内，开展世界能源展望研究的主要有中国社会科学院世界经济与政治研究所、中国石油经济技术研究院、国网能源研究院等。

对国际组织而言，世界能源展望研究可为组织成员提供有借鉴价值的政策建议，是发挥组织价值、实现目标宗旨的重要途径，是全球能源治理、国际能源合作的对话平台；对政府机构而

言，世界能源展望研究更多以保障本国能源供给安全、促进自身能源产业发展为出发点，探索在全球变革背景下本国能源发展的最佳现实路径；对能源巨头而言，世界能源展望研究多是企业战略决策的依据和参考，助力企业在全球能源转型浪潮中立于不败之地，谋求稳定而持续的效益增长。

表 3-4 开展世界能源展望的主要机构简介

机构	简介	展望报告
国际能源署（IEA）	1974 年成立，源于应对石油危机，覆盖全部能源品种，为各成员国提供能源信息和政策建议	*World Energy Outlook*
国际可再生能源署（IRENA）	2009 年成立，在全球范围内积极推动可再生能源的广泛普及和可持续利用，聚焦于可再生能源技术、政策和投资	*Global Energy Transformation: A Roadmap to 2050*
世界能源理事会（WEC）	1924 年成立，全球能源领袖组成的社交网络，主要工作包括能源舆情监测、能源转型评价、能源发展展望	*World Energy Scenarios*
美国能源信息署（EIA）	1978 年成立，隶属于美国能源部，从事能源统计分析研究，为美国能源决策提供数据信息与政策建议	*International Energy Outlook*
日本能源经济研究所（IEEJ）	1966 年成立，从全球角度考虑日本和亚洲的能源经济问题，为政策制定提供基础数据、信息情报和研究分析	*IEEJ Outlook*
英国 BP 公司（BP）	BP 能源展望是 BP 公司进行战略决策的参考和依据，是除 IEA 之外最受关注的能源展望研究	*Energy Outlook*
埃克森美孚（ExxonMobil）	能源战略偏向"大石油"，能源展望为长期商业战略和投资计划提供参考	*Outlook for Energy: A View to 2040*
壳牌石油（Shell）	能源战略偏向"大能源"，为公司战略决策提供参考，能源展望中实现温控目标的天空情景受到较高关注	*Energy Scenarios*
挪威国家石油（Equinor）	能源战略偏向"大能源"，公司名称从 StatOil 变为 Equinor 亦体现了其发展战略的变化，能源展望以务实、细致为特色	*Energy Perspectives*

二、展望情景聚类划分

专题对 9 家主要机构 2019 年 6 月之前发布的最新世界能源展望报告中的 16 个情景及本报告展望部分的 3 个情景进行聚类，大致可划分为三类。

● 第一类情景的设计思路是"延续当前，我们走向何方"，主要是延续当前经济社会发展、能源政策取向、技术进步创新的趋势，描绘世界能源发展的未来图景；主要有 IEA 的当前政策情景（CP）、WEC 的硬摇滚情景（HD）、EIA 的参考情景（RE）、IEEJ 的参考情景（RE）、BP 的渐进转型情景（ET）、埃克森美孚的参考情景（RE）、Equinor 的竞争情景（RV）、国网能源研究院（SGERI）的基准情景（RE）。

● 第二类情景的设计思路是"采取行动，我们转向何处"，主要是通过变革行动推动能源转型，研判世界能源发展的未来图景；主要有 IEA 的新政策情景（NP）、WEC 的现代爵士乐情景（MJ）、IEEJ 的先进技术情景（AT）、Equinor 的改革情景（RF）、SGERI 的加快转型情景（AT）。

● 第三类情景的设计思路是"目标导向，我们如何实现"，主要是以应对气候变化、大气污染防治、实现能源普及等为目标，探索倒逼机制下世界能源转型发展的可行路径；主要有 IEA 的可持续发展情景（SD）、IRENA 的可再生能源路线图情景（RM）、WEC 的未完成交响乐情景（US）、Shell 的天空情景（SK）、Equinor 的更新情景（RN）、SGERI 的 2℃情景。

表 3-5　国际主要机构世界能源展望情景设置

报告	情景名称	描述
国际能源署（IEA） *World Energy Outlook 2018*	当前政策 （CP）	当前政策力度与供需形势不变情况下的参考基准
	新政策 （NP）	评估近期能源和气候政策发展的潜在成就和局限性
	可持续发展 （SD）	实现联合国可持续发展目标，包括实现能源普及、应对气候变化、减少空气污染
国际可再生能源署（IRENA） *Global Energy Transformation:* *A Roadmap to 2050*(2019)	可再生能源路线图 (RM)	实现全球温升低于 2℃（66% 概率）的全球能源转型路线图
世界能源理事会（WEC） *World Energy Scenario to 2060* （2016）	硬摇滚 （HD）	政治经济分化严重，低增长、低创新，减排效果不佳
	现代爵士乐 （MJ）	以市场为驱动，崇尚商业与技术创新、实现能源普及和经济繁荣
	未完成的交响乐 （US）	强有力的全球合作、联合气候行动和长期综合规划
美国能源信息署（EIA） *International Energy Outlook* （2018）	参考情景 （RE）	以油价和经济为不确定性因素，探索未来能源发展
日本能源经济研究所（IEEJ） *IEEJ Outlook 2019*	参考情景 (RE)	以历史趋势及现行的能源和环境政策为基础
	先进技术 (AT)	各国协同执行能源环境政策，实现政策效果最大化，加强先进技术应用
英国 BP 公司 *Energy Outlook 2019*	渐进转型 (ET)	政策、技术和偏好沿着过去的方式和速度演变
美孚石油（ExxonMobil） *Outlook for Energy: A View to* *2040*（2018）	参考情景 (RE)	对未来的展望，为长期商业战略和投资计划提供参考
壳牌石油（Shell） *Shell Energy Scenario: Sky* （2018）	天空 (SK)	全球温升控制在 2℃以内，争取 1.5℃以内； 2070 年实现净零排放
挪威国家石油（Equinor） *Energy Perspectives*（2019）	竞争 （RV）	仅以《巴黎协定》为基础
	改革 （RF）	以《巴黎协定》为基础，市场力量与气候政策共存
	更新 （RN）	将全球温升控制在 2℃以内、大气中碳浓度稳定在 450ppm 水平

三、未来趋势对比分析

不同机构的世界能源展望报告中展望期不同、侧重点各异、计量法有别，专题研究选取2040/2050年为主要的观察"横切面"，聚焦于全球层面的能源总量、分品种结构、电力供需、碳排放等，从增长幅度、结构占比等相对维度进行对比分析。

（一）一次能源

未来二三十年能源需求增长动力依然充沛，要实现减排目标必须严控需求增长。 在"延续发展"情景集下，2050年全球能源需求较当前增长25%~40%，增长动力依然充沛。在"变革转向"情景集下，全球能源需求增速有所放缓，增幅约在15%~25%之间。在"目标倒逼"情景集下，全球能源需求增长得到严格控制，2050年与当前基本相当或略有下降。对比来看，本报告三个情景的全球一次能源需求增幅与三个情景集下国际主要机构的预期基本相当，总体略低。全球能源需求的增长主要由发展中国家驱动，要同时满足人类美好生

活向往和全球减排控温目标，必须充分发挥能源效率的"第一能源"作用，以延缓能源需求增长并争取绝对规模下降。

未来世界能源结构趋于多元，可再生能源的快速增长是普遍共识。 在"延续发展"情景集下，2050年全球化石能源份额在70%~79%区间，较当前的80%下降有限，油、气占比变化不大，下降主要来自煤炭；可再生能源占比不超过20%，较当前的15%增长有限，一定程度上还是填补了传统生物质能减少留下的份额。在"变革转向"情景集下，2050年全球化石能源份额在63%~70%区间，其中煤炭占比进一步降至20%以下，可再生能源占比在20%~30%区间。在"目标倒逼"情景集下，2050年全球化石能源份额降至45%~60%，煤炭降至5%~12%之间，油、气占比也分别降至15%~25%区间；核能占比有所提高，达到10%左右；可再生能源占比增至30%~45%。对比来看，本报告展望中非化石能源占比更高，主要是考虑可再生能源的更大规模开发。

（二）细分品种

煤炭未来发展虽不被看好但仍面临一定不确定性。 欧美发达国家煤炭需求无疑将延续下降态势，但以印度为代表的亚太发展中国家能否摆脱对煤炭的依赖有待观察。总体上，多数"延续发展"情景认为中长期煤炭需求保持平稳或略有下降；多数"变革转向"情景认为中长期煤炭需求持续下降；

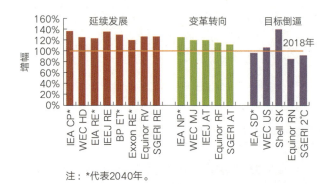

注：*代表2040年。

图3-33　不同情景2040/2050年一次能源需求
较2018年的增长

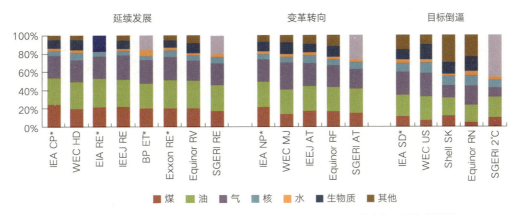

注：*代表2040年。EIA将水/生物质/其他合并统计；BP、SGERI将生物质/其他合并统计。

图3-34　不同情景2040/2050年一次能源分品种结构

在"目标倒逼"情景集下，煤炭需求快速下降，Shell天空情景中煤炭降幅较小主要是假设了较高水平的碳捕捉与封存（CCS）规模。

石油需求峰值终将到来，只是出现时间和峰值高度有所不同。 在"延续发展"和"变革转向"情景集下，石油都能保持第一大能源品种地位，未来二十年份额下降较为有限，这主要得益于发展中国家运输、航空、化工等领域的需求增长；在"目标倒逼"情景集下，2050年石油占比降至20%~25%之间。若着眼于更长时间维度，多数"延续发展"和"变革转向"情景中石油需求增长都会放缓、停滞，而"目标倒逼"情景集下石油需求较早达峰，约在2030年前后。

天然气将超越煤炭成为全球第二大能源品种，2050年份额在20%~30%之间。 在短期内，几乎所有情景都预计天然气快速增长，原因是天然气相对低碳清洁，得到了政府认同、行业推崇、用户青睐，是可再生能源发展的重要支撑，是电力系统灵活性的重要组成。在中长期，"延续发展"情景集下天然气需求较快增长，"变革转向"情景集下天然气需求增长温和，"目标倒逼"情景集下天然气需求较早达峰，约在2035年前后。对比来看，本报告并未给予中长期天然气发展乐观预期，加快转型情景下2035年进入峰值平台期。

核能在所有情景中均增长有限。 在"目标倒逼"情景集下，2050年核能份额在10%左右，但在"延续发展"和"变革转向"情景集下核能份额仅较当前略有提高。

（三）电力供需

电力需求持续增长是所有世界能源展望情景的一致判断。 在"延续发展"情景集下，国际主要机构预期2050年全球电力需求约为当前的1.6~1.9倍，主要得益于中产人口的增加、城市化进程的推进以及建筑用电需求的增长；而本报告基准情景预期2050年全球电力需求为当前的2.3倍。在"变革转向"情景集下，国际主要机构预期2050年全球电力需求约为当前的1.6~1.7倍，比"延续发展"情景集还低主要是终端能源需求有所下降，电气化水平未明显提升；而本报告加快转型情景预期2050年全球电力需求为当前的2.5倍，主要是终端能源需求虽有所下降，但电气化水平升至更高。在"目标倒逼"情景集下，全球电力需求大幅增长，Shell天空情景、SGERI 2℃情景、IRENA可再生能源路线图情景下2050年全球电力需求分别为当前的

3.1、2.7、2.2倍，主要得益于工业电气化的持续渗透、交通电气化的深度推进以及建筑电气化的全面提升。

国际主要机构展望中电气化水平未有大幅提升，而本报告认为持续提升电气化水平对能源转型、减排控温至关重要。在"延续发展"情景集下，国际机构预计2050年全球电能占终端能源需求的比重在23%~26%之间，SGERI基准情景预计达到34%。在"变革转向"情景集下，国际机构预计2050年全球电气化水平在25%~29%之间，SGERI加快转型情景预计达到40%。在"目标倒逼"情景集下，电气化水平大幅提升成为实现减排目标的核心举措，其中SGERI 2℃情景、IRENA可再生能源路线图情景、Shell天空情景中2050年全球电气化水平分别为51%、49%、43%。国网能源研究院与国际可再生能源署持有类似愿景，认为持续提升电气化水平对于实现能源清洁转型、减排控温目标至关重要，"清洁低碳＋电气化"是全球能源转型的现实路径和可行方案。

风电、太阳能发电满足了大部分新增用电需求，煤电占比持续下降。燃煤发电占比持续下降，在"延续发展"情景集下2050年降至23%~30%，在"变革转向"情景集下降至10%~18%，在"目标倒逼"情景集下降至5%以下。燃气发电占比在"延续发展"和"变革转向"情景集中有所增长，但多数2050年不超过30%，在"目标倒逼"情景集中2050年降至10%~22%区间。水电占比在各情景中有所不同，但绝对规模大致相当。非水可再生能源发电占比在"延续发展"情景集下2050年达到20%~33%，在"变革转向"情景集下达到30%~37%，在"目标倒逼"情景集下达到40%~70%，其中IRENA可再生能源路线图情景、SGERI 2℃情景、Shell天空情景

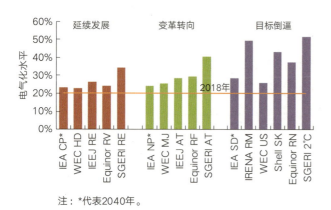

注：*代表2040年。

图3-35 不同情景2040/2050年终端电气化水平

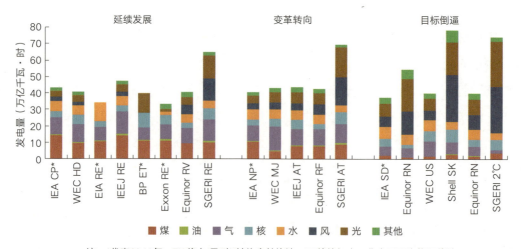

注：*代表2040年。EIA将水/风/光/其他合并统计；BP按核与水、非水可再生能源统计。

图3-36 不同情景2040/2050年发电量及分品种结构

均略超 70%。本报告中，可再生能源发展规模更大、占比更高，终端电气化水平的大幅度提升以发电能源的高比例清洁化为支撑。

（四）碳排放

实现全球温升控制目标需要多措并举、综合施策。 在"延续发展"情景集下，全球能源相关碳排放持续增长，虽增速有所放缓，但 2050 年仍较当前增长 10%~30%，达到 360 亿~420 亿吨。在"变革转向"情景集下，全球能源相关碳排放在 2030－2040 年间进入下行通道，2050 年约为当前的 80%~90%，其中 SGERI 加快转型情景最低，主要是因为更高水平的可再生能源占比及更高程度的终端电气化水平。在"目标倒逼"情景集下，全球能源相关碳排放需在 2025 年前达峰，2050 约为当前的 30%~50%，IRENA 可再生能源

路线图情景、SGERI 2℃情景、Equinor 更新情景下 2050 年分别降至 98 亿、100 亿、106 亿吨。总体上，《巴黎协定》框架下的国家自主贡献承诺机制，并不足以将全球平均温升控制在 2℃以内，全球变暖的程度和速度将不可避免地超过人类设定的目标。为此，世界各国还需在能源政策、能效提升、技术创新等方面加大力度并综合施策。

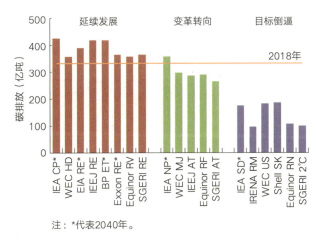

注：*代表2040年。

图3-37 不同情景2040/2050年能源相关碳排放

附录A 模型介绍

全球能源供需预测模型（GEMS-4E）简介

国网能源研究院自主开发了涵盖"经济-能源-电力-环境"4E因素的全球能源供需预测模型（Global Energy Modelling System，简称 GEMS-4E），开展面向中长期的分品种、分部门、分地区能源供需展望。

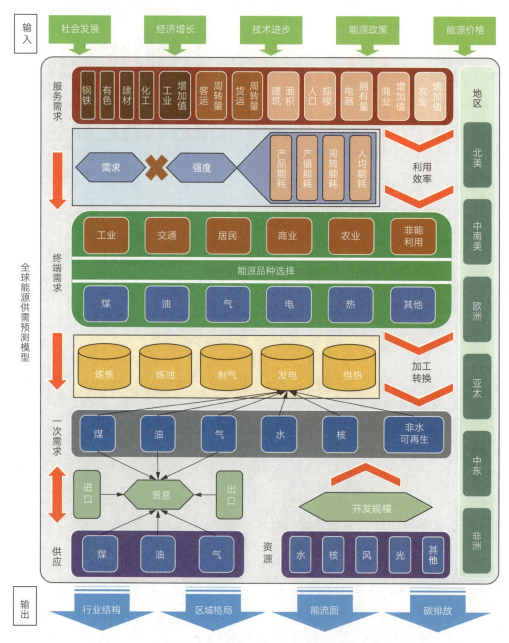

图 A-1　全球能源供需预测模型（GEMS-4E）框架

（一）建模思路

考虑全球能源系统的极强复杂性以及能源转型的多目标导向，GEMS-4E 采用了"自上而下"与"自下而上"相互结合、"模拟"与"优化"因能制宜的复合开发路线。其中，"自上而下"与"自下而上"相互结合指在从经济发展到服务需求再到能源需求的建模过程中，"自上而下"地将经济社会发展对能源需求的影响予以定量考虑，"自下而上"地量化技术进步、效率提升、能源政策、能源价格等因素对能源需求的影响；"模拟"与"优化"因能制宜是指采用模拟方法预测能源服务需求、终端能源需求，区分发电能耗与非发电能耗，采用模拟方法刻画煤炭、石油和天然气的加工转换过程，采用优化算法决定分品种发电量及发电用能。

（二）功能模块

GEMS-4E 主要包括能源服务需求、终端能源需求、一次能源需求、一次能源供应等四个模块及利用效率、加工转换、开发贸易等三个环节。

● **能源服务需求模块**通过产量、产值、周转量、建筑面积、电器拥有量等指标对能源服务需求进行预测；

● **利用效率环节**通过产品能耗、产值能耗、周转能耗、人均能耗等指标连接能源服务需求模块与终端能源需求模块；

● **终端能源需求模块**以能源价格为驱动，以能源品种占比为途径实现从终端能源需求分部门结构到终端能源需求分品种结构的预测；

● **加工转换环节**包括炼焦、炼油、制气、发电、供热等，连接终端能源需求模块与一次能源需求模块；

● **开发贸易环节连接了一次能源需求模块与一次能源供应模块**，一方面是通过煤、油、气的本地开发与国际贸易实现全球化石能源的供需平衡，另一方面是预测核能以及水能、风能、太阳能等可再生能源资源开发规模。

（三）参数指标

GEMS-4E 的输入参数包括经济发展、人口增长、技术进步、能源政策、能源价格等，输出结果包括分品种、分部门、分地区能源供需、碳排放等。

在能源品种方面，GEMS-4E 考虑的一次能源种类包括煤炭、石油、天然气、水能、核能、非水可再生能源及其他，其中非水可再生能源及其他包括传统生物质能（含非市场交易）。终端能源种类包括煤炭、石油、天然气、电力、热力及其他。发电技术包括燃煤、燃油、燃气、水电、核电、风电、太阳能发电、生物质发电及其他，发电量统计采用全口径，用电量不包含输配损耗。

在行业分类方面，GEMS-4E 考虑了工业、交通、居民、商业、其他、非能利用等部门，其中工业细分黑色金属、化工、有色金属、建材、机械、食品及烟草、造纸及印刷、纺织及皮革、其他等行业，工业运输能耗计入交通部门；交通细分公路、铁路、航空、航运及其他等方式；其他包括农业、林业、渔业等；非能利用是被用作原材料的化石能源，而非作为燃料直接消耗或加工转化为另一种燃料。

在地区划分方面，GEMS-4E 将全球划分为北美、中南美、欧洲、亚太、中东、非洲等 6 个大区（详见附录 B），并对美国、巴西、英国、法国、德国、俄罗斯、中国、印度、日本、韩国、南非等 11 个国家进行深度研究。

在碳排放方面，GEMS-4E 根据化石燃料的消费量和排放因子计算能源相关碳排放。参考联合国政府间气候变化专门委员会（IPCC）制定的 2006 版国家温室气体排放清单指南，煤炭、石油、天然气的二氧化碳排放系数分别取 2.77、2.15、1.64 吨 / 吨标准煤，不计非能利用碳释放及其他领域的碳排放。

表 A-1　能源转换系数表

从	到				
	100 万吨煤当量（1 Mtce）	100 万吨油当量（1 Mtoe）	100 万桶油当量（1 Mboe）	10 亿米³ 天然气（1 Bm³NG）	100 万千瓦·时（1 GW·h）
	乘以				
100 万吨煤当量（1 Mtce）	1	0.7	4.7894	0.8141	8141
100 万吨油当量（1 Mtoe）	1.4286	1	6.842	1.163	11630
100 万桶油当量（1 Mboe）	0.2086	0.1462	1	0.17	1700
10 亿米³ 天然气（1 Bm³NG）	1.228	0.86	5.882	1	10000
100 万千瓦·时（1 GW·h）	1.228×10^{-4}	8.6×10^{-5}	5.882×10^{-4}	1.0×10^{-4}	1

表 B-1 区域划分

区域	国家 / 地区 [1]
北美	美国、加拿大、墨西哥
中南美	阿根廷、玻利维亚、委内瑞拉、巴西、智利、哥伦比亚、哥斯达黎加、古巴、库拉索岛、多米尼加、厄瓜多尔、萨尔瓦多、瓜地马拉、海地、洪都拉斯、牙买加、尼加拉瓜、巴拿马、巴拉圭、秘鲁、苏里南、特立尼达和多巴哥岛、乌拉圭；[2] 安提瓜和巴布达、阿鲁巴、巴哈马、巴巴多斯、伯利兹、百慕大群岛、博内尔岛、英属维京群岛、开曼群岛、多米尼克、福克兰群岛、法属圭亚那、格林纳达、瓜德罗普岛、圭亚那、马提尼克、蒙特塞拉特岛、沙巴、圣尤斯特歇斯岛、圣基茨和尼维斯、圣露西亚、圣文森特和格林纳丁斯群岛、荷属圣马丁岛、特克斯和凯科斯群岛
欧洲	奥地利、比利时、保加利亚、克罗地亚、塞浦路斯、捷克、丹麦、爱沙尼亚、芬兰、法国、德国、希腊、匈牙利、爱尔兰、意大利、拉脱维亚、立陶宛、卢森堡、马耳他、荷兰、波兰、葡萄牙、罗马尼亚、斯洛伐克、斯洛文尼亚、西班牙、瑞典、英国；阿尔巴尼亚、白俄罗斯、波斯尼亚和黑塞哥维那、直布罗陀、冰岛、科索沃、黑山、挪威、塞尔维亚、瑞士、前南斯拉夫马其顿共和国、摩尔多瓦、土耳其、乌克兰；俄罗斯；亚美尼亚、阿塞拜疆、格鲁吉亚、哈萨克斯坦、吉尔吉斯斯坦、塔吉克斯坦、土库曼斯坦、乌兹别克斯坦
亚太	澳大利亚、日本、韩国、新西兰；中国、印度；文莱、柬埔寨、印度尼西亚、老挝、马来西亚、缅甸、菲律宾、新加坡、泰国、越南；孟加拉国、朝鲜、蒙古、尼泊尔、巴基斯坦、斯里兰卡；[2] 阿富汗、不丹、库克群岛、斐济、法属玻利尼西亚、基里巴斯、马尔代夫、新喀里多尼亚、帕劳群岛、巴布亚新几内亚、萨摩亚、所罗门群岛、东帝汶、汤加、瓦努阿图
中东	巴林、伊朗、伊拉克、约旦、科威特、黎巴嫩、阿曼、卡塔尔、沙特阿拉伯、叙利亚、阿联酋、也门、以色列
非洲	阿尔及利亚、埃及、利比亚、摩洛哥、突尼斯；安哥拉、贝宁、博茨瓦纳、喀麦隆、刚果金、科特迪瓦、刚果布、厄立特里亚、埃塞俄比亚、加蓬、加纳、肯尼亚、毛里求斯、莫桑比克、纳米比亚、尼日尔、尼日利亚、塞内加尔、南非、南苏丹、苏丹、坦桑尼亚、多哥、赞比亚、津巴布韦；[2] 布基纳法索、布隆迪、佛得角、中非、乍得、科摩罗、吉布提、赤道几内亚、冈比亚、几内亚、几内亚比绍、莱索托、利比里亚、马达加斯加、马拉维、马里、毛里塔尼亚、留尼汪岛、卢旺达、圣多美和普林西比、塞舌尔、塞拉利昂、索马里、斯威士兰、乌干达、西撒哈拉

---

[1] 经济合作发展组织（OECD）包括澳大利亚、奥地利、比利时、加拿大、智利、捷克、丹麦、爱沙尼亚、芬兰、法国、德国、希腊、匈牙利、冰岛、爱尔兰、以色列、意大利、日本、韩国、拉脱维亚、立陶宛、卢森堡、墨西哥、芬兰、新西兰、挪威、波兰、葡萄牙、斯洛伐克、斯洛文尼亚、西班牙、瑞典、瑞士、土耳其、英国、美国。

[2] 中南美、亚太、非洲中，一些国家和地区无法获得能源相关数据，进行了估算或忽略。

附录C 现状数据表

C.1 经济社会

1. GDP

表 C-1 1980—2018 年分地区 GDP（2010 年不变价）　　　　　　单位：万亿美元

地区 / 国家	1980	1985	1990	1995	2000	2005	2010	2015	2016	2017	2018	结构 (%) 1980	结构 (%) 2018	年均增速 (%) 1980—2018
北美	7.8	9.1	10.7	12.0	14.9	16.8	17.7	19.7	20.0	20.5	21.1	28.0	25.5	2.6
美国	6.5	7.6	9.0	10.2	12.6	14.3	15.0	16.7	17.0	17.3	17.8	23.3	21.6	2.7
加拿大	0.8	0.9	1.0	1.1	1.3	1.5	1.6	1.8	1.8	1.9	1.9	2.8	2.3	2.4
墨西哥	0.5	0.6	0.7	0.7	0.9	1.0	1.1	1.2	1.3	1.3	1.3	1.9	1.6	2.3
中南美	2.1	2.2	2.2	2.6	2.9	3.4	4.2	4.2	4.2	4.2	4.2	7.5	5.1	1.9
巴西	1.0	1.1	1.2	1.4	1.5	1.8	2.2	2.3	2.3	2.3	2.3	3.6	2.8	2.2
阿根廷	0.2	0.2	0.2	0.3	0.3	0.3	0.4	0.5	0.4	0.5	0.4	0.8	0.5	1.9
其他	0.9	0.9	0.8	1.0	1.1	1.3	1.5	1.4	1.5	1.5	1.5	3.1	1.8	1.4
欧洲	10.3	11.3	14.4	14.8	17.1	19.2	20.4	22.1	22.5	23.2	23.9	36.8	28.9	2.3
欧盟	—	—	11.8	12.8	14.8	16.3	17.0	18.0	18.4	18.8	19.2	—	23.2	1.9*
英国	1.2	1.4	1.6	1.8	2.1	2.4	2.5	2.7	2.8	2.8	2.9	4.4	3.5	2.3
法国	1.5	1.6	1.9	2.0	2.3	2.5	2.6	2.8	2.8	2.9	2.9	5.3	3.5	1.8
德国	2.0	2.2	2.6	2.8	3.1	3.2	3.4	3.7	3.8	3.9	3.9	7.3	4.8	1.7
意大利	1.4	1.5	1.7	1.9	2.1	2.2	2.1	2.1	2.1	2.1	2.1	4.9	2.6	1.2
西班牙	0.7	0.7	0.9	0.9	1.1	1.4	1.4	1.4	1.5	1.5	1.5	2.3	1.9	2.3
俄罗斯	—	—	1.4	0.9	1.0	1.3	1.5	1.7	1.7	1.7	1.7	—	2.1	0.7*
其他	—	—	1.2	1.2	1.3	1.6	1.9	2.5	2.5	2.6	3.0	—	3.6	3.4*
亚太	5.4	6.9	8.2	9.9	11.7	14.4	18.3	23.2	24.2	25.4	26.9	19.2	32.5	4.3
澳大利亚	0.4	0.5	0.6	0.7	0.8	1.0	1.1	1.3	1.4	1.4	1.4	1.6	1.7	3.1
中国	0.3	0.6	0.8	1.5	2.2	3.6	6.1	8.9	9.5	10.1	10.8	1.2	13.1	9.5
印度	0.3	0.4	0.5	0.7	0.9	1.2	1.7	2.3	2.5	2.7	2.8	1.1	3.4	6.1
日本	3.0	3.7	4.7	5.1	5.3	5.7	5.7	6.0	6.0	6.1	6.2	10.8	7.5	1.9
韩国	0.1	0.2	0.4	0.5	0.7	0.9	1.1	1.3	1.3	1.3	1.4	0.5	1.7	6.2
印尼	0.2	0.2	0.3	0.4	0.5	0.6	0.8	1.0	1.0	1.1	1.1	0.7	1.4	5.0
其他	0.9	1.3	0.9	1.0	1.2	1.5	1.8	2.4	2.5	2.6	3.1	3.4	3.7	3.1
中东	1.6	1.4	1.6	1.9	2.3	2.9	3.6	4.3	4.5	4.5	4.1	5.7	5.0	2.5
非洲	0.8	0.8	0.9	0.9	1.2	1.5	1.9	2.3	2.3	2.4	2.5	2.7	3.0	3.2
埃及	0.0	0.1	0.1	0.1	0.2	0.2	0.2	0.2	0.3	0.3	0.3	0.2	0.3	4.8
南非	0.2	0.2	0.2	0.2	0.3	0.3	0.4	0.4	0.4	0.4	0.4	0.7	0.5	2.1
其他	0.5	0.6	0.6	0.6	0.7	1.0	1.3	1.6	1.6	1.7	1.8	1.8	2.1	3.3
世界	27.9	31.7	38.0	42.2	50.0	58.2	66.0	75.8	77.8	80.2	82.6	100.0	100.0	2.9
OECD	22.3	25.6	29.0	32.0	37.6	41.8	43.8	48.2	49.0	50.2	51.7	79.8	62.6	2.2
非 OECD	5.6	6.1	9.0	10.2	12.5	16.4	22.2	27.7	28.8	30.0	30.9	20.2	37.4	4.6

数据来源：世界银行，国网能源研究院。

注 * 表示 1990—2018 年均增速。

2. 人口

表 C-2　1980－2018 年分地区人口　　　　　　　　　　　　　　　　　　　　　　单位：亿

地区 / 国家	1980	1985	1990	1995	2000	2005	2010	2015	2016	2017	2018	结构 (%) 1980	结构 (%) 2018	年均增速 (%) 1980－2018
北美	3.2	3.4	3.6	3.9	4.1	4.3	4.6	4.8	4.8	4.9	4.9	7.2	6.5	1.1
美国	2.3	2.4	2.5	2.7	2.8	3.0	3.1	3.2	3.2	3.3	3.3	5.1	4.3	1.0
加拿大	0.2	0.3	0.3	0.3	0.3	0.3	0.3	0.4	0.4	0.4	0.4	0.6	0.5	1.1
墨西哥	0.7	0.8	0.8	0.9	1.0	1.1	1.1	1.2	1.2	1.2	1.3	1.5	1.7	1.6
中南美	2.8	3.2	3.5	3.8	4.1	4.3	4.6	4.8	4.8	4.9	4.9	6.4	6.5	1.4
巴西	1.2	1.4	1.5	1.6	1.7	1.9	2.0	2.0	2.1	2.1	2.1	2.7	2.8	1.5
阿根廷	0.3	0.3	0.3	0.3	0.4	0.4	0.4	0.4	0.4	0.4	0.4	0.6	0.6	1.2
其他	1.4	1.5	1.6	1.8	1.9	2.1	2.2	2.3	2.3	2.3	2.4	3.1	3.1	1.5
欧洲	7.6	7.8	8.1	8.2	8.3	8.3	8.5	8.6	8.7	8.7	8.7	17.2	11.5	0.4
欧盟	—	—	4.8	4.8	4.9	5.0	5.0	5.1	5.1	5.1	5.1	—	6.8	0.3*
英国	0.6	0.6	0.6	0.6	0.6	0.6	0.6	0.7	0.7	0.7	0.7	1.3	0.9	0.4
法国	0.6	0.6	0.6	0.6	0.6	0.7	0.7	0.7	0.7	0.7	0.7	1.2	0.9	0.5
德国	0.8	0.8	0.8	0.8	0.8	0.8	0.8	0.8	0.8	0.8	0.8	1.8	1.1	0.2
意大利	0.6	0.6	0.6	0.6	0.6	0.6	0.6	0.6	0.6	0.6	0.6	1.3	0.8	0.2
西班牙	0.4	0.4	0.4	0.4	0.4	0.4	0.5	0.5	0.5	0.5	0.5	0.8	0.6	0.6
俄罗斯	—	—	1.5	1.5	1.5	1.4	1.4	1.4	1.4	1.4	1.4	—	1.9	0.1*
其他	—	—	1.9	1.9	1.9	2.0	2.0	2.1	2.1	2.1	2.2	—	2.8	0.8*
亚太	23.6	25.8	28.2	30.5	32.7	34.6	36.4	38.1	38.4	38.8	39.1	53.2	51.5	1.3
澳大利亚	0.1	0.2	0.2	0.2	0.2	0.2	0.2	0.2	0.2	0.2	0.2	0.3	0.3	1.4
中国	9.8	10.5	11.4	12.0	12.6	13.0	13.4	13.7	13.8	13.9	13.9	22.1	18.3	0.9
印度	7.0	7.8	8.7	9.6	10.6	11.5	12.3	13.1	13.2	13.4	13.5	15.8	17.8	1.8
日本	1.2	1.2	1.2	1.3	1.3	1.3	1.3	1.3	1.3	1.3	1.3	2.6	1.7	0.2
韩国	0.4	0.4	0.4	0.5	0.5	0.5	0.5	0.5	0.5	0.5	0.5	0.9	0.7	0.8
印尼	1.5	1.6	1.8	2.0	2.1	2.3	2.4	2.6	2.6	2.6	2.7	3.3	3.5	1.6
其他	3.6	4.0	4.5	5.0	5.5	5.9	6.3	6.7	6.8	6.9	6.9	8.2	9.1	1.7
中东	2.4	2.9	3.4	3.8	4.2	4.7	5.3	5.9	6.0	6.1	6.2	5.5	8.1	2.5
非洲	4.6	5.3	6.1	6.9	7.8	8.8	9.9	11.2	11.5	11.8	12.1	10.4	15.9	2.6
埃及	0.4	0.5	0.6	0.6	0.7	0.8	0.8	0.9	0.9	1.0	1.0	1.0	1.3	2.2
南非	0.3	0.3	0.4	0.4	0.4	0.5	0.5	0.6	0.6	0.6	0.6	0.6	0.6	1.9
其他	3.9	4.5	5.1	5.9	6.6	7.5	8.6	9.8	10.0	10.3	10.5	8.8	13.9	2.7
世界	44.3	48.4	52.8	57.1	61.2	65.1	69.2	73.4	74.3	75.1	75.9	100.0	100.0	1.4
OECD	9.6	9.9	10.3	10.7	11.1	11.5	11.9	12.2	12.3	12.4	12.4	21.6	16.4	0.7
非 OECD	34.8	38.5	42.5	46.3	50.0	53.6	57.4	61.2	62.0	62.8	63.5	78.4	83.6	1.6

数据来源：联合国，国网能源研究院。

注　* 表示 1990－2018 年均增速。

3. 人均 GDP

表 C-3　1980—2018 年分地区人均 GDP（2010 年不变价）　　　　　　单位：万美元

地区 / 国家	1980	1985	1990	1995	2000	2005	2010	2015	2016	2017	2018	年均增速 (%) 1980—2018
北美	2.4	2.7	3.0	3.1	3.6	3.9	3.9	4.1	4.2	4.2	4.3	1.5
美国	2.9	3.2	3.6	3.8	4.5	4.8	4.8	5.2	5.3	5.3	5.5	1.7
加拿大	3.2	3.4	3.7	3.8	4.4	4.7	4.7	5.0	5.0	5.1	5.1	1.3
墨西哥	0.8	0.8	0.8	0.8	0.9	0.9	0.9	1.0	1.0	1.0	1.0	0.7
中南美	0.7	0.7	0.6	0.7	0.7	0.8	0.9	0.9	0.9	0.9	0.9	0.4
巴西	0.8	0.8	0.8	0.9	0.9	1.0	1.1	1.1	1.1	1.1	1.1	0.7
阿根廷	0.8	0.7	0.6	0.8	0.8	0.9	1.0	1.1	1.0	1.0	1.0	0.6
其他	0.6	0.6	0.5	0.5	0.6	0.6	0.7	0.6	0.6	0.6	0.6	-0.1
欧洲	1.3	1.4	1.8	1.8	2.1	2.3	2.4	2.6	2.6	2.7	2.7	1.9
欧盟	—	—	2.5	2.6	3.0	3.3	3.4	3.5	3.6	3.7	3.7	1.7*
英国	2.2	2.4	2.9	3.1	3.5	4.0	3.9	4.2	4.2	4.3	4.3	1.8
法国	2.7	2.8	3.3	3.4	3.8	4.0	4.1	4.2	4.2	4.3	4.4	1.3
德国	2.6	2.8	3.2	3.5	3.8	3.9	4.2	4.6	4.6	4.7	4.8	1.6
意大利	2.4	2.7	3.0	3.3	3.6	3.7	3.6	3.4	3.4	3.5	3.5	1.0
西班牙	1.7	1.8	2.2	2.4	2.8	3.1	3.1	3.1	3.2	3.2	3.3	1.7
俄罗斯	—	—	1.0	0.6	0.6	0.9	1.1	1.1	1.1	1.2	1.2	0.8*
其他	—	—	0.6	0.6	0.7	0.8	0.9	1.2	1.2	1.2	1.4	2.8*
亚太	0.2	0.3	0.3	0.3	0.4	0.4	0.5	0.6	0.6	0.7	0.7	3.0
澳大利亚	3.0	3.2	3.6	3.8	4.4	4.9	5.2	5.5	5.6	5.6	5.7	1.7
中国	0.0	0.1	0.1	0.1	0.2	0.3	0.5	0.6	0.7	0.7	0.8	8.5
印度	0.0	0.0	0.1	0.1	0.1	0.1	0.1	0.2	0.2	0.2	0.2	4.3
日本	2.6	3.1	3.8	4.0	4.2	4.4	4.5	4.7	4.7	4.8	4.9	1.7
韩国	0.4	0.5	0.8	1.2	1.5	1.9	2.2	2.5	2.5	2.6	2.7	5.3
印尼	0.1	0.1	0.2	0.2	0.2	0.3	0.3	0.4	0.4	0.4	0.4	3.3
其他	0.3	0.3	0.2	0.2	0.2	0.3	0.3	0.4	0.4	0.4	0.4	1.4
中东	0.7	0.5	0.5	0.5	0.6	0.6	0.7	0.7	0.8	0.7	0.7	0.0
非洲	0.2	0.2	0.1	0.1	0.1	0.2	0.2	0.2	0.2	0.2	0.2	0.6
埃及	0.1	0.1	0.2	0.2	0.2	0.2	0.3	0.3	0.3	0.3	0.3	2.6
南非	0.7	0.6	0.6	0.6	0.6	0.7	0.7	0.8	0.7	0.7	0.7	0.3
其他	0.1	0.1	0.1	0.1	0.1	0.1	0.2	0.2	0.2	0.2	0.2	0.6
世界	0.6	0.7	0.7	0.7	0.8	0.9	1.0	1.0	1.0	1.1	1.1	1.5
OECD	2.3	2.6	2.8	3.0	3.4	3.6	3.7	3.9	4.0	4.1	4.2	1.5
非 OECD	0.2	0.2	0.2	0.2	0.2	0.3	0.4	0.5	0.5	0.5	0.5	2.9

数据来源：世界银行，联合国，国网能源研究院。

注　* 表示 1990—2018 年均增速。

C.2 能源消费

C.2.1 一次能源消费

1. 分地区一次能源消费

表 C-4　1980－2018 年分地区一次能源消费　　　　　　　　　　　　单位：亿吨标准煤

地区 / 国家	1980	1985	1990	1995	2000	2005	2010	2015	2016	2017^e	2018^e	结构 (%) 1980	结构 (%) 2018	年均增速 (%) 1980－2018
北美	29.5	29.6	32.3	34.9	38.7	39.3	38.1	37.9	37.7	37.3	38.6	28.8	18.9	0.7
美国	25.5	25.2	27.6	29.7	32.9	32.7	31.5	31.1	31.0	30.5	31.8	24.9	15.6	0.6
加拿大	2.7	2.8	3.0	3.3	3.6	4.0	3.9	4.1	4.1	4.2	4.2	2.7	2.1	1.2
墨西哥	1.3	1.6	1.7	1.9	2.2	2.5	2.6	2.7	2.6	2.6	2.5	1.2	1.2	1.8
中南美	4.1	4.4	4.9	5.6	6.5	7.3	8.8	9.5	9.3	9.4	9.6	4.0	4.7	2.2
巴西	1.6	1.8	2.0	2.3	2.7	3.1	3.8	4.2	4.1	4.1	4.2	1.6	2.1	2.5
阿根廷	0.6	0.6	0.6	0.8	0.9	1.0	1.1	1.2	1.2	1.2	1.2	0.6	0.6	1.9
其他	1.9	1.9	2.2	2.5	2.9	3.2	3.9	4.0	4.0	4.1	4.2	1.9	2.0	2.1
欧洲	39.4	41.7	45.3	39.2	39.4	41.8	41.9	40.2	40.7	41.5	41.2	38.4	20.2	0.1
欧盟	—	—	23.4	23.5	24.3	25.7	24.7	22.7	22.9	23.4	23.1	—	11.3	0.0*
英国	2.8	2.8	3.0	3.0	3.2	3.2	2.9	2.6	2.6	2.5	2.5	2.7	1.2	-0.3
法国	2.7	2.9	3.1	3.4	3.7	3.9	3.7	3.5	3.5	3.5	3.5	2.6	1.7	0.7
德国	5.1	5.2	5.0	4.8	4.8	4.8	4.7	4.4	4.5	4.5	4.4	5.0	2.2	-0.4
意大利	1.9	1.8	2.1	2.3	2.4	2.7	2.5	2.2	2.2	2.2	2.2	1.8	1.1	0.4
西班牙	1.0	1.0	1.3	1.4	1.7	2.0	1.8	1.7	1.7	1.8	1.8	0.9	0.9	1.6
俄罗斯	—	—	12.9	9.2	8.9	9.3	9.9	10.2	10.4	10.5	10.9	—	5.3	-0.6*
其他	—	—	9.1	6.5	6.3	6.9	7.3	7.3	7.4	7.6	7.2	—	3.5	-0.8*
亚太	21.5	24.7	31.0	38.5	43.2	56.1	70.2	80.1	81.5	83.1	86.0	20.9	42.1	3.7
澳大利亚	1.0	1.1	1.2	1.3	1.5	1.7	1.8	1.8	1.9	1.9	1.9	1.0	0.9	1.7
中国	8.3	9.6	11.9	15.2	16.3	25.8	35.6	42.6	42.8	43.4	45.1	8.1	22.1	4.6
印度	2.8	3.5	4.3	5.2	6.3	7.3	9.9	11.6	12.0	12.8	13.3	2.8	6.5	4.1
日本	4.9	5.2	6.2	6.9	7.2	7.3	7.0	6.1	6.2	6.1	6.3	4.8	3.1	0.6
韩国	0.6	0.8	1.3	2.1	2.7	3.0	3.6	3.9	4.1	4.2	4.2	0.6	2.1	5.4
印尼	0.8	0.9	1.4	1.9	2.2	2.5	2.9	3.3	3.3	3.4	3.7	0.8	1.8	4.2
其他	3.1	3.7	4.6	5.8	7.0	8.4	9.6	10.7	11.2	11.2	11.5	3.0	5.6	3.5
中东	1.6	2.4	3.1	4.4	5.1	6.7	8.8	10.5	10.7	10.8	11.2	1.5	5.5	5.3
非洲	4.0	4.8	5.6	6.3	7.1	8.6	9.9	11.4	11.6	11.7	11.7	3.9	5.7	2.9
埃及	0.2	0.4	0.5	0.5	0.6	0.9	1.1	1.2	1.2	1.2	1.2	0.2	0.6	4.4
南非	1.0	1.2	1.4	1.4	1.6	1.8	2.0	2.0	2.0	1.9	1.9	0.9	0.9	1.8
其他	2.8	3.2	3.8	4.4	4.9	5.9	6.9	8.3	8.4	8.5	8.6	2.7	4.2	3.0
国际航空	1.0	1.1	1.2	1.4	1.7	2.0	2.2	2.5	2.7	2.7	2.7	0.9	1.3	2.8
国际水运	1.6	1.4	1.7	1.9	2.2	2.5	2.9	2.9	3.0	3.1	3.1	1.5	1.5	1.8
世界	102.6	110.0	125.1	132.1	143.9	164.4	182.8	195.1	197.2	199.5	204.2	100.0	100.0	1.8
OECD	57.6	58.8	64.7	69.8	76.1	78.7	77.5	75.3	75.6	75.7	77.8	56.2	38.1	0.8
非 OECD	42.4	48.8	57.5	59.0	63.9	81.1	100.2	114.3	115.9	118.0	120.6	41.3	59.0	2.8

数据来源：国际能源署，英国 BP 公司，国网能源研究院。

注　＊表示 1990－2018 年均增速；e 代表估算。

2. 人均能源消费

表 C-5　1980－2018 年分地区人均能源消费　　　　　　　　　　单位：吨标准煤

地区/国家	1980	1985	1990	1995	2000	2005	2010	2015	2016	2017e	2018e	年均增速(%) 1980－2018
北美	9.2	8.7	8.9	9.0	9.4	9.1	8.3	7.9	7.8	7.7	7.9	-0.4
美国	11.2	10.6	11.0	11.1	11.7	11.1	10.2	9.7	9.6	9.4	9.7	-0.4
加拿大	11.1	10.8	10.9	11.4	11.8	12.4	11.6	11.4	11.3	11.4	11.4	0.1
墨西哥	1.9	2.0	2.0	2.0	2.2	2.4	2.3	2.2	2.1	2.1	2.0	0.2
中南美	1.5	1.4	1.4	1.5	1.6	1.7	1.9	2.0	1.9	1.9	2.0	0.8
巴西	1.3	1.4	1.3	1.4	1.5	1.7	1.9	2.1	2.0	2.0	2.0	1.1
阿根廷	2.1	1.9	2.0	2.3	2.5	2.5	2.8	2.9	2.8	2.8	2.8	0.7
其他	1.4	1.3	1.3	1.4	1.5	1.6	1.8	1.7	1.7	1.7	1.8	0.6
欧洲	5.2	5.3	5.6	4.8	4.8	5.0	4.9	4.7	4.7	4.8	4.7	-0.2
欧盟	—	—	4.9	4.9	5.0	5.2	4.9	4.5	4.5	4.6	4.5	-0.3*
英国	5.0	5.0	5.2	5.2	5.4	5.3	4.6	4.0	3.9	3.8	3.8	-0.7
法国	4.9	5.0	5.4	5.7	6.0	6.2	5.8	5.3	5.2	5.2	5.3	0.2
德国	6.5	6.7	6.3	5.9	5.8	5.8	5.7	5.4	5.4	5.4	5.3	-0.5
意大利	3.3	3.2	3.7	4.0	4.3	4.6	4.2	3.6	3.6	3.6	3.6	0.2
西班牙	2.6	2.6	3.3	3.6	4.3	4.7	3.9	3.7	3.7	3.8	3.7	1.0
俄罗斯	—	—	8.7	6.2	6.1	6.5	6.9	7.1	7.2	7.3	7.5	-0.5*
其他	—	—	4.9	3.4	3.3	3.5	3.6	3.5	3.5	3.6	3.3	-1.4*
亚太	0.9	1.0	1.1	1.3	1.3	1.6	1.9	2.1	2.1	2.1	2.2	2.4
澳大利亚	6.9	6.7	7.2	7.4	7.9	8.2	8.2	7.5	7.8	7.7	7.7	0.3
中国	0.8	0.9	1.0	1.3	1.3	2.0	2.7	3.1	3.1	3.1	3.2	3.6
印度	0.4	0.4	0.5	0.5	0.6	0.6	0.8	0.9	0.9	1.0	1.0	2.4
日本	4.2	4.3	5.0	5.5	5.7	5.7	5.4	4.8	4.9	4.8	4.9	0.4
韩国	1.5	2.0	3.1	4.6	5.7	6.3	7.2	7.7	7.9	8.2	8.1	4.6
印尼	0.5	0.6	0.8	0.9	1.1	1.1	1.2	1.3	1.3	1.3	1.4	2.6
其他	0.8	0.9	1.0	1.2	1.3	1.4	1.5	1.6	1.7	1.6	1.7	1.8
中东	0.6	0.8	0.9	1.1	1.2	1.4	1.7	1.8	1.8	1.8	1.8	2.8
非洲	0.9	0.9	0.9	0.9	0.9	1.0	1.0	1.0	1.0	1.0	1.0	0.3
埃及	0.5	0.8	0.8	0.8	0.8	1.2	1.3	1.3	1.3	1.2	1.2	2.2
南非	3.4	3.7	3.7	3.5	3.5	3.8	3.9	3.5	3.5	3.4	3.3	-0.1
其他	0.7	0.7	0.7	0.7	0.7	0.8	0.8	0.8	0.8	0.8	0.8	0.4
世界	2.3	2.3	2.4	2.3	2.4	2.5	2.6	2.7	2.7	2.7	2.7	0.4
OECD	6.0	5.9	6.3	6.5	6.9	6.9	6.5	6.2	6.2	6.1	6.3	0.1
非OECD	1.2	1.3	1.4	1.3	1.3	1.5	1.7	1.9	1.9	1.9	1.9	1.2

数据来源：联合国，国际能源署，英国BP公司，国网能源研究院。

注　* 表示 1990－2018 年均增速；e 代表估算。

3. 能源消费强度

表 C-6　1980—2018 年分地区能源消费强度　　　　　　　　　　单位：吨标准煤 / 万美元

地区 / 国家	1980	1985	1990	1995	2000	2005	2010	2015	2016	2017e	2018e	年均增速 (%) 1980—2018
北美	3.8	3.2	3.0	2.9	2.6	2.3	2.2	1.9	1.9	1.8	1.8	-1.9
美国	3.9	3.3	3.1	2.9	2.6	2.3	2.1	1.9	1.8	1.8	1.8	-2.1
加拿大	3.5	3.1	3.0	3.0	2.7	2.6	2.4	2.3	2.2	2.2	2.2	-1.2
墨西哥	2.4	2.6	2.6	2.7	2.4	2.6	2.5	2.2	2.1	2.0	1.9	-0.5
中南美	2.0	2.0	2.2	2.1	2.2	2.2	2.1	2.2	2.2	2.2	2.3	0.4
巴西	1.6	1.7	1.7	1.7	1.7	1.7	1.7	1.8	1.8	1.8	1.8	0.3
阿根廷	2.7	2.8	3.2	2.9	3.0	2.9	2.7	2.7	2.8	2.7	2.8	0.1
其他	2.2	2.1	2.7	2.6	2.6	2.5	2.5	2.8	2.8	2.7	2.8	0.7
欧洲	3.8	3.7	3.1	2.6	2.3	2.2	2.1	1.8	1.8	1.8	1.7	-2.1
欧盟	—	—	2.0	1.8	1.6	1.6	1.5	1.3	1.2	1.2	1.2	-1.8*
英国	2.3	2.1	1.8	1.7	1.5	1.3	1.2	0.9	0.9	0.9	0.9	-2.5
法国	1.8	1.8	1.7	1.7	1.6	1.5	1.4	1.3	1.2	1.2	1.2	-1.1
德国	2.5	2.4	2.0	1.7	1.5	1.5	1.4	1.2	1.2	1.2	1.1	-2.1
意大利	1.4	1.2	1.2	1.2	1.2	1.2	1.1	1.0	1.0	1.0	1.0	-0.8
西班牙	1.5	1.4	1.5	1.5	1.5	1.5	1.3	1.2	1.2	1.2	1.1	-0.7
俄罗斯	—	—	9.1	10.4	9.3	7.2	6.5	6.2	6.3	6.2	6.3	-1.3*
其他	—	—	7.7	5.5	4.7	4.2	3.9	3.0	3.0	2.9	2.4	-4.1*
亚太	4.0	3.6	3.8	3.9	3.7	3.9	3.8	3.5	3.4	3.3	3.2	-0.6
澳大利亚	2.3	2.1	2.0	1.9	1.8	1.7	1.6	1.4	1.4	1.4	1.4	-1.4
中国	24.3	17.0	14.4	10.3	7.3	7.3	5.8	4.8	4.5	4.3	4.2	-4.5
印度	9.6	9.1	8.5	8.1	7.2	6.1	5.9	5.1	4.9	4.8	4.7	-1.9
日本	1.6	1.4	1.3	1.4	1.3	1.3	1.2	1.0	1.0	1.0	1.0	-1.2
韩国	4.0	3.6	3.7	3.8	3.8	3.4	3.2	3.1	3.1	3.1	3.0	-0.7
印尼	4.3	4.1	4.6	4.2	4.9	4.5	3.8	3.3	3.2	3.1	3.2	-0.7
其他	3.2	2.9	5.6	5.6	5.8	5.6	5.2	4.5	4.5	4.2	3.8	0.4
中东	1.0	1.8	1.9	2.3	2.2	2.3	2.4	2.4	2.4	2.4	2.7	2.7
非洲	5.2	5.8	6.4	6.8	6.1	5.8	5.2	5.0	5.0	4.9	4.8	-0.3
埃及	4.8	5.4	5.3	4.9	4.3	5.4	4.8	4.6	4.6	4.4	4.1	-0.4
南非	5.1	5.8	6.1	6.2	5.8	5.7	5.3	4.7	4.7	4.5	4.5	-0.3
其他	5.4	5.8	6.7	7.4	6.6	5.9	5.2	5.2	5.2	5.1	4.9	-0.2
世界	3.7	3.5	3.3	3.1	2.9	2.8	2.8	2.6	2.5	2.5	2.5	-1.0
OECD	2.6	2.3	2.2	2.2	2.0	1.9	1.8	1.6	1.5	1.5	1.5	-1.4
非 OECD	7.5	8.0	6.4	5.8	5.1	4.9	4.5	4.1	4.0	3.9	3.9	-1.7

数据来源：世界银行，国际能源署，英国 BP 公司，国网能源研究院。

注　*表示 1990—2018 年均增速；e 代表估算。

C.2.2 终端能源消费

表 C-7　1980－2018 年分地区终端能源消费　　　　　　　　　　　　　　单位：亿吨标准煤

地区 / 国家	1980	1985	1990	1995	2000	2005	2010	2015	2016	2017e	2018e	结构 (%) 1980	结构 (%) 2018	年均增速 (%) 1980－2018
北美	21.9	21.4	22.0	23.5	26.2	26.6	26.0	26.0	26.1	26.2	26.2	28.5	18.7	0.5
美国	18.7	18.1	18.5	19.7	22.1	22.3	21.6	21.5	21.6	21.7	21.7	24.4	15.5	0.4
加拿大	2.2	2.2	2.3	2.5	2.7	2.8	2.7	2.8	2.7	2.7	2.7	2.9	2.0	0.6
墨西哥	0.9	1.1	1.2	1.2	1.4	1.5	1.7	1.7	1.7	1.8	1.8	1.2	1.3	1.7
中南美	3.2	3.3	3.7	4.3	5.0	5.6	6.6	7.0	7.0	7.0	7.1	4.1	5.0	2.1
巴西	1.4	1.4	1.6	1.8	2.2	2.5	3.0	3.2	3.2	3.2	3.2	1.8	2.3	2.3
阿根廷	0.4	0.4	0.4	0.6	0.7	0.7	0.8	0.9	0.9	0.9	0.9	0.5	0.6	2.1
其他	1.4	1.5	1.7	1.9	2.2	2.4	2.8	2.9	2.9	2.9	2.9	1.8	2.1	2.0
欧洲	27.9	28.6	31.4	27.1	26.9	28.2	28.5	27.2	27.8	27.8	27.8	36.3	19.8	0.0
欧盟	—	—	16.2	16.2	16.8	17.7	17.2	16.0	16.3	16.1	16.1	—	11.5	0.0*
英国	1.9	1.9	2.0	2.1	2.2	2.1	2.0	1.8	1.8	1.8	1.8	2.4	1.3	-0.1
法国	2.0	2.0	2.0	2.2	2.3	2.4	2.3	2.1	2.2	2.2	2.2	2.6	1.5	0.2
德国	3.6	3.5	3.4	3.3	3.3	3.3	3.3	3.1	3.2	3.2	3.2	4.6	2.3	-0.3
意大利	1.5	1.4	1.6	1.7	1.8	2.0	1.9	1.7	1.7	1.6	1.6	1.9	1.2	0.3
西班牙	0.7	0.7	0.9	1.0	1.2	1.5	1.3	1.1	1.2	1.2	1.1	0.9	0.8	1.4
俄罗斯	—	—	8.9	6.5	6.0	5.9	6.4	6.5	6.7	6.8	6.9	—	4.9	-0.9*
其他	—	—	6.3	4.4	4.1	4.6	4.8	4.7	4.8	4.8	4.8	—	3.4	-0.9*
亚太	17.0	19.2	23.3	27.7	29.8	38.3	46.8	53.8	54.6	56.3	57.0	22.1	40.7	3.2
澳大利亚	0.7	0.7	0.8	0.9	1.0	1.0	1.1	1.2	1.2	1.2	1.2	0.9	0.8	1.5
中国	7.0	8.0	9.4	11.2	11.2	17.5	23.2	28.0	28.1	29.1	29.6	9.1	21.1	3.9
印度	2.5	2.9	3.5	4.0	4.5	5.1	6.9	7.9	8.2	8.5	8.6	3.2	6.2	3.3
日本	3.3	3.4	4.1	4.6	4.7	4.8	4.5	4.2	4.2	4.1	4.1	4.3	2.9	0.6
韩国	0.4	0.6	0.9	1.5	1.8	2.0	2.3	2.5	2.6	2.6	2.7	0.6	1.9	4.8
印尼	0.7	0.8	1.1	1.4	1.7	1.9	2.0	2.4	2.4	2.4	2.4	0.9	1.7	3.3
其他	2.4	2.8	3.4	4.2	4.9	5.9	6.8	7.7	8.0	8.3	8.4	3.1	6.0	3.4
中东	1.1	1.7	2.1	2.9	3.4	4.5	5.9	6.9	6.9	7.1	7.2	1.5	5.1	5.0
非洲	3.1	3.6	4.2	4.6	5.3	6.2	7.2	8.3	8.5	8.8	8.9	4.1	6.4	2.8
埃及	0.2	0.3	0.3	0.4	0.4	0.6	0.8	0.8	0.8	0.9	0.9	0.2	0.6	4.1
南非	0.6	0.7	0.7	0.7	0.8	0.9	0.9	1.0	1.0	1.0	1.0	0.8	0.7	1.3
其他	2.3	2.6	3.1	3.5	4.0	4.7	5.5	6.5	6.7	6.9	7.0	3.0	5.0	3.0
国际航空	1.0	1.1	1.2	1.4	1.7	2.0	2.2	2.5	2.7	2.8	2.8	1.3	2.0	2.9
国际水运	1.6	1.4	1.7	1.9	2.2	2.5	2.9	2.9	3.0	3.1	3.1	2.1	2.2	1.8
世界	76.7	80.3	89.6	93.5	100.5	114.0	126.2	134.7	136.5	138.9	140.0	100.0	100.0	1.6
OECD	42.0	41.8	44.4	47.6	52.0	53.7	52.9	51.9	52.4	52.4	52.4	54.8	37.5	0.6
非 OECD	32.1	36.0	42.3	42.6	44.6	55.8	68.2	77.3	78.4	80.7	81.6	41.9	58.3	2.5

数据来源：国际能源署，英国 BP 公司，中国国家统计局，国网能源研究院。

注　* 表示 1990－2018 年均增速；e 代表估算。

C.3　能源供应

C.3.1　能源资源

表 C-8　2018 年世界煤炭储量及可采年限

国家	探明储量（亿吨）	结构（%）	可采年限（年）
储量前十	9578	90.8	—
美国	2502	23.7	365
俄罗斯	1604	15.2	364
澳大利亚	1474	14.0	304
中国	1388	13.2	38
印度	1014	9.6	132
印尼	370	3.5	67
德国	361	3.4	214
乌克兰	344	3.3	1013
波兰	265	2.5	216
哈萨克斯坦	256	2.4	217
其他	970	9.2	—
世界	10548	100.0	132

数据来源：英国 BP 公司。

表 C-9　2018 年世界石油储量及可采年限

国家	探明储量（亿吨）	结构（%）	可采年限（年）
储量前十	2122	86.9	—
委内瑞拉	480	19.6	549
沙特阿拉伯	409	16.7	66
加拿大	271	11.1	88
伊朗	214	8.8	90
伊拉克	199	8.1	87
俄罗斯	146	6.0	25
科威特	140	5.7	91
阿联酋	130	5.3	68
美国	73	3.0	11
利比亚	63	2.6	131
其他	319	13.1	—
中国	35	1.4	19
世界	2441	100.0	50

数据来源：英国 BP 公司。

表 C-10　2018 年世界天然气储量及可采年限

国家	探明储量（万亿米³）	结构（%）	可采年限（年）
储量前十	5528	79.5	—
俄罗斯	1375	19.8	58
伊朗	1128	16.2	133
卡塔尔	872	12.5	141
土库曼斯坦	688	9.9	317
美国	420	6.0	14
委内瑞拉	224	3.2	191
中国	214	3.1	38
阿联酋	210	3.0	92
沙特阿拉伯	208	3.0	53
尼日利亚	189	2.7	109
其他	1424	20.5	—
世界	6952	100.0	51

数据来源：英国 BP 公司。

表 C-11　2017 年世界铀资源储量及可采年限

国家	储量（万吨）	结构（%）	可采年限（年）
储量前十	541	88.1	—
澳大利亚	182	29.6	279
哈萨克斯坦	84	13.7	39
加拿大	51	8.4	73
俄罗斯	49	7.9	167
纳米比亚	44	7.2	80
南非	32	5.2	932
中国	29	4.7	154
尼日尔	28	4.6	96
巴西	28	4.5	6291
乌兹别克斯坦	14	2.3	58
其他	73	11.9	—
世界	614	100.0	115

数据来源：世界核能协会。

C.3.2 能源生产

表 C-12 1980－2018 年分地区一次能源生产总量 单位：亿吨标准煤

地区／国家	1980	1985	1990	1995	2000	2005	2010	2015	2016	2017e	2018e	结构 (%) 1980	结构 (%) 2018	年均增速 (%) 1980－2018
北美	26.0	27.4	29.0	30.1	30.7	31.3	31.6	35.6	34.1	35.0	37.3	25.4	18.8	0.9
美国	21.4	21.6	22.8	22.8	22.9	22.5	23.7	27.4	25.8	26.7	28.8	20.8	14.5	0.8
加拿大	2.7	3.1	3.6	4.5	4.8	5.2	4.9	5.7	5.8	6.1	6.3	2.6	3.2	2.3
墨西哥	2.0	2.6	2.6	2.7	3.1	3.6	3.0	2.6	2.5	2.3	2.2	2.0	1.1	0.2
中南美	4.6	5.0	6.0	7.2	8.6	9.9	10.8	11.6	11.4	11.3	10.7	4.5	5.4	2.2
巴西	0.9	1.4	1.5	1.6	2.2	2.8	3.5	3.9	4.0	4.2	4.1	0.9	2.1	4.0
阿根廷	0.5	0.6	0.7	0.9	1.2	1.2	1.1	1.0	1.0	1.0	1.0	0.5	0.5	1.7
其他	3.1	3.0	3.8	4.6	5.3	5.9	6.3	6.6	6.3	6.1	5.5	3.1	2.8	1.5
欧洲	32.7	37.6	39.6	34.2	35.3	38.6	39.6	39.6	39.9	40.5	39.7	31.9	20.0	0.5
欧盟	－	－	13.5	13.6	13.4	12.8	12.0	11.0	10.9	10.9	10.8	－	5.5	-0.8*
英国	2.8	3.3	2.9	3.6	3.8	2.8	2.1	1.7	1.7	1.8	1.8	2.7	0.9	-1.1
法国	0.7	1.3	1.5	1.7	1.8	1.9	1.9	1.9	1.8	1.8	1.8	0.7	0.9	2.4
德国	2.6	3.0	2.6	2.1	1.9	1.9	1.8	1.6	1.6	1.5	1.5	2.6	0.8	-1.5
意大利	0.3	0.4	0.4	0.5	0.5	0.5	0.6	0.6	0.6	0.6	0.6	0.3	0.3	1.8
西班牙	0.2	0.4	0.5	0.5	0.5	0.4	0.5	0.5	0.5	0.5	0.5	0.2	0.3	2.3
俄罗斯	－	－	18.3	13.7	13.8	16.9	18.0	18.7	19.2	20.1	20.9	－	10.5	0.5*
其他	－	－	7.7	6.9	8.1	8.8	9.6	9.9	9.8	9.4	8.0	－	4.0	0.1*
亚太	17.5	21.7	26.1	31.1	34.5	45.5	57.9	63.7	62.3	64.0	66.6	17.0	33.6	3.6
澳大利亚	1.2	1.8	2.2	2.6	3.2	3.7	4.6	5.4	5.6	5.6	5.8	1.2	2.9	4.2
中国	8.8	10.6	12.6	15.2	16.0	23.9	31.9	35.9	33.7	35.0	36.4	8.6	18.4	3.8
印度	2.6	3.3	4.0	4.6	5.0	5.7	7.1	7.6	7.9	8.1	8.5	2.5	4.3	3.2
日本	0.6	1.0	1.0	1.4	1.5	1.4	1.4	0.5	0.5	0.4	0.3	0.6	0.2	-1.8
韩国	0.1	0.2	0.3	0.3	0.5	0.6	0.6	0.7	0.7	0.8	0.8	0.1	0.4	4.7
印尼	1.8	1.8	2.4	3.0	3.4	4.0	5.4	6.1	6.2	6.3	6.9	1.7	3.5	3.6
其他	2.3	3.0	3.6	4.1	4.9	6.2	6.8	7.5	7.8	8.0	8.0	2.3	4.0	3.3
中东	14.0	8.1	12.9	15.6	18.0	20.2	21.2	24.6	26.6	26.8	27.4	13.6	13.8	1.8
非洲	7.7	8.1	9.4	10.6	12.1	15.0	16.2	15.6	15.4	16.2	16.4	7.5	8.3	2.0
埃及	0.5	0.7	0.8	0.8	0.7	1.1	1.2	1.0	0.9	1.0	1.1	0.5	0.6	2.3
南非	1.1	1.6	1.6	1.9	2.1	2.2	2.3	2.3	2.3	2.3	2.3	1.0	1.2	2.1
其他	6.2	5.8	7.0	7.9	9.3	11.6	12.7	12.3	12.2	12.8	13.0	6.0	6.6	2.0
世界	102.5	107.9	123.0	128.8	139.1	160.4	177.3	190.7	189.8	193.8	198.1	100.0	100.0	1.8
OECD	40.3	45.1	47.7	50.7	52.8	53.2	53.5	56.6	55.2	56.5	58.8	39.3	29.7	1.0
非 OECD	62.2	62.7	75.3	78.2	86.3	107.2	123.8	134.1	134.6	137.3	139.3	60.7	70.3	2.1

数据来源：国际能源署，英国 BP 公司，中国国家统计局，国网能源研究院。

注 * 表示 1990－2018 年均增速；e 代表估算。

C.4　电力消费

C.4.1　电力消费

1. 用电量

表 C-13　1980—2018 年分地区用电量　　　　　　　　单位：十亿千瓦·时

地区 / 国家	1980	1985	1990	1995	2000	2005	2010	2015	2016	2017ᵉ	2018ᵉ	结构 (%) 1980	结构 (%) 2018	年均增速 (%) 1980—2018
北美	2615	2944	3471	3986	4558	4807	4904	4941	4966	4947	5043	34.3	20.6	1.7
美国	2241	2478	2924	3371	3857	4050	4143	4129	4148	4109	4199	29.4	17.2	1.7
加拿大	314	384	448	484	523	546	530	543	538	551	549	4.1	2.2	1.5
墨西哥	60	82	99	130	178	212	230	269	281	287	295	0.8	1.2	4.3
中南美	274	353	435	537	675	789	963	1104	1107	1111	1118	3.6	4.6	3.8
巴西	123	174	218	265	332	375	465	523	520	525	532	1.6	2.2	3.9
阿根廷	35	39	43	57	77	94	117	137	136	136	136	0.5	0.6	3.7
其他	116	141	175	215	266	320	381	445	451	450	450	1.5	1.8	3.6
欧洲	3256	3777	4242	3965	4256	4691	4913	4904	4967	5040	5080	42.7	20.8	1.2
欧盟	—	—	2465	2564	2842	3121	3162	3043	3071	3094	3104	—	12.7	0.8*
英国	264	273	307	324	360	379	358	331	330	327	327	3.5	1.3	0.6
法国	244	298	348	394	440	484	503	471	478	477	479	3.2	2.0	1.8
德国	454	501	527	517	546	589	594	573	573	575	572	6.0	2.3	0.6
意大利	175	192	235	261	302	332	326	310	308	317	320	2.3	1.3	1.6
西班牙	99	114	137	156	210	267	266	254	256	260	265	1.3	1.1	2.6
俄罗斯	—	—	990	757	762	828	916	949	969	994	1011	—	4.1	0.1*
其他	—	—	788	645	653	742	835	912	927	952	965	—	3.9	0.7*
亚太	1228	1586	2262	3095	3890	5451	7701	9880	10412	10957	11499	16.1	47.0	6.1
澳大利亚	87	110	146	163	195	213	236	239	243	244	248	1.1	1.0	2.8
中国	276	381	580	928	1254	2324	3938	5551	5902	6290	6636	3.6	27.1	8.7
印度	99	152	238	346	416	537	791	1131	1216	1295	1389	1.3	5.7	7.2
日本	551	643	829	946	1023	1063	1080	1006	1012	1008	1002	7.2	4.1	1.6
韩国	35	55	102	175	278	376	481	535	544	556	576	0.5	2.4	7.7
其他	180	245	368	537	725	938	1173	1419	1495	1565	1647	2.4	6.7	6.0
中东	77	147	205	284	380	514	731	921	948	973	997	1.0	4.1	7.0
非洲	176	231	287	330	406	501	590	696	705	716	744	2.3	3.0	3.9
埃及	17	24	38	46	67	95	130	164	171	165	176	0.2	0.7	6.4
南非	100	135	156	172	206	222	233	228	225	226	228	1.3	0.9	2.2
其他	59	72	93	111	133	184	226	305	310	324	341	0.8	1.4	4.7
世界	7624	9038	10902	12196	14167	16754	19801	22447	23107	23744	24480	100.0	100.0	3.1
OECD	5260	6013	7140	8043	9190	9924	10277	10244	10338	10365	10496	69.0	42.9	1.8
非 OECD	2365	3025	3762	4154	4977	6830	9524	12203	12769	13379	13984	31.0	57.1	4.8

数据来源：国际能源署，GlobalData，国网能源研究院。

注　表中用电量不含输配损耗；* 表示 1990—2018 年均增速；e 代表估算。

2. 人均用电量

表 C-14　1980—2018 年分地区人均用电量　　　　　　　　　　　　单位：千瓦·时

地区 / 国家	1980	1985	1990	1995	2000	2005	2010	2015	2016	2017^e	2018^e	年均增速 (%) 1980—2018
北美	8185	8664	9608	10292	11071	11082	10721	10331	10293	10169	10283	0.6
美国	9862	10414	11713	12660	13671	13705	13395	12872	12838	12638	12835	0.7
加拿大	12804	14857	16167	16532	17037	16918	15594	15221	14908	15066	14813	0.4
墨西哥	887	1077	1185	1420	1800	1997	2019	2211	2275	2302	2335	2.6
中南美	961	1121	1258	1428	1664	1826	2113	2309	2295	2282	2277	2.3
巴西	1017	1283	1461	1634	1897	2016	2374	2558	2522	2525	2539	2.4
阿根廷	1244	1289	1304	1649	2089	2408	2878	3166	3127	3081	3059	2.4
其他	854	940	1065	1198	1373	1546	1738	1929	1937	1917	1899	2.1
欧洲	4268	4817	5227	4818	5147	5620	5791	5675	5723	5787	5814	0.8
欧盟	—	—	5159	5294	5821	6293	6269	5970	6008	6041	6048	0.6*
英国	4684	4827	5357	5576	6115	6271	5701	5088	5037	4951	4911	0.1
法国	4422	5259	5969	6622	7225	7653	7738	7071	7148	7132	7145	1.3
德国	5797	6449	6640	6328	6635	7138	7264	7015	6956	6953	6893	0.5
意大利	3105	3392	4145	4598	5300	5731	5494	5099	5081	5241	5302	1.4
西班牙	2644	2975	3537	3917	5168	6111	5707	5475	5501	5587	5674	2.0
俄罗斯	—	—	6673	5102	5198	5770	6410	6588	6715	6882	6999	0.2*
其他	—	—	4246	3386	3397	3798	4154	4335	4365	4442	4466	0.2*
亚太	520	614	802	1015	1190	1574	2115	2593	2708	2825	2941	4.7
澳大利亚	5915	7008	8527	8994	10194	10458	10727	10015	10045	9909	9922	1.4
中国	282	363	511	770	993	1782	2944	4048	4281	4537	4765	7.7
印度	142	194	272	359	394	468	641	863	918	967	1027	5.3
日本	4718	5328	6709	7544	8068	8323	8435	7915	7971	7947	7922	1.4
韩国	914	1340	2373	3881	5907	7796	9716	10482	10618	10800	11155	6.8
其他	352	430	587	775	957	1149	1349	1530	1592	1647	1713	4.3
中东	313	509	609	744	898	1091	1385	1570	1588	1600	1610	4.4
非洲	381	436	473	479	522	572	594	620	613	606	615	1.3
埃及	382	497	678	745	977	1262	1576	1769	1806	1716	1786	4.1
南非	3519	4118	4239	4158	4580	4637	4543	4120	4010	3972	3938	0.3
其他	151	161	181	190	201	244	264	312	309	316	323	2.0
世界	1720	1867	2064	2137	2317	2573	2860	3058	3112	3161	3224	1.7
OECD	5489	6045	6927	7496	8278	8644	8656	8387	8413	8391	8452	1.1
非 OECD	680	787	885	896	994	1273	1661	1994	2060	2132	2201	3.1

数据来源：世界银行，国际能源署，GlobalData，国网能源研究院。
注　* 表示 1990—2018 年均增速；e 代表估算。

3. 人均生活用电量

表 C-15　1980—2018 年分地区人均生活用电量　　　　　　　　　　　　　单位：千瓦·时

地区 / 国家	1980	1985	1990	1995	2000	2005	2010	2015	2016	2017e	2018e	年均增速 (%) 1980—2018
北美	2787	2929	3275	3430	3667	3884	3946	3724	3692	3625	3656	0.7
美国	3494	3669	4110	4339	4658	4992	5112	4772	4753	4647	4705	0.8
加拿大	3582	4205	5021	4871	4891	5014	5082	5424	5156	5269	5205	1.0
墨西哥	156	198	241	338	448	448	456	481	496	498	504	3.1
中南美	240	278	342	395	461	486	589	678	683	686	687	2.8
巴西	274	341	402	504	537	543	721	839	856	888	906	3.2
阿根廷	244	251	301	409	544	554	713	845	846	850	850	3.3
其他	258	292	343	364	407	476	537	606	612	611	607	2.3
欧洲	888	1063	1159	1313	1425	1500	1601	1553	1583	1614	1627	1.6
欧盟	—	—	1453	1541	1652	1814	1877	1726	1744	1753	1754	0.7*
英国	1721	1770	1831	1934	2076	2261	2060	1806	1790	1757	1742	0.0
法国	1302	1809	1914	2102	2416	2507	2814	2478	2576	2594	2609	1.8
德国	1702	1977	2000	1784	1791	1931	1933	1754	1716	1707	1689	0.0
意大利	735	867	1018	1105	1186	1275	1277	1174	1142	1164	1172	1.2
西班牙	576	673	849	1000	1196	1579	1764	1653	1648	1658	1676	2.8
俄罗斯	—	—	863	1040	1202	967	1144	1329	1454	1574	1637	2.3*
其他	—	—	624	927	1000	1043	1182	1238	1245	1265	1271	2.6*
亚太	95	123	150	215	257	329	428	523	558	591	620	5.1
澳大利亚	2163	2328	2544	2618	2878	3031	3098	2807	2807	2752	2748	0.6
中国	12	25	23	101	139	258	437	628	696	770	823	11.8
印度	15	26	42	61	82	102	141	210	226	244	262	7.8
日本	1067	1330	1602	1974	2147	2352	2521	2223	2219	2179	2159	1.9
韩国	148	254	446	673	833	1109	1325	1350	1412	1464	1525	6.3
其他	75	103	141	206	269	322	383	457	476	495	517	5.2
中东	94	237	254	315	369	490	606	688	683	682	684	5.4
非洲	73	93	115	127	142	171	184	212	212	215	220	3.0
埃及	112	190	250	282	356	465	647	828	833	799	835	5.4
南非	514	574	687	719	754	887	902	820	798	791	784	1.1
其他	36	46	59	66	75	93	94	116	118	124	129	3.4
世界	434	488	536	600	652	718	795	829	847	861	878	1.9
OECD	1669	1880	2121	2293	2483	2690	2791	2616	2617	2608	2627	1.2
非 OECD	90	124	148	206	244	294	380	470	494	520	541	4.8

数据来源：联合国，国际能源署，GlobalData，国网能源研究院。
注　* 表示 1990—2018 年均增速；e 代表估算。

4. 电力消费强度

表 C-16　1980—2018 年分地区电力消费强度　　　　　　　　　单位：千瓦·时/万美元

地区/国家	1980	1985	1990	1995	2000	2005	2010	2015	2016	2017ᵉ	2018ᵉ	年均增速 (%) 1980—2018
北美	3344	3224	3254	3314	3064	2855	2776	2505	2478	2413	2395	-0.9
美国	3450	3242	3248	3299	3057	2826	2764	2471	2444	2369	2353	-1.0
加拿大	4018	4310	4418	4393	3893	3578	3286	3029	2967	2947	2884	-0.9
墨西哥	1106	1369	1521	1840	1946	2154	2177	2203	2229	2236	2248	1.9
中南美	1300	1609	1957	2045	2302	2323	2303	2613	2655	2621	2634	1.9
巴西	1218	1632	1830	1914	2155	2114	2104	2238	2301	2298	2303	1.7
阿根廷	1573	1867	2088	2151	2540	2808	2771	2995	3054	2962	3047	1.8
其他	1325	1525	2108	2201	2441	2484	2459	3105	3080	3010	3024	2.2
欧洲	3173	3340	2942	2673	2494	2449	2408	2218	2205	2177	2125	-1.0
欧盟	—	—	2085	2007	1923	1920	1859	1690	1672	1643	1616	-0.9*
英国	2153	1982	1876	1827	1723	1576	1459	1218	1194	1160	1143	-1.7
法国	1645	1857	1835	1952	1886	1906	1904	1693	1700	1659	1636	0.0
德国	2224	2294	2053	1819	1746	1832	1738	1541	1507	1480	1451	-1.1
意大利	1270	1280	1344	1401	1465	1539	1532	1501	1477	1496	1498	0.4
西班牙	1516	1633	1574	1654	1824	1964	1857	1789	1744	1724	1712	0.3
俄罗斯	—	—	6988	8604	8009	6462	6005	5747	5849	5904	5871	-0.6*
其他	—	—	6680	5457	4890	4579	4479	3715	3701	3603	3237	-2.6*
亚太	2289	2310	2772	3129	3334	3789	4211	4267	4303	4313	4282	1.7
澳大利亚	1978	2187	2374	2361	2299	2143	2062	1815	1798	1762	1743	-0.3
中国	8113	6750	7003	6289	5617	6523	6469	6243	6218	6208	6144	-0.7
印度	3351	3993	4681	5318	4762	4499	4723	4927	4899	4868	4880	1.0
日本	1825	1738	1762	1869	1913	1875	1895	1680	1680	1641	1619	-0.3
韩国	2469	2479	2804	3219	3911	4199	4399	4214	4167	4130	4168	1.4
其他	1592	1635	3218	3653	4377	4534	4540	4179	4224	4184	3909	2.4
中东	478	1065	1279	1486	1625	1772	2035	2134	2106	2142	2422	4.4
非洲	2325	2784	3254	3579	3528	3385	3087	3068	3059	3019	3017	0.7
埃及	3465	3563	4354	4495	4932	5876	5959	6543	6541	6090	6144	1.5
南非	5235	6554	6995	7404	7713	6890	6198	5448	5349	5305	5298	0.0
其他	1138	1297	1625	1897	1779	1846	1721	1902	1905	1937	1946	1.4
世界	2732	2850	2873	2889	2831	2881	2998	2961	2972	2960	2962	0.2
OECD	2363	2349	2466	2514	2445	2376	2344	2127	2111	2065	2029	-0.4
非 OECD	4188	4948	4182	4063	3996	4167	4290	4413	4437	4457	4523	0.2

数据来源：联合国，世界银行，国际能源署，GlobalData，国网能源研究院。

注　*表示 1990—2018 年均增速；e 代表估算。

C.4.2　电气化指标

1. 发电能源占一次能源消费的比重

表 C-17　1980—2018 年分地区发电能源占一次能源消费的比重　　　　　单位：%

地区／国家	1980	1985	1990	1995	2000	2005	2010	2015	2016	2017^e	2018^e	变化（个百分点）1980—2018
北美	29.1	32.4	37.2	38.9	39.9	39.7	39.9	38.6	38.3	38.0	37.8	8.7
美国	30.0	33.2	38.5	40.1	40.9	41.2	41.6	39.7	39.2	38.6	38.4	8.4
加拿大	26.9	33.2	33.5	35.2	34.6	32.5	32.4	33.9	33.7	33.9	34.0	7.1
墨西哥	16.6	17.4	23.0	27.2	32.8	32.7	31.2	33.2	35.1	36.3	36.8	20.2
中南美	16.8	18.7	19.7	21.0	23.1	24.3	25.6	29.2	29.0	29.6	29.9	13.1
巴西	11.1	13.9	14.3	15.6	17.6	17.7	18.0	20.1	19.1	19.2	19.3	8.2
阿根廷	22.7	23.2	23.9	23.0	25.7	26.5	28.5	30.8	31.3	31.9	32.2	9.5
其他	19.8	21.8	23.4	25.4	27.4	30.1	32.2	38.1	38.3	39.5	40.0	20.2
欧洲	25.4	28.3	27.0	29.7	31.5	32.4	32.5	32.9	32.3	32.3	32.3	6.9
欧盟	—	—	33.2	34.4	35.6	36.4	36.4	36.7	36.0	36.0	36.0	2.9*
英国	35.6	35.7	35.9	34.9	35.2	37.6	37.3	35.8	34.7	34.2	34.0	-1.7
法国	26.8	38.2	44.3	47.3	48.3	49.6	50.4	52.6	50.7	51.0	51.2	24.3
德国	27.2	29.5	35.9	36.1	36.9	37.8	37.5	37.1	36.4	36.2	36.1	9.0
意大利	24.2	27.6	29.4	29.5	30.9	29.0	28.9	29.7	30.2	30.6	30.8	6.5
西班牙	31.1	35.8	36.8	36.5	37.2	37.8	38.8	41.6	39.2	39.6	39.7	8.6
俄罗斯	—	—	16.4	18.0	20.8	23.5	24.4	24.4	23.6	23.4	23.4	6.9*
其他	—	—	26.3	28.9	30.7	29.4	30.7	33.1	33.0	33.4	33.6	7.2*
亚太	19.3	21.1	24.8	28.3	32.4	32.9	35.2	36.5	37.3	37.9	38.2	18.9
澳大利亚	33.9	37.7	40.0	40.8	44.3	46.8	46.4	44.1	43.0	42.3	42.0	8.1
中国	14.5	15.0	18.9	24.3	29.5	29.5	33.0	35.2	36.4	37.3	37.7	23.2
印度	12.3	16.5	21.4	27.2	30.4	32.5	34.5	38.7	39.0	39.9	40.3	28.0
日本	34.6	37.7	40.9	42.8	43.7	44.6	46.7	43.5	44.6	44.9	44.9	10.4
韩国	22.0	24.6	28.9	29.2	34.9	40.9	43.8	42.4	41.6	41.0	40.7	18.7
其他	21.2	25.5	29.9	33.0	34.9	36.5	35.7	39.6	40.6	41.7	42.2	21.0
中东	24.1	27.5	29.1	31.0	31.8	33.5	34.7	36.0	36.7	37.3	37.5	13.5
非洲	14.6	16.7	17.3	18.4	19.3	20.0	20.5	20.7	20.5	20.5	20.5	5.9
埃及	36.2	39.2	40.2	44.7	47.3	43.8	46.7	45.0	46.1	46.2	46.3	10.1
南非	22.2	24.5	27.5	28.2	29.4	35.6	35.1	42.3	42.6	44.1	44.8	22.6
其他	6.4	7.5	7.9	8.5	9.4	10.3	10.7	12.0	11.3	11.4	11.4	5.0
世界	23.8	26.3	27.8	30.1	32.2	32.5	33.3	33.9	34.0	34.2	34.2	10.4
OECD	28.8	32.2	36.0	37.4	38.7	39.1	39.7	38.8	38.6	38.3	38.2	9.3
非 OECD	18.4	20.4	20.0	23.1	26.4	27.8	30.1	32.2	32.7	33.3	33.6	15.2

数据来源：国际能源署，国网能源研究院。

注　* 表示 1990—2018 年变化；e 代表估算。

2. 电能占终端能源消费的比重

表 C-18　1980－2018 年分地区电能占终端能源消费的比重　　　　　　　　　单位：%

地区／国家	1980	1985	1990	1995	2000	2005	2010	2015	2016	2017ᵉ	2018ᵉ	变化（个百分点）1980－2018
北美	13.4	15.5	17.6	18.9	19.4	20.4	21.3	21.3	21.4	21.5	21.5	8.1
美国	13.3	15.3	17.5	19.0	19.5	20.5	21.5	21.6	21.6	21.6	21.6	8.4
加拿大	16.8	20.9	22.2	21.7	21.6	22.4	22.5	21.0	21.3	21.4	21.4	4.6
墨西哥	7.5	8.4	10.3	11.8	13.1	15.4	15.8	18.5	19.1	19.9	20.2	12.7
中南美	10.1	12.4	13.8	14.8	16.0	16.7	17.0	18.2	18.4	18.7	18.8	8.8
巴西	9.7	10.8	11.5	11.5	13.7	15.3	17.1	18.3	18.3	18.4	18.5	8.8
阿根廷	10.6	14.2	16.3	17.1	18.0	18.1	17.9	18.6	18.8	19.1	19.2	8.5
其他	9.6	11.0	12.1	13.5	14.6	15.7	16.0	17.7	17.9	18.3	18.5	8.9
欧洲	12.4	13.9	14.5	15.6	17.0	17.9	18.6	19.3	19.2	19.3	19.3	6.9
欧盟	—	—	16.4	17.1	18.4	19.3	20.2	21.2	21.0	21.2	21.2	4.9*
英国	15.4	15.5	17.1	17.6	18.8	20.2	20.5	20.7	20.4	20.4	20.4	5.0
法国	12.7	15.7	18.2	19.3	20.3	21.6	23.7	24.8	25.0	25.3	25.4	12.7
德国	13.6	15.0	16.3	16.6	18.0	19.0	20.0	20.1	19.9	19.8	19.8	6.2
意大利	13.4	14.9	16.1	17.0	18.2	18.3	19.2	20.8	20.9	21.2	21.3	7.9
西班牙	16.0	18.6	17.8	17.6	19.0	20.4	22.8	25.0	24.3	24.4	24.5	8.4
俄罗斯	—	—	11.4	11.6	12.5	13.6	14.0	13.7	13.6	13.5	13.5	2.1*
其他	—	—	13.9	15.9	17.5	17.9	18.9	20.8	20.6	21.0	21.1	7.2*
亚太	8.2	9.0	10.5	12.2	14.4	16.0	18.5	20.3	21.2	21.9	22.2	14.0
澳大利亚	14.6	17.1	19.6	20.0	21.4	22.5	23.6	22.5	22.4	22.2	22.1	7.5
中国	4.4	4.9	6.0	8.4	11.4	14.5	18.8	21.4	22.6	23.6	24.0	19.7
印度	4.5	5.8	7.6	9.7	10.3	11.7	13.0	16.1	16.7	17.5	17.9	13.4
日本	19.0	21.1	23.1	23.8	25.4	26.2	28.4	27.5	28.3	28.4	28.5	9.4
韩国	9.0	11.4	12.5	13.4	17.8	21.9	24.5	24.6	24.9	25.0	25.1	16.1
其他	6.4	7.4	8.8	10.5	12.3	13.6	15.0	16.3	16.8	17.3	17.5	11.1
中东	6.9	9.5	10.3	10.7	12.2	12.6	14.0	14.8	15.5	15.9	16.1	9.2
非洲	6.4	7.1	7.6	7.6	8.4	9.0	9.2	9.3	9.2	9.2	9.2	2.8
埃及	10.0	10.3	13.4	15.2	17.7	18.8	20.3	24.3	24.0	24.3	24.4	14.3
南非	18.2	22.1	23.3	23.2	26.7	25.8	25.6	23.7	23.7	23.5	23.5	5.3
其他	2.9	3.0	3.3	3.5	3.7	4.5	4.7	5.2	5.2	5.2	5.3	2.4
世界	10.9	12.3	13.3	14.3	15.5	16.4	17.5	18.4	18.8	19.1	19.2	8.3
OECD	13.9	15.9	17.8	18.8	19.8	20.9	21.9	22.2	22.3	22.4	22.4	8.5
非 OECD	7.9	8.9	9.5	10.4	12.0	13.4	15.4	17.2	17.8	18.4	18.6	10.8

数据来源：国际能源署，国网能源研究院。

注　* 表示 1990－2018 年变化；e 代表估算。

C.5　电力供应

C.5.1　总体情况

1. 总发电量

表 C-19　2000—2018 年分地区总发电量　　　　　　　　单位：十亿千瓦·时

地区／国家	2000	2005	2010	2015	2016	2017	2018	结构 (%) 2000	结构 (%) 2018	年均增速 (%) 2000—2018
北美	4633	4943	5023	5088	5119	5069	5143	30.0	19.8	0.6
美国	3864	4112	4179	4150	4169	4113	4171	25.0	16.0	0.4
加拿大	589	600	584	644	646	635	645	3.8	2.5	0.5
墨西哥	180	231	261	294	303	320	327	1.2	1.3	3.4
中南美	790	919	1113	1301	1309	1312	1345	5.1	5.2	3.0
巴西	353	407	520	588	586	596	626	2.3	2.4	3.2
阿根廷	77	90	109	131	132	139	142	0.5	0.5	3.5
其他	361	422	483	581	590	576	577	2.3	2.2	2.6
欧洲	4595	4943	5102	4923	4998	5023	5089	29.8	19.6	0.6
欧盟	1718	2167	2343	2196	2338	2376	2422	11.1	9.3	1.9
英国	349	376	362	322	323	325	324	2.3	1.2	-0.4
法国	524	567	549	558	545	541	571	3.4	2.2	0.5
德国	534	575	586	604	607	614	608	3.5	2.3	0.7
意大利	264	289	293	274	281	287	299	1.7	1.1	0.7
西班牙	230	286	301	272	267	268	273	1.5	1.1	1.0
俄罗斯	800	856	958	894	937	921	933	5.2	3.6	0.9
其他	1893	1993	2053	1999	2038	2067	2081	12.3	8.0	0.5
亚太	4548	6307	8921	11094	11524	12032	12463	29.5	47.9	5.8
澳大利亚	212	232	255	255	260	259	112	1.4	0.4	-3.5
中国	1371	2416	4259	5658	5932	6285	6654	8.9	25.6	9.2
印度	531	662	862	1346	1393	1466	1575	3.4	6.1	6.2
日本	1054	1125	1131	1002	986	994	990	6.8	3.8	-0.3
韩国	265	361	471	522	540	551	563	1.7	2.2	4.3
其他	1115	1511	1944	2311	2413	2477	2569	7.2	9.9	4.7
中东	452	615	848	1093	1122	1137	1154	2.9	4.4	5.3
非洲	423	528	630	726	747	773	805	2.7	3.1	3.6
埃及	71	98	136	172	183	187	200	0.5	0.8	5.9
南非	200	233	247	239	241	245	244	1.3	0.9	1.1
其他	152	197	247	314	323	341	361	1.0	1.4	4.9
世界	15442	18255	21637	24225	24819	25347	25998	100.0	100.0	2.9
OECD	9486	10275	10612	10570	10648	10667	10624	61.4	40.9	0.6
非 OECD	5956	7980	11025	13655	14170	14680	15374	38.6	59.1	5.4

数据来源：国际能源署，国际可再生能源署，国际原子能机构，GlobalData，国网能源研究院。

2. 总发电装机

表 C-20　2000－2018 年分地区总发电装机　　　　　　　　单位：百万千瓦

地区 / 国家	2000	2005	2010	2015	2016	2017	2018	结构 (%) 2000	结构 (%) 2018	年均增速 (%) 2000－2018
北美	1019	1243	1339	1394	1416	1435	1448	29.3	20.2	2.0
美国	866	1066	1143	1177	1191	1204	1214	24.9	17.0	1.9
加拿大	112	123	134	146	149	151	152	3.2	2.1	1.7
墨西哥	41	54	62	71	77	80	82	1.2	1.1	4.0
中南美	182	213	253	312	332	346	360	5.2	5.0	3.9
巴西	73	94	114	142	152	159	167	2.1	2.3	4.7
阿根廷	25	26	30	35	35	38	41	0.7	0.6	2.7
其他	84	93	109	135	145	149	153	2.4	2.1	3.4
欧洲	1066	1151	1308	1463	1487	1514	1536	30.7	21.4	2.0
欧盟	601	734	883	996	996	1010	1014	17.3	14.2	3.0
英国	80	83	94	96	98	104	105	2.3	1.5	1.6
法国	116	116	125	131	133	133	133	3.3	1.9	0.7
德国	117	132	164	199	207	211	217	3.4	3.0	3.5
意大利	76	85	107	117	115	115	115	2.2	1.6	2.4
西班牙	56	77	105	106	105	105	105	1.6	1.5	3.5
俄罗斯	213	219	231	258	268	274	275	6.1	3.8	1.4
其他	409	438	482	555	562	573	586	11.8	8.2	2.0
亚太	1016	1323	1927	2757	2946	3140	3327	29.2	46.5	6.8
澳大利亚	44	48	58	71	70	71	76	1.3	1.1	3.0
中国	324	531	983	1511	1635	1767	1897	9.3	26.5	10.3
印度	119	147	211	350	373	396	415	3.4	5.8	7.2
日本	261	279	287	318	330	338	348	7.5	4.9	1.6
韩国	48	62	77	98	107	118	121	1.4	1.7	5.3
其他	220	256	310	410	432	451	471	6.3	6.6	4.3
中东	96	130	193	259	269	279	291	2.8	4.1	6.3
非洲	99	105	128	160	172	187	199	2.8	2.8	4.0
埃及	15	19	25	36	40	46	53	0.4	0.7	7.2
南非	47	43	48	51	54	57	58	1.4	0.8	1.1
其他	37	42	55	73	78	84	89	1.1	1.2	5.1
世界	3478	4165	5148	6346	6623	6900	7162	100.0	100.0	4.1
OECD	2083	2418	2683	2929	2985	3051	3100	59.9	43.3	2.2
非 OECD	1395	1747	2465	3417	3638	3849	4062	40.1	56.7	6.1

数据来源：国际能源署，国际可再生能源署，国际原子能机构，GlobalData，国网能源研究院。

C.5.2　分品种情况

1. 煤电

表 C-21　2000—2018 年分地区煤电发电量　　　　　单位：十亿千瓦·时

| 地区 / 国家 | 2000 | 2005 | 2010 | 2015 | 2016 | 2017 | 2018 | 结构 (%) | | 年均增速 (%) |
								2000	2018	2000—2018
北美	2097	2134	1953	1444	1329	1294	1209	34.4	12.5	-3.0
美国	1966	2013	1847	1352	1239	1208	1119	32.2	11.6	-3.1
加拿大	98	85	70	54	51	48	51	1.6	0.5	-3.5
墨西哥	32	36	36	38	38	38	38	0.5	0.4	1.0
中南美	27	29	43	73	76	69	70	0.4	0.7	5.4
巴西	8	7	8	20	18	18	18	0.1	0.2	4.4
阿根廷	1	2	2	3	3	2	2	0.0	0.0	1.9
其他	18	21	33	51	55	49	50	0.3	0.5	6.0
欧洲	1292	1328	1226	1101	1014	969	938	21.2	9.7	-1.8
欧盟	636	883	775	765	672	647	606	10.4	6.3	-0.3
英国	111	126	100	70	28	21	13	1.8	0.1	-11.2
法国	26	38	19	10	8	10	4	0.4	0.0	-9.6
德国	267	265	242	250	240	222	210	4.4	2.2	-1.3
意大利	26	44	40	42	34	33	31	0.4	0.3	0.9
西班牙	81	81	26	54	38	46	40	1.3	0.4	-3.9
俄罗斯	178	171	204	120	121	110	109	2.9	1.1	-2.7
其他	602	604	596	556	543	527	532	9.9	5.5	-0.7
亚太	2430	3663	5499	6732	6863	7147	7187	39.9	74.2	6.2
澳大利亚	174	181	180	159	163	159	0	2.9	0.0	-100.0
中国	1061	1872	3273	3854	3906	4072	4184	17.4	43.2	7.9
印度	357	435	562	1018	1067	1117	1203	5.9	12.4	7.0
日本	229	317	324	333	303	286	256	3.8	2.6	0.6
韩国	98	134	198	222	230	257	265	1.6	2.7	5.7
其他	511	723	963	1146	1194	1256	1278	8.4	13.2	5.2
中东	32	39	35	32	26	26	25	0.5	0.3	-1.3
非洲	219	257	265	255	253	256	257	3.6	2.7	0.9
埃及	0	0	0	0	0	0	0	0.0	0.0	—
南非	181	214	226	212	210	211	212	3.0	2.2	0.9
其他	38	42	39	43	43	45	45	0.6	0.5	0.9
世界	6097	7450	9023	9637	9562	9760	9687	100.0	100.0	2.6
OECD	3572	3805	3558	3052	2844	2791	2494	58.6	25.7	-2.0
非 OECD	2525	3646	5465	6585	6718	6970	7192	41.4	74.3	6.0

数据来源：国际能源署，GlobalData，国网能源研究院。

表 C-22　2000－2018 年分地区煤电装机　　　　　　　　　　单位：百万千瓦

地区／国家	2000	2005	2010	2015	2016	2017	2018	结构 (%)		年均增速 (%)
								2000	2018	2000－2018
北美	355	357	362	321	306	299	285	31.7	13.5	-1.2
美国	336	336	342	305	291	284	269	30.1	12.7	-1.2
加拿大	14	16	14	10	10	10	10	1.3	0.5	-2.2
墨西哥	5	5	6	6	6	6	6	0.4	0.3	1.4
中南美	5	6	7	12	12	13	13	0.5	0.6	5.1
巴西	1	1	2	3	3	3	3	0.1	0.2	4.9
阿根廷	1	1	1	1	1	1	1	0.1	0.0	0.9
其他	3	4	5	8	8	8	9	0.3	0.4	5.8
欧洲	273	267	268	253	243	239	232	24.4	11.0	-0.9
欧盟	131	169	181	164	154	151	146	11.8	6.9	0.6
英国	25	23	23	18	14	13	11	2.2	0.5	-4.2
法国	10	10	8	3	3	3	2	0.9	0.1	-7.8
德国	50	48	48	49	49	46	45	4.5	2.2	-0.5
意大利	7	9	13	9	9	8	8	0.6	0.4	0.8
西班牙	12	12	12	11	10	10	10	1.1	0.5	-1.0
俄罗斯	39	40	41	43	42	42	41	3.5	2.0	0.3
其他	129	125	123	121	116	116	113	11.6	5.4	-0.7
亚太	436	616	992	1351	1421	1479	1529	38.9	72.4	7.2
澳大利亚	25	29	30	29	26	26	26	2.2	1.2	0.3
中国	227	370	679	895	943	980	1016	20.3	48.1	8.7
印度	69	79	114	214	223	230	235	6.2	11.1	7.1
日本	39	47	47	47	47	47	47	3.5	2.2	1.1
韩国	14	18	25	27	32	37	37	1.3	1.7	5.5
其他	62	74	97	139	151	160	168	5.6	7.9	5.7
中东	4	5	5	5	5	5	5	0.4	0.2	0.6
非洲	45	42	44	45	45	47	48	4.0	2.3	0.3
埃及	0	0	0	0	0	0	0	0.0	0.0	—
南非	42	38	40	40	40	42	42	3.7	2.0	0.1
其他	4	3	3	4	4	5	6	0.3	0.3	2.8
世界	1119	1292	1678	1986	2032	2081	2112	100.0	100.0	3.6
OECD	607	622	639	586	568	564	547	54.3	25.9	-0.6
非 OECD	512	671	1039	1400	1464	1517	1566	45.7	74.1	6.4

数据来源：国际能源署，GlobalData，国网能源研究院。

2. 油电

表 C-23 2000－2018 年分地区油电发电量　　　　　　　　　　单位：十亿千瓦·时

| 地区 / 国家 | 2000 | 2005 | 2010 | 2015 | 2016 | 2017 | 2018 | 结构 (%) | | 年均增速 (%) |
								2000	2018	2000－2018
北美	161.1	157.4	57.7	41.2	36.7	33.3	33.1	16.1	4.5	-8.4
美国	111.2	122.2	37.1	28.2	24.2	21.2	21.5	11.1	3.0	-8.7
加拿大	17.4	15.3	9.0	4.0	3.5	3.1	4.0	1.7	0.5	-7.9
墨西哥	32.5	19.9	11.6	9.0	9.0	9.0	7.6	3.3	1.0	-7.7
中南美	82.1	89.9	107.7	126.7	96.3	93.1	89.7	8.2	12.3	0.5
巴西	13.6	10.6	14.2	25.7	12.1	12.7	12.7	1.4	1.7	-0.4
阿根廷	0.3	0.2	1.3	2.6	2.6	2.9	2.5	0.0	0.3	12.8
其他	68.2	79.0	92.2	98.4	81.6	77.4	74.5	6.8	10.2	0.5
欧洲	208.0	144.5	71.4	48.8	47.1	45.6	41.0	20.8	5.6	-8.6
欧盟	144.9	104.9	54.6	33.8	32.1	31.9	28.0	14.5	3.9	-8.7
英国	5.7	4.5	4.2	1.8	1.7	1.4	1.3	0.6	0.2	-8.0
法国	6.6	7.9	5.9	3.0	3.1	3.8	1.4	0.7	0.2	-8.4
德国	5.4	11.0	7.9	5.5	5.2	5.0	4.6	0.5	0.6	-0.8
意大利	81.6	34.3	9.5	5.4	4.0	3.7	3.0	8.2	0.4	-16.8
西班牙	22.5	23.2	16.0	9.5	9.8	10.0	10.0	2.3	1.4	-4.4
俄罗斯	26.7	16.8	7.3	7.7	7.7	7.8	7.8	2.7	1.1	-6.6
其他	59.4	46.8	20.6	15.9	15.8	14.0	12.9	6.0	1.8	-8.1
亚太	406.7	392.6	251.7	252.7	230.4	206.0	194.6	40.7	26.8	-4.0
澳大利亚	1.8	2.8	3.1	6.8	5.7	5.3	5.5	0.2	0.8	6.5
中国	46.1	56.9	13.3	4.2	3.0	2.8	2.5	4.6	0.4	-14.9
印度	10.7	15.1	8.7	7.9	6.4	7.0	7.2	1.1	1.0	-2.2
日本	165.2	170.8	95.4	99.6	88.3	80.8	74.0	16.6	10.2	-4.4
韩国	19.7	16.3	11.9	10.1	15.0	6.4	7.6	2.0	1.0	-5.2
其他	163.1	130.7	119.2	124.0	112.0	103.7	97.7	16.3	13.4	-2.8
中东	130.1	161.0	212.5	307.5	324.8	332.6	346.7	13.0	47.7	5.6
非洲	10.2	12.0	18.4	17.4	21.4	21.7	22.3	1.0	3.1	4.4
埃及	3.5	3.7	3.8	2.5	6.3	5.5	5.5	0.4	0.8	2.5
南非	0.0	0.0	0.0	0.0	0.0	0.0	0.0	0.0	0.0	—
其他	6.7	8.4	14.6	14.9	15.1	16.3	16.7	0.7	2.3	5.2
世界	998.3	957.4	719.3	794.3	756.9	732.3	727.5	100.0	100.0	-1.7
OECD	524.5	473.4	236.8	200.0	185.2	162.8	152.3	52.5	20.9	-6.6
非 OECD	473.7	484.0	482.5	594.3	571.6	569.5	575.2	47.5	79.1	1.1

数据来源：国际能源署，GlobalData，国网能源研究院。

表 C-24　2000－2018 年分地区油电装机　　　　　　　　　　　　单位：百万千瓦

地区／国家	2000	2005	2010	2015	2016	2017	2018	结构 (%) 2000	结构 (%) 2018	年均增速 (%) 2000－2018
北美	83.5	80.5	76.9	55.6	52.7	52.0	50.6	25.8	17.0	-2.7
美国	68.1	64.8	62.5	42.3	39.4	38.7	38.4	21.0	12.9	-3.1
加拿大	6.8	7.5	6.7	6.0	6.0	6.0	6.0	2.1	2.0	-0.7
墨西哥	8.6	8.1	7.7	7.3	7.3	7.3	6.2	2.7	2.1	-1.8
中南美	23.7	26.0	34.6	39.2	39.1	39.2	38.9	7.3	13.1	2.8
巴西	3.8	4.5	6.9	8.8	8.8	8.8	8.8	1.2	3.0	4.8
阿根廷	0.4	0.4	0.9	2.7	2.2	2.3	2.1	0.1	0.7	9.3
其他	19.5	21.2	26.8	27.7	28.1	28.1	28.0	6.0	9.4	2.0
欧洲	74.0	68.0	59.4	37.3	33.7	30.5	27.7	22.8	9.3	-5.3
欧盟	63.8	58.9	52.6	32.7	29.7	26.6	23.8	19.7	8.0	-5.3
英国	2.9	3.1	3.6	0.0	0.0	0.0	0.0	0.9	0.0	-24.2
法国	11.1	9.9	10.4	8.6	7.1	4.1	1.5	3.4	0.5	-10.5
德国	7.2	6.3	5.8	4.8	4.7	4.5	4.4	2.2	1.5	-2.7
意大利	22.4	16.8	11.3	3.2	2.6	2.6	2.6	6.9	0.9	-11.4
西班牙	8.6	8.3	6.8	3.6	3.6	3.6	3.6	2.7	1.2	-4.7
俄罗斯	2.7	2.7	2.8	2.8	2.8	2.8	2.8	0.8	1.0	0.3
其他	19.0	20.7	18.6	14.2	12.8	12.8	12.8	5.9	4.3	-2.2
亚太	111.9	120.1	106.0	108.1	103.9	103.5	103.1	34.5	34.7	-0.5
澳大利亚	3.8	2.0	2.0	2.8	2.9	2.9	2.9	1.2	1.0	-1.5
中国	9.5	18.4	7.2	4.3	3.9	3.6	3.2	2.9	1.1	-5.8
印度	6.9	8.7	10.7	13.3	12.8	13.6	13.7	2.1	4.6	3.9
日本	54.3	54.7	51.4	50.6	49.0	49.0	49.0	16.8	16.5	-0.6
韩国	4.9	6.1	5.8	4.2	4.1	4.2	4.3	1.5	1.5	-0.7
其他	32.4	30.3	29.0	32.9	31.3	30.3	30.0	10.0	10.1	-0.4
中东	26.5	31.2	40.6	58.1	61.5	63.8	66.7	8.2	22.5	5.3
非洲	4.5	5.0	5.6	8.0	9.1	10.0	10.0	1.4	3.4	4.6
埃及	1.4	1.6	1.4	1.8	2.9	3.5	3.5	0.4	1.2	5.2
南非	0.0	0.0	0.0	0.0	0.0	0.0	0.0	0.0	0.0	—
其他	3.1	3.4	4.2	6.2	6.2	6.5	6.5	0.9	2.2	4.3
世界	324.1	330.8	323.1	306.3	300.1	299.1	297.2	100.0	100.0	-0.5
OECD	213.7	204.9	190.9	147.5	139.7	136.0	131.9	65.9	44.4	-2.6
非 OECD	110.4	125.9	132.2	158.8	160.4	163.1	165.2	34.1	55.6	2.3

数据来源：国际能源署，GlobalData，国网能源研究院。

3. 气电

表 C-25 2000—2018 年分地区气电发电量 单位：十亿千瓦·时

地区/国家	2000	2005	2010	2015	2016	2017	2018	结构 (%) 2000	结构 (%) 2018	年均增速 (%) 2000—2018
北美	716	941	1208	1594	1652	1553	1674	25.9	28.2	4.8
美国	615	774	999	1347	1401	1294	1403	22.3	23.6	4.7
加拿大	30	34	43	56	52	47	58	1.1	1.0	3.7
墨西哥	71	133	166	191	199	212	213	2.6	3.6	6.3
中南美	98	138	192	296	279	280	284	3.5	4.8	6.1
巴西	9	25	42	90	67	76	77	0.3	1.3	12.8
阿根廷	42	49	63	81	85	83	83	1.5	1.4	3.9
其他	47	64	87	125	127	120	124	1.7	2.1	5.5
欧洲	965	1264	1450	1146	1282	1333	1312	34.9	22.1	1.7
欧盟	454	664	768	509	623	664	653	16.4	11.0	2.0
英国	140	146	168	96	137	131	131	5.1	2.2	-0.4
法国	15	25	26	23	36	41	41	0.5	0.7	5.8
德国	47	70	87	60	79	84	81	1.7	1.4	3.1
意大利	101	160	166	119	135	147	150	3.7	2.5	2.2
西班牙	21	79	96	51	51	62	56	0.8	0.9	5.6
俄罗斯	299	348	410	402	425	411	417	10.8	7.0	1.9
其他	341	436	498	395	418	458	437	12.3	7.4	1.4
亚太	611	837	1195	1450	1503	1536	1599	22.1	26.9	5.5
澳大利亚	16	24	48	53	51	50	54	0.6	0.9	6.9
中国	7	12	69	167	188	209	230	0.2	3.9	21.6
印度	54	72	117	66	69	71	64	2.0	1.1	0.9
日本	234	234	304	398	409	410	408	8.5	6.9	3.1
韩国	29	59	99	108	107	111	123	1.1	2.1	8.3
其他	271	436	559	658	678	685	721	9.8	12.1	5.6
中东	276	386	573	715	722	723	730	10.0	12.3	5.6
非洲	97	148	209	293	305	316	337	3.5	5.7	7.2
埃及	52	81	117	152	158	163	173	1.9	2.9	6.9
南非	0	0	0	4	1	0	1	0.0	0.0	0.6
其他	44	67	92	137	145	153	162	1.6	2.7	7.5
世界	2762	3714	4827	5493	5743	5741	5937	100.0	100.0	4.3
OECD	1560	2055	2603	2842	3017	2982	3091	56.5	52.1	3.9
非 OECD	1202	1658	2224	2651	2726	2759	2846	43.5	47.9	4.9

数据来源：国际能源署，GlobalData，国网能源研究院。

表 C-26　2000－2018 年分地区气电装机　　　　　　　　　　　　　单位：百万千瓦

地区 / 国家	2000	2005	2010	2015	2016	2017	2018	结构 (%) 2000	结构 (%) 2018	年均增速 (%) 2000－2018
北美	272	479	523	565	579	587	597	33.2	33.2	4.5
美国	245	439	470	507	515	521	531	30.0	29.5	4.4
加拿大	11	12	18	19	20	20	20	1.3	1.1	3.6
墨西哥	16	28	34	39	43	46	46	1.9	2.6	6.2
中南美	30	42	51	64	68	71	73	3.7	4.1	5.1
巴西	2	11	13	14	15	15	15	0.3	0.8	10.5
阿根廷	13	14	16	18	19	21	23	1.5	1.3	3.3
其他	15	17	21	31	34	35	36	1.8	2.0	4.9
欧洲	263	308	378	414	423	427	428	32.2	23.8	2.7
欧盟	122	162	220	233	231	232	231	14.9	12.9	3.6
英国	33	38	44	36	36	38	38	4.0	2.1	0.8
法国	5	5	9	11	12	12	12	0.6	0.7	5.0
德国	20	21	26	28	30	30	30	2.5	1.6	2.1
意大利	25	35	48	50	48	47	47	3.0	2.6	3.7
西班牙	7	20	33	32	32	31	31	0.8	1.7	8.9
俄罗斯	103	105	113	132	142	144	146	12.7	8.1	1.9
其他	70	84	105	125	124	125	125	8.6	6.9	3.2
亚太	169	210	272	371	386	407	421	20.6	23.4	5.2
澳大利亚	5	7	13	19	20	20	20	0.7	1.1	7.7
中国	1	11	26	66	70	78	85	0.1	4.7	28.3
印度	12	15	23	30	31	31	31	1.5	1.7	5.3
日本	72	74	84	93	97	98	98	8.9	5.5	1.7
韩国	13	16	20	32	33	38	38	1.6	2.1	6.3
其他	65	87	105	131	136	143	148	7.9	8.2	4.7
中东	60	82	133	174	180	186	193	7.4	10.7	6.7
非洲	23	31	47	68	74	81	88	2.8	4.9	7.7
埃及	11	15	20	30	33	38	44	1.3	2.4	8.1
南非	1	1	3	4	4	4	4	0.1	0.2	0.1
其他	12	16	23	34	37	39	40	1.5	2.2	7.0
世界	817	1152	1403	1656	1710	1758	1801	100.0	100.0	4.5
OECD	489	743	868	952	968	984	994	59.9	55.2	4.0
非 OECD	328	410	534	704	741	774	807	40.1	44.8	5.1

数据来源：国际能源署，GlobalData，国网能源研究院。

4. 水电

表 C-27 2000—2018 年分地区水电发电量 单位：十亿千瓦·时

地区 / 国家	2000	2005	2010	2015	2016	2017	2018	结构 (%)		年均增速 (%)
								2000	2018	2000—2018
北美	693	686	675	685	710	750	733	25.3	17.1	0.3
美国	304	297	286	271	292	325	316	11.1	7.4	0.2
加拿大	357	362	352	383	388	393	384	13.0	9.0	0.4
墨西哥	33	28	37	31	31	32	33	1.2	0.8	-0.1
中南美	548	616	694	667	696	695	705	20.0	16.5	1.4
巴西	304	337	403	360	381	371	388	11.1	9.0	1.4
阿根廷	26	30	34	35	30	40	40	0.9	0.9	2.4
其他	218	248	257	272	285	284	278	7.9	6.5	1.4
欧洲	898	812	857	847	881	816	876	32.7	20.4	-0.1
欧盟	399	338	409	373	382	332	385	14.5	9.0	-0.2
英国	10	9	7	9	8	9	8	0.3	0.2	-0.9
法国	72	55	68	60	66	55	72	2.6	1.7	0.0
德国	32	26	27	25	26	26	22	1.2	0.5	-2.2
意大利	47	38	54	47	44	38	51	1.7	1.2	0.4
西班牙	37	19	46	31	40	21	39	1.3	0.9	0.4
挪威	143	137	117	138	144	143	140	5.2	3.3	-0.1
瑞典	44	41	67	75	62	65	62	1.6	1.4	1.9
瑞士	39	33	38	40	37	37	38	1.4	0.9	-0.1
俄罗斯	165	174	167	170	186	187	192	6.0	4.5	0.9
其他	310	280	267	251	268	235	252	11.3	5.9	-1.1
亚太	519	752	1173	1649	1731	1740	1813	18.9	42.3	7.2
澳大利亚	16	15	14	13	15	16	21	0.6	0.5	1.4
中国	218	389	722	1130	1193	1190	1228	7.9	28.7	10.1
印度	85	107	112	136	131	131	135	3.1	3.2	2.6
日本	85	80	91	91	85	90	92	3.1	2.2	0.4
韩国	11	10	13	10	13	12	12	0.4	0.3	0.6
其他	104	150	221	268	294	301	324	3.8	7.6	6.5
中东	8	23	18	18	23	27	20	0.3	0.5	5.0
非洲	76	91	114	126	123	130	139	2.8	3.2	3.4
埃及	14	12	13	14	14	13	13	0.5	0.3	-0.4
南非	3	3	5	4	4	5	5	0.1	0.1	3.9
其他	60	76	96	108	106	112	121	2.2	2.8	4.0
世界	2743	2980	3531	3991	4164	4158	4285	100.0	100.0	2.5
OECD	1412	1319	1384	1402	1429	1443	1478	51.5	34.5	0.3
非 OECD	1332	1661	2148	2590	2735	2715	2807	48.5	65.5	4.2

数据来源：国际可再生能源署，国际水电协会，GlobalData，国网能源研究院。

表 C-28　2000－2018 年分地区水电装机　　　　　　　　　　　　单位：百万千瓦

地区 / 国家	2000	2005	2010	2015	2016	2017	2018	结构 (%) 2000	结构 (%) 2018	年均增速 (%) 2000－2018
北美	176	181	188	194	196	196	197	22.5	15.2	0.6
美国	99	99	101	102	103	103	103	12.6	7.9	0.2
加拿大	68	72	75	80	80	81	81	8.6	6.3	1.0
墨西哥	10	11	12	12	13	13	13	1.2	1.0	1.5
中南美	115	129	142	159	169	174	179	14.7	13.8	2.5
巴西	61	71	81	92	97	100	104	7.8	8.0	3.0
阿根廷	10	10	10	10	10	12	11	1.2	0.9	0.9
其他	44	48	52	58	62	62	64	5.6	4.9	2.1
欧洲	252	262	274	296	301	306	309	32.2	23.8	1.1
欧盟	119	144	148	153	155	155	156	15.2	12.0	1.5
英国	4	4	4	5	5	5	5	0.5	0.4	0.4
法国	25	25	25	26	26	26	26	3.2	2.0	0.1
德国	9	11	11	11	11	11	11	1.2	0.9	0.9
意大利	20	21	22	22	22	22	23	2.6	1.7	0.6
西班牙	18	18	19	20	20	20	20	2.3	1.6	0.6
挪威	28	29	30	31	32	32	33	3.6	2.5	0.8
瑞典	17	16	17	16	16	17	17	2.1	1.3	0.0
瑞士	13	13	14	14	15	15	15	1.7	1.2	0.8
俄罗斯	44	46	47	51	51	54	51	5.6	4.0	0.9
其他	73	79	85	100	103	105	109	9.4	8.4	2.2
亚太	213	265	381	514	530	545	558	27.2	43.1	5.5
澳大利亚	9	8	8	8	8	8	8	1.2	0.6	-0.6
中国	79	117	216	320	332	344	352	10.2	27.2	8.6
印度	25	34	41	47	48	50	50	3.3	3.9	3.8
日本	46	47	48	50	50	50	50	5.9	3.9	0.4
韩国	3	4	6	6	6	6	6	0.4	0.5	4.1
其他	49	54	63	83	85	87	91	6.3	7.0	3.5
中东	4	10	12	17	17	17	17	0.5	1.3	8.4
非洲	22	23	27	29	31	35	36	2.8	2.8	2.7
埃及	3	3	3	3	3	3	3	0.4	0.2	0.1
南非	2	2	2	2	3	3	3	0.3	0.3	2.4
其他	17	19	22	24	25	29	29	2.2	2.3	3.1
世界	782	870	1024	1210	1244	1274	1295	100.0	100.0	2.8
OECD	414	426	442	469	475	477	479	52.9	37.0	0.8
非 OECD	368	444	582	741	769	797	816	47.1	63.0	4.5

数据来源：国际可再生能源署，国际水电协会，GlobalData，国网能源研究院。

5. 核电

表 C-29 2000—2018 年分地区核电发电量 单位：十亿千瓦·时

地区 / 国家	2000	2005	2010	2015	2016	2017	2018	结构 (%)		年均增速 (%)
								2000	2018	2000—2018
北美	833	881	898	905	911	911	916	34.1	35.7	0.5
美国	756	783	807	798	805	806	808	30.9	31.5	0.4
加拿大	69	87	86	96	96	95	94	2.8	3.7	1.7
墨西哥	8	10	6	11	10	11	13	0.3	0.5	2.9
中南美	11	16	20	20	23	21	21	0.5	0.8	3.6
巴西	6	9	14	14	15	15	15	0.2	0.6	5.6
阿根廷	6	6	7	7	8	6	7	0.2	0.3	0.7
欧洲	1109	1193	1142	1105	1081	1082	1084	45.4	42.3	-0.1
欧盟	8	9	8	8	8	8	5	0.3	0.2	-3.1
英国	73	75	57	64	65	64	59	3.0	2.3	-1.2
法国	395	431	410	419	386	382	396	16.2	15.4	0.0
德国	161	155	133	87	80	72	72	6.6	2.8	-4.4
西班牙	59	55	59	55	56	56	53	2.4	2.1	-0.6
俄罗斯	120	138	159	183	184	190	191	4.9	7.5	2.6
其他	300	339	324	298	309	318	313	12.3	12.2	0.2
亚太	478	525	556	397	441	468	525	19.6	20.5	0.5
中国	16	50	71	161	198	233	277	0.7	10.8	17.2
印度	14	16	20	35	35	35	35	0.6	1.4	5.2
日本	306	281	280	4	18	29	49	12.5	1.9	-9.6
韩国	104	138	142	157	154	141	127	4.2	5.0	1.1
其他	1	2	3	4	5	8	9	0.0	0.4	13.9
中东	0	0	0	3	6	6	6	0.0	0.2	—
非洲	13	12	13	11	15	15	11	0.5	0.4	-1.1
南非	13	12	13	11	15	15	11	0.5	0.4	-1.1
世界	2444	2626	2630	2441	2476	2503	2563	100.0	100.0	0.3
OECD	2128	2236	2192	1878	1876	1865	1878	87.1	73.3	-0.7
非 OECD	316	390	438	563	600	638	685	12.9	26.7	4.4

数据来源：国际原子能机构，世界核能协会，国际能源署，GlobalData，国网能源研究院。

表 C-30　2000－2018 年分地区核电装机　　　　　　　　　　　　　　　单位：百万千瓦

地区 / 国家	2000	2005	2010	2015	2016	2017	2018	结构 (%) 2000	结构 (%) 2018	年均增速 (%) 2000－2018
北美	108	112	115	114	115	115	114	30.7	28.8	0.3
美国	96	98	101	99	100	100	99	27.5	25.0	0.2
加拿大	10	13	13	14	14	14	14	2.9	3.4	1.7
墨西哥	1	1	1	1	2	2	2	0.4	0.4	1.0
中南美	2	3	3	4	4	4	4	0.5	0.9	4.5
巴西	1	2	2	2	2	2	2	0.2	0.5	6.3
阿根廷	1	1	1	2	2	2	2	0.3	0.4	2.9
欧洲	171	172	170	163	163	161	162	49.0	40.9	-0.3
欧盟	137	134	131	120	120	118	118	39.1	29.8	-0.8
英国	12	12	10	9	9	9	9	3.6	2.2	-1.9
法国	63	63	63	63	63	63	63	18.0	15.9	0.0
德国	21	20	20	11	11	10	10	6.1	2.4	-4.4
西班牙	7	8	8	7	7	7	7	2.1	1.8	-0.3
俄罗斯	20	22	23	25	26	26	27	5.7	6.9	1.8
其他	47	47	46	47	47	46	46	13.5	11.6	-0.1
亚太	68	79	85	100	107	109	114	19.3	28.8	3.0
中国	2	7	10	27	31	35	43	0.6	10.8	18.0
印度	3	3	4	5	6	6	6	0.7	1.6	5.2
日本	43	48	47	40	40	40	37	12.4	9.3	-0.9
韩国	13	17	19	22	23	22	22	3.7	5.7	3.1
其他	0	0	0	1	1	1	1	0.1	0.3	6.5
中东	0	0	0	1	1	1	1	0.0	0.2	—
非洲	2	2	2	2	2	2	2	0.5	0.5	0.1
南非	2	2	2	2	2	2	2	0.5	0.5	0.1
世界	350	368	375	383	391	392	397	100.0	100.0	0.7
OECD	297	309	312	297	298	295	292	84.9	73.5	-0.1
非 OECD	53	59	64	86	93	96	105	15.1	26.5	3.9

数据来源：国际原子能机构，世界核能协会，国际能源署，GlobalData，国网能源研究院。

6. 风电

表 C-31　2000－2018 年分地区风电发电量　　　　　　　　　　单位：十亿千瓦·时

| 地区 / 国家 | 2000 | 2005 | 2010 | 2015 | 2016 | 2017 | 2018 | 结构 (%) | | 年均增速 (%) |
								2000	2018	2000－2018
北美	5.9	19.5	105.1	228.2	270.3	296.5	322.4	18.4	25.0	24.9
美国	5.6	17.9	95.1	193.0	229.5	257.2	278.1	17.5	21.6	24.2
加拿大	0.3	1.6	8.7	26.4	30.5	28.8	31.8	0.8	2.5	30.4
墨西哥	0.0	0.0	1.2	8.7	10.4	10.4	12.4	0.1	1.0	43.9
中南美	0.3	0.5	3.5	31.6	45.3	57.3	67.2	0.8	5.2	36.3
巴西	0.0	0.1	2.2	21.6	33.5	42.4	48.5	0.0	3.8	82.1
阿根廷	0.0	0.1	0.0	0.6	0.6	1.6	3.7	0.1	0.3	29.8
其他	0.2	0.4	1.3	9.3	11.2	13.2	14.9	0.7	1.2	26.4
欧洲	23.1	72.6	153.3	317.7	322.1	385.7	416.3	72.0	32.3	17.4
欧盟	22.5	70.8	149.4	202.0	302.9	362.5	379.3	70.1	29.4	17.0
英国	0.9	2.9	10.3	40.3	37.3	50.0	57.1	3.0	4.4	25.6
法国	0.1	1.0	9.9	21.3	21.5	24.7	28.6	0.2	2.2	38.7
德国	9.5	27.2	37.8	79.2	78.6	105.7	111.6	29.7	8.7	14.7
意大利	0.6	2.3	9.1	14.8	17.7	17.7	17.5	1.8	1.4	21.0
西班牙	4.7	21.3	44.3	49.3	48.9	49.1	50.8	14.8	3.9	14.1
丹麦	4.2	6.6	7.8	14.1	12.8	14.8	13.9	13.2	1.1	6.8
俄罗斯	0.0	0.0	0.0	0.0	0.0	0.0	0.0	0.0	0.0	9.8
其他	3.0	11.2	34.1	98.6	105.4	123.6	136.8	9.3	10.6	23.7
亚太	2.6	11.9	78.0	242.7	305.9	382.5	467.6	8.0	36.3	33.5
澳大利亚	0.1	1.3	5.1	11.5	12.2	12.6	15.5	0.4	1.2	30.1
中国	0.6	2.1	49.1	186.0	242.4	305.0	378.4	2.0	29.4	42.5
印度	1.6	5.9	16.1	31.9	36.3	47.7	54.6	4.9	4.2	21.8
日本	0.1	1.9	4.0	5.6	6.2	6.5	7.2	0.3	0.6	26.7
韩国	0.0	0.1	0.8	1.3	1.7	2.2	2.4	0.1	0.2	32.0
其他	0.1	0.4	2.9	6.5	7.2	8.6	9.3	0.3	0.7	29.3
中东	0.0	0.1	0.2	0.4	0.7	0.8	1.0	0.1	0.1	19.5
非洲	0.2	0.7	2.0	7.7	10.4	11.7	13.5	0.7	1.0	26.0
埃及	0.1	0.4	1.2	1.4	2.1	2.2	2.2	0.3	0.2	18.3
南非	0.0	0.0	0.0	2.5	3.7	4.9	5.8	0.0	0.4	—
其他	0.1	0.3	0.8	3.8	4.6	4.6	5.5	0.3	0.4	24.7
世界	32.0	105.3	342.1	828.3	954.7	1134.5	1287.9	100.0	100.0	22.8
OECD	29.3	95.6	272.0	552.9	596.5	693.5	740.9	91.4	57.5	19.7
非 OECD	2.8	9.7	70.1	275.4	358.2	441.0	547.0	8.6	42.5	34.1

数据来源：国际可再生能源署，全球风能理事会，英国 BP 公司，GlobalData，国网能源研究院。

表 C-32　2000－2018 年分地区风电装机　　　　　　　　　　　　单位：百万千瓦

| 地区 / 国家 | 2000 | 2005 | 2010 | 2015 | 2016 | 2017 | 2018 | 结构 (%) | | 年均增速 (%) |
								2000	2018	2000－2018
北美	2.5	9.6	43.6	87.1	97.3	104.2	112.0	14.3	19.9	23.6
美国	2.4	8.9	39.1	72.6	81.3	87.6	94.3	13.7	16.7	22.7
加拿大	0.1	0.7	4.0	11.2	12.0	12.4	12.8	0.5	2.3	31.6
墨西哥	0.0	0.0	0.5	3.3	4.1	4.2	4.9	0.1	0.9	36.9
中南美	0.1	0.2	1.5	11.3	14.4	17.3	20.4	0.5	3.6	35.2
巴西	0.0	0.0	0.9	7.6	10.1	12.3	14.4	0.1	2.6	43.4
阿根廷	0.0	0.0	0.0	0.2	0.2	0.3	0.8	0.1	0.1	24.8
其他	0.1	0.1	0.5	3.4	4.1	4.8	5.2	0.3	0.9	28.9
欧洲	12.8	41.5	86.3	147.5	161.7	177.6	189.6	73.7	33.6	16.2
欧盟	12.7	39.6	84.4	141.5	154.3	169.0	170.3	73.4	30.2	15.5
英国	0.4	1.3	5.4	14.3	16.2	19.8	21.7	2.5	3.9	24.3
法国	0.0	0.7	5.9	10.3	11.5	13.5	15.1	0.2	2.7	39.4
德国	6.1	18.3	26.9	44.6	49.6	55.7	59.0	35.2	10.5	13.4
意大利	0.4	1.5	5.8	9.1	9.4	9.7	10.3	2.1	1.8	20.4
西班牙	2.2	10.1	20.7	22.9	23.0	23.1	23.4	12.7	4.2	14.0
丹麦	2.4	3.1	3.8	5.1	5.2	5.5	6.1	13.8	1.1	5.4
俄罗斯	0.0	0.0	0.0	0.0	0.0	0.0	0.1	0.0	0.0	—
其他	1.2	6.3	17.7	41.2	46.8	50.2	53.8	7.2	9.6	23.3
亚太	1.8	7.8	48.5	166.8	189.3	210.6	235.6	10.6	41.8	31.0
澳大利亚	0.0	0.7	1.9	4.2	4.3	4.8	5.8	0.2	1.0	33.2
中国	0.4	1.3	29.6	131.0	148.5	164.4	184.7	2.0	32.8	41.6
印度	1.3	4.4	13.2	25.1	28.7	32.8	35.3	7.3	6.3	20.3
日本	0.1	1.0	2.3	2.8	3.2	3.5	3.7	0.8	0.6	20.1
韩国	0.0	0.1	0.4	0.8	1.1	1.2	1.4	0.0	0.2	35.3
其他	0.0	0.2	1.2	2.7	3.4	3.9	4.8	0.2	0.9	30.0
中东	0.0	0.0	0.1	0.3	0.4	0.4	0.6	0.1	0.1	25.0
非洲	0.1	0.2	0.9	3.3	3.8	4.6	5.5	0.8	1.0	22.9
埃及	0.1	0.2	0.6	0.8	0.8	0.8	1.1	0.4	0.2	16.8
南非	0.0	0.0	0.0	1.1	1.5	2.1	2.1	0.0	0.4	—
其他	0.1	0.1	0.3	1.5	1.6	1.7	2.2	0.4	0.4	21.9
世界	17.3	59.4	180.9	416.2	467.0	514.7	563.7	100.0	100.0	21.3
OECD	15.2	51.2	120.6	225.7	248.0	280.9	301.1	87.7	53.4	18.0
非 OECD	2.1	8.2	60.3	190.5	219.0	233.8	262.6	12.3	46.6	30.6

数据来源：国际可再生能源署，全球风能理事会，英国 BP 公司，GlobalData，国网能源研究院。

7. 太阳能发电

表 C-33　2000—2018 年分地区太阳能发电量　　　　单位：十亿千瓦·时

| 地区 / 国家 | 2000 | 2005 | 2010 | 2015 | 2016 | 2017 | 2018 | 结构 (%) | | 年均增速 (%) |
								2000	2018	2000—2018
北美	0.7	1.0	4.2	38.8	53.9	75.6	94.2	55.9	16.7	31.3
美国	0.7	1.0	3.9	35.6	50.3	71.0	88.3	53.8	15.7	31.1
加拿大	0.0	0.0	0.3	2.9	3.3	3.6	3.8	1.5	0.7	34.4
墨西哥	0.0	0.0	0.0	0.2	0.3	1.1	2.1	0.6	0.4	37.1
中南美	0.0	0.0	0.1	3.0	5.3	8.0	13.3	2.4	2.4	40.1
巴西	0.0	0.0	0.0	0.1	0.1	1.0	3.8	0.0	0.7	—
阿根廷	0.0	0.0	0.0	0.0	0.0	0.0	0.1	0.0	0.0	—
智利	0.0	0.0	0.0	1.3	2.6	3.9	5.1	0.0	0.9	—
其他	0.0	0.0	0.1	1.7	2.5	3.0	4.3	2.4	0.8	31.6
欧洲	0.1	1.6	23.4	110.8	115.0	125.7	140.5	10.3	24.9	47.4
欧盟	0.1	1.5	30.9	97.7	103.7	109.6	134.9	9.5	24.0	47.8
英国	0.0	0.0	0.0	7.5	10.4	11.5	12.9	0.2	2.3	61.6
法国	0.0	0.0	0.6	7.8	8.7	9.6	10.6	0.5	1.9	51.6
德国	0.1	1.3	11.7	38.7	38.1	39.4	46.2	4.8	8.2	44.7
意大利	0.00	0.0	1.9	23.0	22.1	24.4	23.2	1.4	4.1	48.8
西班牙	0.0	0.1	7.2	13.9	13.6	14.4	12.6	1.4	2.2	44.1
俄罗斯	0.0	0.0	0.0	0.1	0.1	0.3	0.3	0.0	0.1	—
其他	0.0	0.1	1.9	19.9	22.0	26.1	34.6	2.1	6.1	49.1
亚太	0.4	1.8	5.7	94.5	142.7	216.5	299.4	31.2	53.2	44.6
澳大利亚	0.0	0.0	0.4	5.0	6.2	8.1	10.9	1.6	1.9	41.8
中国	0.0	0.1	0.7	40.0	67.9	118.3	178.2	1.9	31.6	64.2
印度	0.0	0.0	0.1	6.0	10.2	18.1	25.9	0.1	4.6	71.8
日本	0.3	1.6	3.5	34.8	45.8	55.1	63.8	26.1	11.3	34.0
韩国	0.0	0.0	0.8	4.0	5.1	7.1	9.4	0.4	1.7	51.9
其他	0.0	0.1	0.2	4.7	7.6	9.9	11.2	1.2	2.0	44.7
中东	0.0	0.0	0.2	2.0	2.9	4.0	5.5	0.0	1.0	—
非洲	0.0	0.0	0.2	3.5	5.3	7.5	10.2	0.2	1.8	59.9
埃及	0.0	0.0	0.0	0.1	0.1	0.6	2.4	0.0	0.4	—
南非	0.0	0.0	0.0	2.4	3.3	4.4	5.1	0.0	0.9	—
其他	0.0	0.0	0.2	1.0	1.9	2.5	2.8	0.2	0.5	48.7
世界	1.3	4.4	33.8	252.6	325.1	437.3	563.1	100.0	100.0	40.4
OECD	1.2	4.2	32.5	195.1	233.9	268.5	317.0	92.7	56.3	36.5
非 OECD	0.1	0.2	1.3	57.5	91.2	168.8	246.2	7.3	43.7	55.0

数据来源：国际可再生能源署，英国 BP 公司，GlobalData，国网能源研究院。

表 C-34　2000－2018 年分地区太阳能发电装机　　　　　　　　　　　　单位：百万千瓦

地区/国家	2000	2005	2010	2015	2016	2017	2018	结构 (%)		年均增速 (%)
								2000	2018	2000－2018
北美	0.6	0.7	3.6	26.1	37.8	46.7	57.2	50.3	11.8	28.6
美国	0.6	0.7	3.4	23.4	34.7	43.1	51.5	48.6	10.6	28.1
加拿大	0.0	0.0	0.2	2.5	2.7	2.9	3.2	1.1	0.6	35.1
墨西哥	0.0	0.0	0.0	0.2	0.4	0.7	2.6	0.6	0.5	38.8
中南美	0.0	0.0	0.1	1.8	2.7	4.9	7.2	0.0	1.5	—
巴西	0.0	0.0	0.0	0.0	0.1	1.1	2.1	0.0	0.4	—
阿根廷	0.0	0.0	0.0	0.0	0.0	0.0	0.2	0.0	0.0	—
智利	0.0	0.0	0.0	0.6	1.1	1.8	2.1	0.0	0.4	—
其他	0.0	0.0	0.1	1.2	1.5	2.0	2.7	0.0	0.6	—
欧洲	0.2	2.3	30.9	100.0	107.1	116.3	126.9	16.5	26.1	43.0
欧盟	0.2	2.3	30.9	97.7	103.7	109.6	117.0	14.7	24.1	43.3
英国	0.0	0.0	0.1	9.6	11.9	12.8	13.1	0.2	2.7	62.9
法国	0.0	0.0	1.0	7.1	7.7	8.6	9.5	0.6	2.0	49.3
德国	0.1	2.1	18.0	39.2	40.7	42.3	45.3	9.3	9.3	39.4
意大利	0.0	0.0	3.6	18.9	19.3	19.7	20.1	1.6	4.1	47.3
西班牙	0.0	0.1	4.6	7.0	7.0	7.0	7.0	1.0	1.4	42.5
俄罗斯	0.0	0.0	0.0	0.1	0.1	0.3	0.6	0.0	0.1	—
其他	0.0	0.2	3.5	18.0	20.4	25.6	31.2	3.9	6.4	43.3
亚太	0.4	1.6	6.6	90.8	143.2	213.8	285.5	31.0	58.7	44.5
澳大利亚	0.0	0.1	1.1	5.9	6.7	7.4	10.4	2.0	2.1	39.8
中国	0.0	0.0	1.0	43.6	77.8	130.8	175.0	1.6	36.0	66.1
印度	0.0	0.0	0.1	5.6	9.9	18.2	27.1	0.0	5.6	—
日本	0.3	1.4	3.6	28.6	38.4	44.2	55.5	27.0	11.4	32.9
韩国	0.0	0.0	0.7	3.6	4.5	5.8	7.9	0.3	1.6	52.4
其他	0.0	0.1	0.2	3.5	5.9	7.4	9.6	0.1	2.0	66.5
中东	0.0	0.0	0.1	1.2	1.6	2.2	3.3	0.0	0.7	—
非洲	0.0	0.0	0.2	2.3	3.4	4.3	6.1	2.1	1.3	35.4
埃及	0.0	0.0	0.0	0.0	0.1	0.2	0.2	0.0	0.2	—
南非	0.0	0.0	0.0	1.4	2.2	2.5	3.0	0.7	0.6	38.9
其他	0.0	0.0	0.2	0.9	1.2	1.6	2.4	1.5	0.5	31.1
世界	1.2	4.7	41.5	222.1	295.8	388.3	486.1	100.0	100.0	39.4
OECD	1.1	4.5	37.9	162.7	192.7	213.9	249.5	93.0	51.3	34.9
非 OECD	0.1	0.2	3.7	59.5	103.1	174.4	236.6	7.0	48.7	55.3

数据来源：国际可再生能源署，英国 BP 公司，GlobalData，国网能源研究院。

8. 生物质发电

表 C-35　2000—2018 年分地区生物质发电量　　　　　　　　　　　单位：十亿千瓦·时

| 地区 / 国家 | 2000 | 2005 | 2010 | 2015 | 2016 | 2017 | 2018 | 结构 (%) | | 年均增速 (%) |
								2000	2018	2000—2018
北美	64.3	69.7	72.9	84.1	83.2	78.2	78.5	40.8	14.8	1.1
美国	54.8	59.7	61.7	70.1	69.0	68.9	69.6	34.7	13.1	1.3
加拿大	8.9	9.2	10.4	12.7	12.7	7.3	7.2	5.7	1.4	-1.2
墨西哥	0.6	0.8	0.7	1.3	1.5	2.0	1.8	0.4	0.3	6.0
中南美	12.8	19.7	40.2	65.8	69.2	70.1	72.2	8.1	13.6	10.1
巴西	7.9	13.6	31.5	49.2	51.0	51.3	52.9	5.0	10.0	11.2
阿根廷	0.6	0.9	1.2	1.3	1.8	1.8	1.8	0.4	0.3	5.9
其他	4.3	5.2	7.4	15.3	16.3	17.0	17.5	2.7	3.3	8.1
欧洲	39.4	73.7	126.6	182.2	185.5	190.3	198.7	25.0	37.5	9.4
欧盟	38.6	73.5	124.7	178.7	181.5	185.5	191.9	24.4	36.3	9.3
英国	3.7	8.8	12.3	29.3	30.1	31.9	35.6	2.4	6.7	13.3
法国	2.7	3.5	4.4	6.4	7.6	7.7	8.2	1.7	1.5	6.4
德国	4.6	14.0	34.3	50.3	50.9	50.9	51.3	2.9	9.7	14.3
意大利	4.2	7.3	9.4	19.4	19.5	19.4	19.2	2.7	3.6	8.8
西班牙	2.1	3.6	4.0	5.8	5.7	6.1	7.4	1.3	1.4	7.4
瑞典	4.1	7.5	12.2	10.8	11.5	12.1	11.9	2.6	2.2	6.1
俄罗斯	0.0	0.0	0.0	0.0	0.0	0.1	0.1	0.0	0.0	16.5
其他	18.0	29.0	49.9	60.3	60.2	62.1	65.2	11.4	12.3	7.4
亚太	40.2	56.0	74.8	131.1	143.8	153.5	176.3	25.4	33.3	8.6
澳大利亚	1.0	4.4	2.8	3.6	3.7	3.5	3.5	0.6	0.7	7.1
中国	3.5	7.4	18.7	40.7	49.4	60.0	68.4	2.2	12.9	17.9
印度	1.5	3.7	17.0	29.0	18.4	17.0	23.9	1.0	4.5	16.5
日本	20.3	27.3	18.0	21.7	16.9	21.4	23.3	12.8	4.4	0.8
韩国	0.0	0.1	0.9	2.7	5.7	6.1	7.4	0.0	1.4	39.5
印尼	2.9	4.0	6.9	8.8	9.0	9.8	10.6	1.8	2.0	7.4
泰国	0.5	1.9	3.4	15.9	31.1	25.5	31.6	0.3	6.0	25.5
其他	10.3	7.3	7.1	8.6	9.5	10.3	7.5	6.6	1.4	-1.7
中东	0.0	0.0	0.1	0.4	0.4	0.4	0.4	0.0	0.1	31.9
非洲	1.1	1.5	2.5	2.9	3.0	3.1	3.4	0.7	0.6	6.5
埃及	0.0	0.0	0.3	0.3	0.3	0.3	0.3	0.0	0.1	—
南非	0.4	0.4	0.3	0.3	0.3	0.4	0.5	0.3	0.1	0.4
其他	0.7	1.2	1.9	2.3	2.4	2.4	2.6	0.4	0.5	7.9
世界	157.8	220.6	317.0	466.5	485.0	495.4	529.4	100.0	100.0	7.0
OECD	132.8	175.5	230.2	308.5	316.2	299.1	301.6	84.1	57.0	4.7
非 OECD	25.0	45.1	86.8	158.0	168.8	196.3	227.8	15.9	43.0	13.0

数据来源：国际可再生能源署，英国 BP 公司，GlobalData，国网能源研究院。

表 C-36　2000－2018 年分地区生物质发电装机　　　　　　　　　　　　　　单位：百万千瓦

| 地区 / 国家 | 2000 | 2005 | 2010 | 2015 | 2016 | 2017 | 2018 | 结构 (%) | | 年均增速 (%) |
								2000	2018	2000－2018
北美	11.3	10.7	12.4	16.1	16.2	17.2	17.2	33.5	14.6	2.4
美国	9.6	9.1	10.3	13.0	12.9	12.8	12.7	28.6	10.8	1.6
加拿大	1.3	1.0	1.7	2.4	2.4	3.3	3.4	4.0	2.9	5.2
墨西哥	0.3	0.5	0.4	0.7	0.9	1.0	1.1	1.0	0.9	7.0
中南美	5.1	5.3	11.1	17.9	19.0	19.5	19.9	15.1	16.9	7.9
巴西	3.2	3.4	7.9	13.3	14.2	14.6	14.8	9.5	12.5	8.8
阿根廷	0.5	0.5	0.6	0.7	0.7	0.7	0.7	1.6	0.6	1.2
其他	1.3	1.4	2.6	3.9	4.2	4.3	4.4	4.0	3.8	6.9
欧洲	9.5	18.2	27.2	36.3	37.5	38.5	40.9	28.3	34.7	8.4
欧盟	8.8	18.1	25.5	43.2	35.3	36.2	38.5	26.1	32.7	8.5
英国	0.8	1.6	2.2	4.8	5.3	5.5	6.4	2.3	5.4	12.4
法国	0.6	0.7	0.9	1.3	1.6	1.6	1.7	1.9	1.5	5.5
德国	1.1	3.3	6.2	8.4	8.6	9.0	9.5	3.3	8.0	12.6
意大利	0.7	1.1	1.8	3.4	3.4	3.5	3.5	2.0	3.0	9.5
西班牙	0.3	0.5	0.9	1.0	1.0	1.0	1.0	0.9	0.9	7.2
瑞典	1.6	3.6	4.1	4.7	4.9	4.8	4.8	4.7	4.1	6.4
俄罗斯	1.3	1.3	1.2	1.4	1.4	1.4	1.4	3.8	1.2	0.4
其他	3.2	6.1	9.9	11.3	11.3	11.7	12.6	9.4	10.7	8.0
亚太	7.0	10.6	14.8	25.2	30.8	34.8	38.2	20.7	32.4	9.9
澳大利亚	0.4	0.8	0.8	0.8	0.8	0.8	0.9	1.3	0.7	4.0
中国	1.1	1.9	3.4	8.0	9.3	11.2	13.2	3.3	11.2	14.8
印度	0.4	1.0	3.2	5.6	9.0	9.5	10.3	1.1	8.7	20.0
日本	2.7	3.3	1.6	1.9	2.2	2.6	2.6	7.9	2.2	-0.1
韩国	0.0	0.1	0.2	1.7	2.3	2.6	—	0.0	2.2	—
印尼	0.3	1.1	1.9	1.7	1.8	1.8	1.8	0.9	1.6	10.6
泰国	0.6	1.0	1.8	3.2	3.4	3.8	4.1	1.8	3.5	11.3
其他	1.5	1.5	1.9	3.2	2.5	2.6	2.7	4.4	2.3	3.3
中东	0.0	0.0	0.0	0.1	0.1	0.1	0.1	0.0	0.1	29.0
非洲	0.8	0.7	1.0	1.5	1.5	1.5	1.5	2.4	1.3	3.6
埃及	0.0	0.0	0.1	0.1	0.1	0.1	0.1	0.0	0.1	—
南非	0.2	0.2	0.2	0.3	0.3	0.3	0.3	0.7	0.2	0.5
其他	0.6	0.5	0.7	1.2	1.2	1.2	1.2	1.7	1.0	4.3
世界	33.7	45.5	66.6	97.1	105.1	111.7	117.8	100.0	100.0	7.2
OECD	25.6	33.9	43.2	58.2	60.3	63.4	66.1	75.8	56.1	5.4
非 OECD	8.2	11.6	23.4	38.9	44.8	48.3	51.7	24.2	43.9	10.8

数据来源：国际可再生能源署，英国 BP 公司，GlobalData，国网能源研究院。

C.6　碳排放

1. 碳排放总量

表 C-37　1980—2018 年分地区能源相关碳排放量　　　　　　　　　单位：亿吨

地区/国家	1980	1985	1990	1995	2000	2005	2010	2015	2016	2017^e	2018^e	结构 (%) 1980	结构 (%) 2018	年均增速 (%) 1980—2018
北美	53.5	52.7	55.7	58.8	66.4	66.7	63.4	60.4	59.3	58.4	59.1	29.3	17.8	0.3
美国	47.0	46.1	48.7	51.2	57.4	56.9	53.3	50.1	49.2	48.3	49.3	25.7	14.9	0.1
加拿大	4.3	4.0	4.2	4.5	5.2	5.4	5.3	5.6	5.6	5.8	5.8	2.3	1.8	0.8
墨西哥	2.2	2.6	2.8	3.1	3.8	4.4	4.7	4.7	4.6	4.3	4.1	1.2	1.2	1.6
中南美	5.6	5.4	6.2	7.2	8.5	9.4	11.3	12.5	12.1	11.9	11.8	3.1	3.5	2.0
巴西	1.8	1.7	1.9	2.4	3.0	3.2	3.8	4.6	4.2	4.3	4.3	1.0	1.3	2.4
阿根廷	1.0	0.9	1.0	1.2	1.4	1.5	1.8	1.9	1.9	1.9	1.8	0.5	0.6	1.6
其他	2.9	2.8	3.2	3.6	4.1	4.7	5.8	6.0	6.0	5.7	5.6	1.6	1.7	1.8
欧洲	76.4	75.2	79.9	65.3	63.3	65.5	63.5	59.4	59.6	62.6	61.2	41.9	18.5	-0.6
欧盟	—	—	40.2	38.2	37.9	39.2	35.9	31.8	31.6	32.6	31.6	—	9.5	-0.9*
英国	5.8	5.5	5.6	5.3	5.4	5.4	4.9	4.0	3.7	3.5	3.4	3.2	1.0	-1.4
法国	4.6	3.6	3.5	3.4	3.6	3.7	3.4	2.9	2.9	3.2	3.0	2.5	0.9	-1.1
德国	10.5	10.1	9.4	8.5	8.1	7.8	7.4	7.1	7.2	7.2	6.9	5.8	2.1	-1.1
意大利	3.4	3.3	3.7	4.0	4.2	4.5	3.9	3.3	3.2	3.2	3.1	1.9	0.9	-0.3
西班牙	1.9	1.8	2.1	2.3	2.8	3.4	2.6	2.5	2.4	2.6	2.5	1.1	0.8	0.7
俄罗斯	—	—	23.0	15.7	14.9	15.1	15.4	15.6	15.7	17.3	17.7	—	5.4	-0.9*
其他	—	—	16.8	11.4	10.5	11.2	12.2	12.0	12.4	12.6	11.9	—	3.6	-1.2*
亚太	34.2	39.4	50.6	65.3	73.0	103.3	134.7	155.2	155.9	155.4	157.5	18.8	47.5	4.1
澳大利亚	2.1	2.2	2.6	2.8	3.3	3.7	3.9	3.8	3.9	3.7	3.7	1.2	1.1	1.4
中国	14.4	16.9	21.9	30.1	32.2	56.6	80.7	93.6	92.8	90.5	91.6	7.9	27.6	5.0
印度	2.6	3.8	5.3	7.1	8.9	10.9	16.0	20.4	20.9	21.3	21.6	1.4	6.5	5.7
日本	9.1	9.1	10.6	11.3	11.5	11.9	11.2	11.4	11.3	11.4	11.2	5.0	3.4	0.6
韩国	1.2	1.7	2.4	3.5	4.3	4.6	5.5	5.9	6.1	7.5	7.4	0.7	2.2	4.9
印尼	0.7	0.8	1.4	2.1	2.6	3.2	3.7	4.6	4.7	4.5	4.9	0.4	1.5	5.4
其他	4.1	4.9	6.4	8.3	10.1	12.4	13.8	15.5	16.3	16.6	17.1	2.3	5.2	3.8
中东	3.0	4.5	5.5	7.9	9.1	11.8	15.3	17.9	18.2	18.7	19.2	1.7	5.8	5.0
非洲	4.2	5.3	6.0	6.4	7.2	9.2	10.5	11.9	12.0	11.5	10.9	2.3	3.3	2.5
埃及	0.4	0.7	0.8	0.9	1.0	1.5	1.8	2.0	2.1	2.0	2.0	0.2	0.6	4.3
南非	2.3	2.7	3.0	3.1	3.3	4.2	4.5	4.5	4.5	4.1	3.9	1.2	1.2	1.5
其他	1.5	1.9	2.1	2.4	2.9	3.5	4.2	5.4	5.5	5.4	5.0	0.8	1.5	3.1
世界	182.5	187.7	210.1	218.0	235.9	275.7	309.7	329.0	329.4	330.0	331.4	100.0	100.0	1.6
OECD	107.8	105.3	111.3	115.9	126.0	128.7	123.6	117.5	116.9	118.0	118.9	59.1	35.9	0.3
非 OECD	69.2	77.2	92.5	95.1	101.5	137.2	175.1	199.7	200.3	200.4	200.9	37.9	60.6	2.8

数据来源：国际能源署，政府间气候变化专门委员会，英国 BP 公司，国网能源研究院。

注　* 表示 1990—2018 年均增速；e 代表估算。

2. 人均碳排放

表 C-38　1980－2018 年分地区人均碳排放　　　　　　　　　　　　　　单位：吨

地区／国家	1980	1985	1990	1995	2000	2005	2010	2015	2016	2017e	2018e	年均增速 (%) 1980－2018
北美	16.7	15.5	15.4	15.2	16.1	15.4	13.9	12.6	12.3	12.0	12.1	-0.9
美国	20.7	19.4	19.5	19.2	20.3	19.2	17.2	15.6	15.2	14.9	15.1	-0.8
加拿大	17.5	15.5	15.2	15.3	16.9	16.8	15.7	15.6	15.4	16.0	15.7	-0.3
墨西哥	3.3	3.4	3.3	3.4	3.8	4.2	4.1	3.9	3.7	3.5	3.2	-0.1
中南美	2.0	1.7	1.8	1.9	2.1	2.2	2.5	2.6	2.5	2.4	2.4	0.5
巴西	1.5	1.2	1.3	1.5	1.7	1.7	1.9	2.2	2.0	2.1	2.0	0.9
阿根廷	3.6	3.0	3.2	3.4	3.8	3.8	4.4	4.5	4.4	4.3	4.1	0.4
其他	2.1	1.9	1.9	2.0	2.1	2.2	2.6	2.6	2.6	2.4	2.4	0.3
欧洲	10.0	9.6	9.8	7.9	7.7	7.8	7.5	6.9	6.9	7.2	7.0	-0.9
欧盟	—	—	8.4	7.9	7.8	7.9	7.1	6.2	6.2	6.4	6.2	-1.1*
英国	10.4	9.7	9.8	9.1	9.1	8.9	7.7	6.1	5.7	5.4	5.1	-1.8
法国	8.3	6.3	5.9	5.8	5.9	5.9	5.2	4.3	4.4	4.7	4.5	-1.6
德国	13.4	13.0	11.8	10.4	9.8	9.5	9.1	8.7	8.7	8.7	8.3	-1.3
意大利	6.1	5.8	6.6	7.1	7.5	7.8	6.5	5.4	5.3	5.3	5.1	-0.5
西班牙	5.1	4.7	5.4	5.8	7.0	7.7	5.7	5.4	5.2	5.5	5.4	0.1
俄罗斯	—	—	15.5	10.6	10.2	10.5	10.8	10.9	10.8	12.0	12.3	-0.8*
其他	—	—	9.0	6.0	5.5	5.8	6.0	5.7	5.8	5.9	5.5	-1.8*
亚太	1.4	1.5	1.8	2.1	2.2	3.0	3.7	4.1	4.1	4.0	4.0	2.7
澳大利亚	14.5	14.1	15.1	15.5	17.3	18.1	17.7	15.9	16.2	14.9	14.6	0.0
中国	1.5	1.6	1.9	2.5	2.5	4.3	6.0	6.8	6.7	6.5	6.6	4.0
印度	0.4	0.5	0.6	0.7	0.8	0.9	1.3	1.6	1.6	1.6	1.6	3.9
日本	7.8	7.5	8.6	9.0	9.1	9.3	8.7	9.0	8.9	9.0	8.9	0.3
韩国	3.2	4.2	5.6	7.8	9.2	9.6	11.1	11.6	11.9	14.5	14.3	4.0
印尼	0.5	0.5	0.8	1.1	1.2	1.4	1.5	1.8	1.8	1.7	1.8	3.7
其他	1.1	1.2	1.4	1.7	1.9	2.1	2.2	2.3	2.4	2.4	2.5	2.0
中东	1.2	1.6	1.6	2.1	2.1	2.5	2.9	3.1	3.0	3.1	3.1	2.5
非洲	0.9	1.0	1.0	0.9	0.9	1.1	1.1	1.1	1.0	1.0	0.9	0.0
埃及	0.9	1.4	1.5	1.4	1.4	1.9	2.1	2.2	2.2	2.1	2.0	2.1
南非	7.9	8.4	8.2	7.6	7.4	8.8	8.8	8.0	8.0	7.1	6.8	-0.4
其他	0.4	0.4	0.4	0.4	0.4	0.5	0.5	0.6	0.5	0.5	0.5	0.5
世界	4.1	3.9	4.0	3.8	3.9	4.2	4.5	4.5	4.4	4.4	4.4	0.2
OECD	11.2	10.6	10.8	10.8	11.3	11.2	10.4	9.5	9.5	9.6	9.6	-0.4
非 OECD	2.0	2.0	2.2	2.1	2.0	2.6	3.1	3.3	3.2	3.2	3.2	1.2

数据来源：联合国，国网能源研究院。

注 ＊表示 1990－2018 年均增速；e 代表估算。

3. 碳排放强度

表 C-39　1980－2018 年分地区碳排放强度　　　　　　　　　单位：吨 / 万美元

地区 / 国家	1980	1985	1990	1995	2000	2005	2010	2015	2016	2017e	2018e	年均增速 (%) 1980－2018
北美	6.8	5.8	5.2	4.9	4.5	4.0	3.6	3.1	3.0	2.9	2.8	-2.3
美国	7.2	6.0	5.4	5.0	4.5	4.0	3.6	3.0	2.9	2.8	2.8	-2.5
加拿大	5.5	4.5	4.2	4.1	3.9	3.6	3.3	3.1	3.1	3.1	3.1	-1.5
墨西哥	4.1	4.4	4.3	4.4	4.1	4.5	4.4	3.9	3.6	3.4	3.1	-0.7
中南美	2.7	2.4	2.8	2.8	2.9	2.8	2.7	2.9	2.9	2.8	2.8	0.1
巴西	1.7	1.6	1.6	1.7	1.9	1.8	1.7	2.0	1.9	1.9	1.9	0.2
阿根廷	4.5	4.3	5.1	4.4	4.6	4.5	4.3	4.2	4.3	4.1	4.1	-0.3
其他	3.3	3.0	3.8	3.7	3.8	3.6	3.7	4.2	4.1	3.8	3.8	0.4
欧洲	7.5	6.7	5.5	4.4	3.7	3.4	3.1	2.7	2.6	2.7	2.6	-2.8
欧盟	－	－	3.4	3.0	2.6	2.4	2.1	1.8	1.7	1.7	1.6	-2.6*
英国	4.8	4.0	3.4	3.0	2.6	2.2	2.0	1.5	1.3	1.3	1.2	-3.6
法国	3.1	2.2	1.8	1.7	1.5	1.5	1.3	1.0	1.0	1.1	1.0	-2.8
德国	5.2	4.6	3.7	3.0	2.6	2.4	2.2	1.9	1.9	1.9	1.7	-2.8
意大利	2.5	2.2	2.1	2.2	2.1	2.1	1.8	1.6	1.5	1.5	1.4	-1.4
西班牙	2.9	2.6	2.4	2.5	2.5	2.5	1.8	1.8	1.7	1.7	1.6	-1.6
俄罗斯	－	－	16.2	17.9	15.7	11.8	10.1	9.5	9.4	10.3	10.3	-1.6*
其他	－	－	14.2	9.6	7.9	6.9	6.5	4.9	4.9	4.8	4.0	-4.4*
亚太	6.4	5.7	6.2	6.6	6.3	7.2	7.4	6.7	6.4	6.1	5.9	-0.2
澳大利亚	4.8	4.4	4.2	4.1	3.9	3.7	3.4	2.9	2.9	2.7	2.6	-1.6
中国	42.1	30.0	26.5	20.4	14.4	15.9	13.2	10.5	9.8	8.9	8.5	-4.1
印度	8.8	9.9	10.5	11.0	10.2	9.1	9.6	8.9	8.4	8.0	7.6	-0.4
日本	3.0	2.4	2.2	2.2	2.2	2.1	2.0	1.9	1.9	1.9	1.8	-1.3
韩国	8.6	7.7	6.6	6.5	6.1	5.2	5.0	4.7	4.7	5.5	5.3	-1.2
印尼	3.7	3.6	4.5	4.8	5.7	5.7	4.9	4.7	4.5	4.1	4.3	0.4
其他	4.4	3.9	7.7	8.1	8.4	8.3	7.5	6.5	6.5	6.3	5.6	0.6
中东	1.9	3.3	3.4	4.1	3.9	4.1	4.2	4.1	4.0	4.1	4.7	2.4
非洲	5.5	6.4	6.8	7.0	6.2	6.2	5.5	5.2	5.2	4.8	4.4	-0.6
埃及	8.3	9.9	9.5	8.5	7.3	9.1	8.1	8.0	7.9	7.5	7.0	-0.5
南非	11.7	13.3	13.5	13.5	12.5	13.1	12.0	10.6	10.7	9.5	9.2	-0.6
其他	3.0	3.4	3.8	4.1	3.8	3.5	3.2	3.4	3.4	3.2	2.8	-0.1
世界	6.5	5.9	5.5	5.2	4.7	4.7	4.7	4.3	4.2	4.1	4.0	-1.3
OECD	4.8	4.1	3.8	3.6	3.4	3.1	2.8	2.4	2.4	2.4	2.3	-1.9
非 OECD	12.3	12.6	10.3	9.3	8.1	8.4	7.9	7.2	7.0	6.7	6.5	-1.7

数据来源：联合国，国网能源研究院。

注　* 表示 1990－2018 年均增速；e 代表估算。

附录D 展望数据表

表 D-1 加快转型情景全球展望结果

单位：百万吨标准煤

类别	2025	2035	2050
一次能源需求	21217	22422	23000
煤	25%	21%	15%
油	32%	31%	27%
气	22%	23%	22%
水	3%	3%	4%
核	5%	6%	7%
可再生能源及其他	12%	16%	25%
终端能源需求	15237	16329	16727
煤	11%	10%	6%
油	40%	38%	32%
气	14%	14%	12%
电	22%	28%	40%
热及其他	13%	12%	9%
工业	4497	4817	4839
煤	30%	26%	17%
油	10%	10%	9%
气	19%	18%	16%
电	31%	37%	50%
交通	4452	4812	4906
油	90%	85%	73%
气	4%	4%	5%
电	4%	9%	22%
居民	3168	3393	3695
煤	3%	2%	1%
油	9%	7%	5%
气	19%	16%	11%
电	29%	37%	55%
商业	1180	1212	1210
煤	5%	4%	2%
油	10%	8%	5%
气	22%	19%	13%
电	54%	60%	73%
其他	575	611	570
非能利用	1398	1530	1538

单位：百万千瓦

类别	2025	2035	2050
发电装机	10260	15671	24980
煤	2228	2265	1935
油	308	303	301
气	2128	2623	3108
水	1465	1717	2020
核	474	565	668
风	1539	3025	6029
光	1926	4883	10490
生物质及其他	191	290	429

单位：十亿千瓦·时

类别	2025	2035	2050
发电量	32875	44964	67361
煤	29%	22%	12%
油	3%	2%	2%
气	22%	21%	17%
水	15%	13%	10%
核	9%	8%	7%
风	10%	17%	24%
光	9%	15%	25%
生物质及其他	3%	3%	3%

类别	2025	2035	2050
人口（百万）	8085	8801	9602
GDP（万亿美元）	100	135	200
电力需求（十亿千瓦·时）	30246	41235	61426
碳排放（亿吨）	352	343	263
人均能源需求（吨标准煤）	2.6	2.5	2.4
人均电力需求（千瓦·时）	3741	4685	6397
人均碳排放（吨）	4.3	3.9	2.7
单位GDP能源需求（吨标准煤/万美元）	2.1	1.7	1.2
单位GDP电力需求（千瓦·时/万美元）	3022	3069	3084
单位GDP碳排放（吨/万美元）	3.5	2.5	1.3

表 D-2　加快转型情景北美展望结果

单位：百万吨标准煤

类别	2025	2035	2050
一次能源需求	3671	3634	3395
煤	10%	7%	5%
油	36%	33%	26%
气	32%	31%	26%
水	3%	3%	3%
核	10%	11%	12%
可再生能源及其他	9%	15%	27%
终端能源需求	2660	2644	2495
煤	1%	1%	1%
油	48%	44%	35%
气	21%	19%	15%
电	25%	31%	46%
热及其他	5%	4%	3%
工业	506	510	485
煤	7%	6%	5%
油	9%	8%	7%
气	42%	39%	30%
电	32%	38%	51%
交通	1066	1042	949
油	89%	82%	65%
气	3%	4%	4%
电	4%	11%	29%
居民	459	462	450
煤	0%	0%	0%
油	8%	6%	3%
气	35%	29%	19%
电	51%	59%	73%
商业	346	348	340
煤	0%	0%	0%
油	6%	5%	3%
气	34%	31%	22%
电	57%	62%	73%
其他	89	99	97
非能利用	225	231	215

单位：百万千瓦

类别	2025	2035	2050
发电装机	1960	2659	4016
煤	218	159	121
油	40	30	25
气	695	731	638
水	206	217	226
核	124	132	142
风	349	611	1019
光	307	753	1807
生物质及其他	20	26	38

单位：十亿千瓦·时

类别	2025	2035	2050
发电量	6262	7820	10865
煤	15%	8%	5%
油	0%	0%	0%
气	33%	28%	18%
水	12%	10%	8%
核	16%	13%	10%
风	16%	23%	29%
光	7%	15%	29%
生物质及其他	2%	2%	2%

类别	2025	2035	2050
人口（百万）	518	558	611
GDP（万亿美元）	24	29	39
电力需求（十亿千瓦·时）	5855	7296	10112
碳排放（亿吨）	56	47	29
人均能源需求（吨标准煤）	7.1	6.5	5.6
人均电力需求（千瓦·时）	11298	13085	16547
人均碳排放（吨）	10.8	8.5	4.7
单位 GDP 能源需求（吨标准煤／万美元）	1.5	1.2	0.9
单位 GDP 电力需求（千瓦·时／万美元）	2427	2486	2619
单位 GDP 碳排放（吨／万美元）	2.3	1.6	0.7

表 D-3　加快转型情景美国展望结果

单位：百万吨标准煤　　　　　　　　　　　　　　　　　　　　　单位：百万千瓦

类别	2025	2035	2050
一次能源需求	3005	2935	2678
煤	11%	8%	6%
油	36%	33%	26%
气	32%	31%	26%
水	1%	1%	2%
核	10%	11%	13%
可再生能源及其他	10%	15%	27%
终端能源需求	2187	2151	1994
煤	1%	1%	1%
油	48%	44%	34%
气	21%	20%	16%
电	25%	31%	45%
热及其他	5%	4%	4%
工业	387	387	359
煤	7%	6%	5%
油	7%	7%	6%
气	45%	42%	33%
电	30%	36%	49%
交通	896	867	776
油	89%	82%	64%
气	3%	4%	4%
电	4%	11%	29%
居民	383	384	373
煤	0%	0%	0%
油	6%	5%	2%
气	35%	28%	18%
电	49%	55%	69%
商业	306	307	298
煤	0%	0%	0%
油	5%	4%	2%
气	34%	31%	22%
电	59%	63%	73%
其他	54	54	53
非能利用	188	194	176

类别	2025	2035	2050
发电装机	1637	2163	3187
煤	208	153	119
油	35	28	25
气	617	640	539
水	104	109	111
核	103	107	114
风	284	468	694
光	269	638	1559
生物质及其他	16	20	26

单位：十亿千瓦·时

类别	2025	2035	2050
发电量	5033	6165	8377
煤	17%	10%	6%
油	0%	0%	0%
气	34%	29%	19%
水	6%	5%	4%
核	17%	14%	11%
风	16%	23%	26%
光	8%	17%	33%
生物质及其他	2%	2%	2%

类别	2025	2035	2050
人口（百万）	345	368	399
GDP（万亿美元）	20	25	32
电力需求（十亿千瓦·时）	4836	5923	8049
碳排放（亿吨）	46	38	23
人均能源需求（吨标准煤）	8.7	8.0	6.7
人均电力需求（千瓦·时）	14019	16094	20193
人均碳排放（吨）	13.3	10.4	5.8
单位 GDP 能源需求（吨标准煤／万美元）	1.5	1.2	0.8
单位 GDP 电力需求（千瓦·时／万美元）	2378	2402	2485
单位 GDP 碳排放（吨／万美元）	2.3	1.6	0.7

表 D-4　加快转型情景中南美展望结果

单位：百万吨标准煤

类别	2025	2035	2050
一次能源需求	997	1091	1260
煤	5%	4%	3%
油	45%	43%	36%
气	23%	22%	20%
水	9%	10%	10%
核	1%	1%	1%
可再生能源及其他	17%	20%	30%
终端能源需求	783	873	1025
煤	2%	2%	1%
油	47%	46%	39%
气	13%	12%	11%
电	20%	25%	38%
热及其他	17%	15%	11%
工业	227	247	315
煤	7%	6%	4%
油	20%	18%	14%
气	21%	20%	15%
电	27%	34%	48%
交通	290	328	364
油	84%	82%	73%
气	4%	5%	5%
电	1%	5%	16%
居民	125	138	161
煤	0%	0%	0%
油	17%	16%	14%
气	13%	12%	9%
电	38%	44%	59%
商业	50	56	60
煤	0%	0%	0%
油	10%	9%	7%
气	8%	8%	6%
电	79%	80%	84%
其他	42	49	54
非能利用	52	58	70

单位：百万千瓦

类别	2025	2035	2050
发电装机	437	681	1366
煤	15	16	11
油	50	50	35
气	78	90	101
水	190	214	265
核	4	5	7
风	46	118	375
光	25	146	513
生物质及其他	29	42	59

单位：十亿千瓦·时

类别	2025	2035	2050
发电量	1628	2240	3903
煤	6%	4%	2%
油	9%	6%	3%
气	20%	17%	11%
水	46%	38%	27%
核	1%	1%	1%
风	8%	16%	30%
光	2%	10%	22%
生物质及其他	7%	7%	6%

类别	2025	2035	2050
人口（百万）	550	590	637
GDP（万亿美元）	6	8	13
电力需求（十亿千瓦·时）	1381	1900	3311
碳排放（亿吨）	14	15	13
人均能源需求（吨标准煤）	1.8	1.8	2.0
人均电力需求（千瓦·时）	2513	3221	5200
人均碳排放（吨）	2.6	2.5	2.1
单位 GDP 能源需求（吨标准煤／万美元）	1.7	1.4	1.0
单位 GDP 电力需求（千瓦·时／万美元）	2412	2517	2573
单位 GDP 碳排放（吨／万美元）	2.5	1.9	1.0

表 D-5　加快转型情景巴西展望结果

单位：百万吨标准煤

类别	2025	2035	2050
一次能源需求	440	482	567
煤	5%	5%	3%
油	44%	43%	36%
气	13%	13%	12%
水	12%	12%	14%
核	1%	2%	2%
可再生能源及其他	26%	26%	32%
终端能源需求	364	408	484
煤	3%	2%	2%
油	46%	45%	37%
气	6%	6%	6%
电	21%	26%	38%
热及其他	24%	21%	16%
工业	115	127	162
煤	9%	7%	6%
油	13%	12%	10%
气	14%	15%	12%
电	25%	30%	43%
交通	143	162	180
油	77%	75%	64%
气	3%	3%	3%
电	2%	6%	21%
居民	40	45	55
煤	0%	0%	0%
油	24%	22%	19%
气	1%	1%	0%
电	49%	56%	72%
商业	23	26	26
煤	0%	0%	0%
油	5%	4%	2%
气	2%	2%	3%
电	92%	93%	95%
其他	22	26	29
非能利用	24	27	33

单位：百万千瓦

类别	2025	2035	2050
发电装机	192	292	566
煤	5	6	4
油	10	11	10
气	18	21	28
水	107	125	171
核	2	3	4
风	27	60	166
光	2	36	141
生物质及其他	21	30	42

单位：十亿千瓦·时

类别	2025	2035	2050
发电量	742	1025	1783
煤	4%	3%	1%
油	4%	3%	2%
气	11%	9%	7%
水	56%	47%	37%
核	2%	2%	2%
风	12%	19%	30%
光	0%	6%	13%
生物质及其他	10%	10%	9%

类别	2025	2035	2050
人口（百万）	222	233	246
GDP（万亿美元）	3	4	7
电力需求（十亿千瓦·时）	667	922	1603
碳排放（亿吨）	5	6	5
人均能源需求（吨标准煤）	2.0	2.1	2.3
人均电力需求（千瓦·时）	3007	3955	6510
人均碳排放（吨）	2.4	2.4	2.1
单位 GDP 能源需求（吨标准煤/万美元）	1.6	1.3	0.9
单位 GDP 电力需求（千瓦·时/万美元）	2406	2536	2449
单位 GDP 碳排放（吨/万美元）	1.9	1.5	0.8

表 D-6 加快转型情景欧洲展望结果

单位：百万吨标准煤

类别	2025	2035	2050
一次能源需求	3709	3577	3323
煤	13%	10%	9%
油	28%	25%	19%
气	35%	33%	28%
水	3%	4%	5%
核	11%	10%	10%
可再生能源及其他	11%	17%	29%
终端能源需求	2627	2539	2343
煤	4%	4%	4%
油	35%	32%	25%
气	25%	24%	19%
电	23%	30%	45%
热及其他	13%	11%	8%
工业	656	643	613
煤	11%	10%	9%
油	10%	9%	7%
气	29%	28%	24%
电	34%	39%	50%
交通	662	616	508
油	85%	78%	62%
气	6%	5%	5%
电	7%	14%	31%
居民	649	636	604
煤	3%	3%	3%
油	8%	6%	3%
气	38%	34%	19%
电	27%	37%	61%
商业	306	296	286
煤	3%	4%	3%
油	8%	6%	5%
气	27%	23%	14%
电	47%	53%	69%
其他	72	66	61
非能利用	281	280	266

单位：百万千瓦

类别	2025	2035	2050
发电装机	1979	2857	4436
煤	227	198	197
油	27	19	12
气	463	523	571
水	344	377	408
核	159	152	140
风	432	717	1224
光	268	781	1753
生物质及其他	59	89	131

单位：十亿千瓦·时

类别	2025	2035	2050
发电量	6071	7664	10880
煤	15%	10%	7%
油	1%	0%	0%
气	27%	24%	20%
水	17%	15%	12%
核	17%	13%	9%
风	13%	19%	25%
光	5%	12%	22%
生物质及其他	5%	6%	6%

类别	2025	2035	2050
人口（百万）	927	936	932
GDP（万亿美元）	27	32	40
电力需求（十亿千瓦·时）	5604	7065	10021
碳排放（亿吨）	53	45	30
人均能源需求（吨标准煤）	4.0	3.8	3.6
人均电力需求（千瓦·时）	6044	7552	10756
人均碳排放（吨）	5.8	4.8	3.3
单位 GDP 能源需求（吨标准煤／万美元）	1.4	1.1	0.8
单位 GDP 电力需求（千瓦·时／万美元）	2075	2211	2508
单位 GDP 碳排放（吨／万美元）	2.0	1.4	0.8

表 D-7　加快转型情景欧盟展望结果

单位：百万吨标准煤　　　　　　　　　　　　　　　　单位：百万千瓦

类别	2025	2035	2050
一次能源需求	1953	1763	1541
煤	11%	7%	5%
油	32%	28%	19%
气	25%	24%	20%
水	3%	3%	4%
核	13%	13%	11%
可再生能源及其他	16%	25%	42%
终端能源需求	1425	1297	1140
煤	3%	2%	2%
油	40%	35%	24%
气	22%	20%	14%
电	25%	34%	53%
热及其他	11%	9%	7%
工业	328	300	271
煤	8%	6%	5%
油	10%	9%	7%
气	31%	29%	22%
电	38%	44%	56%
交通	413	361	266
油	89%	79%	56%
气	1%	1%	1%
电	6%	17%	40%
居民	346	326	312
煤	3%	3%	3%
油	11%	9%	6%
气	35%	30%	12%
电	31%	43%	70%
商业	188	175	169
煤	1%	0%	0%
油	9%	7%	5%
气	30%	26%	16%
电	52%	58%	73%
其他	28	24	22
非能利用	122	111	101

类别	2025	2035	2050
发电装机	1177	1574	2310
煤	119	77	53
油	22	15	9
气	262	294	301
水	164	171	174
核	106	90	67
风	258	396	535
光	192	455	1060
生物质及其他	53	77	112

单位：十亿千瓦·时

类别	2025	2035	2050
发电量	3434	4182	5792
煤	15%	7%	3%
油	1%	0%	0%
气	21%	20%	15%
水	12%	10%	8%
核	21%	14%	8%
风	17%	23%	26%
光	7%	15%	29%
生物质及其他	8%	10%	10%

类别	2025	2035	2050
人口（百万）	513	512	503
GDP（万亿美元）	21	24	29
电力需求（十亿千瓦·时）	3259	3969	5497
碳排放（亿吨）	26	19	10
人均能源需求（吨标准煤）	3.8	3.4	3.1
人均电力需求（千瓦·时）	6348	7750	10922
人均碳排放（吨）	5.0	3.7	2.0
单位 GDP 能源需求（吨标准煤／万美元）	0.9	0.7	0.5
单位 GDP 电力需求（千瓦·时／万美元）	1547	1631	1889
单位 GDP 碳排放（吨／万美元）	1.2	0.8	0.3

表 D-8 加快转型情景英国展望结果

单位：百万吨标准煤

类别	2025	2035	2050
一次能源需求	215	194	167
煤	3%	2%	1%
油	36%	32%	22%
气	32%	28%	20%
水	1%	1%	1%
核	12%	13%	16%
可再生能源及其他	16%	24%	40%
终端能源需求	159	143	122
煤	2%	2%	1%
油	43%	39%	28%
气	27%	24%	16%
电	24%	33%	54%
热及其他	3%	2%	1%
工业	28	25	22
煤	8%	8%	6%
油	16%	16%	15%
气	31%	28%	21%
电	39%	44%	56%
交通	55	50	39
油	93%	80%	55%
气	0%	0%	0%
电	5%	18%	44%
居民	43	37	32
煤	1%	1%	1%
油	5%	4%	3%
气	58%	49%	25%
电	32%	43%	70%
商业	21	19	17
煤	0%	0%	0%
油	4%	3%	0%
气	40%	36%	24%
电	53%	60%	75%
其他	3	3	3
非能利用	10	10	9

单位：百万千瓦

类别	2025	2035	2050
发电装机	133	183	272
煤	1	0	0
油	1	0	0
气	20	17	14
水	7	7	6
核	9	10	10
风	39	51	65
光	49	91	168
生物质及其他	6	7	8

单位：十亿千瓦·时

类别	2025	2035	2050
发电量	348	433	598
煤	1%	0%	0%
油	0%	0%	0%
气	22%	16%	10%
水	3%	3%	2%
核	20%	16%	12%
风	28%	32%	33%
光	14%	23%	36%
生物质及其他	11%	10%	8%

类别	2025	2035	2050
人口（百万）	68	68	66
GDP（万亿美元）	3	3	4
电力需求（十亿千瓦·时）	342	426	588
碳排放（亿吨）	3	2	1
人均能源需求（吨标准煤）	3.2	2.9	2.5
人均电力需求（千瓦·时）	5052	6268	8855
人均碳排放（吨）	4.2	3.1	1.6
单位 GDP 能源需求（吨标准煤／万美元）	0.7	0.6	0.4
单位 GDP 电力需求（千瓦·时／万美元）	1100	1238	1540
单位 GDP 碳排放（吨／万美元）	0.9	0.6	0.3

表 D-9　加快转型情景法国展望结果

单位：百万吨标准煤

类别	2025	2035	2050
一次能源需求	312	284	254
煤	2%	1%	1%
油	28%	25%	17%
气	16%	15%	8%
水	3%	3%	3%
核	44%	41%	41%
可再生能源及其他	7%	16%	30%
终端能源需求	192	176	150
煤	1%	1%	1%
油	43%	38%	27%
气	19%	17%	10%
电	29%	38%	58%
热及其他	8%	6%	4%
工业	35	32	26
煤	6%	5%	4%
油	8%	6%	5%
气	42%	39%	29%
电	40%	46%	60%
交通	61	56	46
油	87%	75%	50%
气	0%	1%	1%
电	7%	19%	45%
居民	45	41	37
煤	0%	0%	0%
油	15%	12%	9%
气	27%	23%	6%
电	41%	52%	78%
商业	30	29	26
煤	0%	0%	0%
油	9%	7%	5%
气	26%	23%	13%
电	59%	65%	79%
其他	5	4	3
非能利用	16	15	12

单位：百万千瓦

类别	2025	2035	2050
发电装机	175	269	378
煤	2	2	1
油	3	1	0
气	13	12	7
水	26	26	26
核	60	51	46
风	31	64	112
光	37	110	182
生物质及其他	2	3	4

单位：十亿千瓦·时

类别	2025	2035	2050
发电量	600	720	941
煤	1%	0%	0%
油	0%	0%	0%
气	7%	5%	3%
水	11%	9%	7%
核	62%	43%	30%
风	11%	20%	30%
光	7%	20%	28%
生物质及其他	2%	2%	2%

类别	2025	2035	2050
人口（百万）	68	68	66
GDP（万亿美元）	3	3	4
电力需求（十亿千瓦·时）	499	598	782
碳排放（亿吨）	3	2	1
人均能源需求（吨标准煤）	4.6	4.2	3.8
人均电力需求（千瓦·时）	7356	8842	11821
人均碳排放（吨）	3.8	2.9	1.4
单位 GDP 能源需求（吨标准煤／万美元）	1.0	0.8	0.7
单位 GDP 电力需求（千瓦·时／万美元）	1595	1731	2028
单位 GDP 碳排放（吨／万美元）	0.8	0.6	0.2

表 D-10　加快转型情景德国展望结果

单位：百万吨标准煤

类别	2025	2035	2050
一次能源需求	382	337	270
煤	22%	18%	13%
油	33%	30%	20%
气	25%	23%	15%
水	1%	1%	1%
核	2%	0%	0%
可再生能源及其他	18%	28%	52%
终端能源需求	290	264	216
煤	3%	3%	2%
油	40%	35%	23%
气	22%	20%	11%
电	25%	35%	59%
热及其他	9%	8%	6%
工业	77	73	63
煤	11%	10%	8%
油	5%	4%	2%
气	33%	30%	20%
电	39%	46%	62%
交通	81	75	55
油	89%	77%	51%
气	1%	1%	1%
电	6%	19%	45%
居民	57	48	40
煤	1%	1%	0%
油	18%	14%	8%
气	36%	29%	7%
电	29%	43%	76%
商业	48	45	41
煤	0%	0%	0%
油	16%	12%	6%
气	30%	25%	9%
电	43%	54%	80%
其他	0	0	0
非能利用	27	23	16

单位：百万千瓦

类别	2025	2035	2050
发电装机	300	429	615
煤	50	43	29
油	3	1	1
气	29	29	24
水	11	12	12
核	2	0	0
风	132	180	205
光	62	150	331
生物质及其他	11	13	13

单位：十亿千瓦·时

类别	2025	2035	2050
发电量	729	938	1285
煤	32%	21%	10%
油	0%	0%	0%
气	11%	9%	5%
水	4%	3%	2%
核	2%	0%	0%
风	33%	40%	39%
光	9%	20%	38%
生物质及其他	9%	8%	6%

类别	2025	2035	2050
人口（百万）	83	83	81
GDP（万亿美元）	4	5	6
电力需求（十亿千瓦·时）	652	839	1148
碳排放（亿吨）	6	5	2
人均能源需求（吨标准煤）	4.6	4.1	3.3
人均电力需求（千瓦·时）	7884	10165	14236
人均碳排放（吨）	7.5	5.5	2.5
单位 GDP 能源需求（吨标准煤 / 万美元）	0.9	0.7	0.5
单位 GDP 电力需求（千瓦·时 / 万美元）	1513	1701	1977
单位 GDP 碳排放（吨 / 万美元）	1.4	0.9	0.4

表 D-11　加快转型情景俄罗斯展望结果

单位：百万吨标准煤

类别	2025	2035	2050
一次能源需求	964	947	894
煤	11%	8%	5%
油	23%	22%	18%
气	52%	50%	43%
水	3%	4%	5%
核	9%	11%	15%
可再生能源及其他	2%	5%	14%
终端能源需求	660	652	594
煤	3%	3%	2%
油	29%	28%	24%
气	32%	32%	28%
电	17%	22%	36%
热及其他	19%	15%	9%
工业	175	169	152
煤	7%	7%	6%
油	11%	11%	9%
气	30%	30%	27%
电	26%	32%	45%
交通	130	126	114
油	68%	66%	55%
气	22%	18%	15%
电	11%	16%	29%
居民	166	161	148
煤	2%	1%	1%
油	5%	4%	1%
气	40%	38%	26%
电	17%	29%	56%
商业	49	46	42
煤	4%	3%	3%
油	6%	6%	6%
气	6%	6%	5%
电	40%	46%	62%
其他	13	12	10
非能利用	127	134	123

单位：百万千瓦

类别	2025	2035	2050
发电装机	406	652	1094
煤	44	40	37
油	4	4	3
气	130	144	167
水	66	80	95
核	34	41	50
风	108	233	518
光	19	109	220
生物质及其他	2	2	3

单位：十亿千瓦·时

类别	2025	2035	2050
发电量	1312	1736	2576
煤	12%	8%	5%
油	1%	1%	1%
气	42%	36%	28%
水	17%	16%	13%
核	18%	17%	14%
风	8%	17%	31%
光	1%	6%	9%
生物质及其他	0%	0%	0%

类别	2025	2035	2050
人口（百万）	143	141	139
GDP（万亿美元）	2	2	3
电力需求（十亿千瓦·时）	1169	1546	2294
碳排放（亿吨）	15	13	9
人均能源需求（吨标准煤）	6.8	6.7	6.4
人均电力需求（千瓦·时）	8195	10947	16490
人均碳排放（吨）	10.4	9.1	6.6
单位 GDP 能源需求（吨标准煤／万美元）	4.9	4.2	2.9
单位 GDP 电力需求（千瓦·时／万美元）	5990	6826	7344
单位 GDP 碳排放（吨／万美元）	7.6	5.7	2.9

表 D-12　加快转型情景亚太展望结果

单位：百万吨标准煤

类别	2025	2035	2050
一次能源需求	9564	10374	10306
煤	45%	38%	26%
油	26%	25%	23%
气	11%	13%	15%
水	3%	3%	4%
核	4%	6%	8%
可再生能源及其他	11%	15%	24%
终端能源需求	6832	7614	7703
煤	22%	19%	12%
油	33%	31%	27%
气	8%	9%	10%
电	25%	31%	43%
热及其他	13%	11%	7%
工业	2757	3037	2979
煤	44%	37%	25%
油	8%	8%	8%
气	8%	9%	10%
电	32%	38%	50%
交通	1380	1619	1713
油	89%	82%	68%
气	5%	5%	6%
电	5%	11%	25%
居民	1274	1393	1505
煤	6%	4%	2%
油	11%	9%	7%
气	9%	9%	10%
电	29%	40%	61%
商业	405	428	415
煤	12%	9%	3%
油	15%	12%	7%
气	12%	11%	9%
电	52%	60%	73%
其他	326	354	314
非能利用	687	781	775

单位：百万千瓦

类别	2025	2035	2050
发电装机	5094	7921	11505
煤	1715	1839	1558
油	95	79	57
气	516	727	945
水	645	806	983
核	180	261	346
风	675	1412	2693
光	1191	2675	4747
生物质及其他	78	122	177

单位：十亿千瓦·时

类别	2025	2035	2050
发电量	15990	22225	30864
煤	47%	35%	21%
油	1%	1%	1%
气	11%	11%	11%
水	13%	12%	10%
核	6%	7%	7%
风	9%	16%	24%
光	11%	16%	23%
生物质及其他	2%	2%	3%

类别	2025	2035	2050
人口（百万）	4317	4569	4738
GDP（万亿美元）	37	56	92
电力需求（十亿千瓦·时）	14871	20643	28657
碳排放（亿吨）	176	168	122
人均能源需求（吨标准煤）	2.2	2.3	2.2
人均电力需求（千瓦·时）	3445	4518	6049
人均碳排放（吨）	4.1	3.7	2.6
单位 GDP 能源需求（吨标准煤 / 万美元）	2.6	1.8	1.1
单位 GDP 电力需求（千瓦·时 / 万美元）	4045	3667	3111
单位 GDP 碳排放（吨 / 万美元）	4.8	3.0	1.3

表 D-13　加快转型情景中国展望结果

单位：百万吨标准煤

类别	2025	2035	2050
一次能源需求	4913	4835	4010
煤	54%	44%	27%
油	20%	20%	18%
气	7%	10%	15%
水	3%	4%	5%
核	4%	8%	12%
可再生能源及其他	11%	14%	23%
终端能源需求	3804	3832	3298
煤	29%	23%	16%
油	25%	23%	19%
气	7%	8%	10%
电	31%	41%	52%
热及其他	8%	5%	3%
工业	1803	1740	1424
煤	51%	41%	25%
油	4%	4%	4%
气	6%	8%	12%
电	34%	41%	55%
交通	691	736	639
油	86%	78%	60%
气	7%	7%	8%
电	6%	14%	32%
居民	554	547	504
煤	13%	10%	5%
油	10%	8%	5%
气	10%	11%	12%
电	31%	45%	70%
商业	191	188	167
煤	22%	17%	4%
油	16%	12%	6%
气	11%	10%	7%
电	42%	53%	75%
其他	214	228	197
非能利用	350	392	363

单位：百万千瓦

类别	2025	2035	2050
发电装机	2769	4450	5466
煤	1169	1151	741
油	2	1	0
气	124	256	391
水	390	453	469
核	92	173	209
风	447	971	1450
光	511	1379	2103
生物质及其他	34	66	103

单位：十亿千瓦·时

类别	2025	2035	2050
发电量	9693	12508	14130
煤	50%	35%	18%
油	0%	0%	0%
气	4%	7%	9%
水	15%	13%	11%
核	6%	9%	10%
风	11%	20%	29%
光	12%	13%	18%
生物质及其他	2%	3%	4%

类别	2025	2035	2050
人口（百万）	1413	1445	1402
GDP（万亿美元）	17	28	44
电力需求（十亿千瓦·时）	9396	11896	13416
碳排放（亿吨）	106	95	48
人均能源需求（吨标准煤）	3.5	3.3	2.9
人均电力需求（千瓦·时）	6650	8232	9567
人均碳排放（吨）	7.4	6.6	3.4
单位 GDP 能源需求（吨标准煤/万美元）	3.0	1.8	0.9
单位 GDP 电力需求（千瓦·时/万美元）	5562	4273	3052
单位 GDP 碳排放（吨/万美元）	6.3	3.4	1.1

表 D-14　加快转型情景印度展望结果

单位：百万吨标准煤

类别	2025	2035	2050
一次能源需求	1576	2179	3009
煤	49%	44%	34%
油	27%	25%	21%
气	8%	10%	11%
水	2%	2%	2%
核	2%	3%	6%
可再生能源及其他	13%	17%	25%
终端能源需求	1183	1617	2139
煤	19%	19%	14%
油	31%	30%	27%
气	7%	9%	11%
电	20%	25%	37%
热及其他	22%	17%	11%
工业	460	679	877
煤	46%	42%	33%
油	13%	12%	10%
气	4%	5%	6%
电	23%	29%	40%
交通	203	307	474
油	94%	89%	74%
气	4%	5%	6%
电	2%	6%	20%
居民	309	377	497
煤	1%	1%	1%
油	14%	13%	12%
气	3%	6%	11%
电	21%	33%	55%
商业	45	60	74
煤	15%	11%	5%
油	7%	6%	4%
气	6%	9%	14%
电	42%	46%	55%
其他	70	73	70
非能利用	96	122	146

单位：百万千瓦

类别	2025	2035	2050
发电装机	782	1501	2962
煤	315	421	543
油	6	2	1
气	64	96	128
水	71	99	137
核	13	28	72
风	87	215	628
光	209	613	1417
生物质及其他	17	25	36

单位：十亿千瓦·时

类别	2025	2035	2050
发电量	2528	4290	8082
煤	63%	48%	32%
油	0%	0%	0%
气	6%	6%	5%
水	8%	7%	5%
核	3%	4%	6%
风	7%	12%	22%
光	12%	22%	29%
生物质及其他	1%	1%	1%

类别	2025	2035	2050
人口（百万）	1446	1566	1696
GDP（万亿美元）	4	8	21
电力需求（十亿千瓦·时）	2108	3662	7142
碳排放（亿吨）	29	37	39
人均能源需求（吨标准煤）	1.1	1.4	1.8
人均电力需求（千瓦·时）	1458	2339	4211
人均碳排放（吨）	2.0	2.3	2.3
单位GDP能源需求（吨标准煤/万美元）	3.6	2.6	1.4
单位GDP电力需求（千瓦·时/万美元）	4811	4432	3393
单位GDP碳排放（吨/万美元）	6.7	4.4	1.8

表 D-15 加快转型情景日本展望结果

单位：百万吨标准煤

类别	2025	2035	2050
一次能源需求	549	500	435
煤	20%	18%	14%
油	39%	33%	22%
气	25%	24%	19%
水	2%	2%	2%
核	6%	11%	22%
可再生能源及其他	7%	12%	21%
终端能源需求	382	342	288
煤	7%	6%	4%
油	48%	41%	29%
气	11%	10%	9%
电	32%	40%	57%
热及其他	2%	2%	2%
工业	99	86	73
煤	25%	22%	13%
油	18%	16%	12%
气	14%	14%	16%
电	38%	44%	56%
交通	91	76	52
油	93%	82%	58%
气	0%	0%	0%
电	7%	17%	41%
居民	60	57	53
煤	0%	0%	0%
油	23%	19%	12%
气	19%	17%	11%
电	57%	64%	76%
商业	73	70	65
煤	1%	1%	1%
油	16%	11%	3%
气	22%	19%	10%
电	59%	68%	84%
其他	10	10	8
非能利用	49	44	37

单位：百万千瓦

类别	2025	2035	2050
发电装机	403	450	520
煤	42	37	32
油	31	23	14
气	94	83	58
水	55	55	56
核	48	39	42
风	19	41	109
光	108	163	197
生物质及其他	7	9	12

单位：十亿千瓦·时

类别	2025	2035	2050
发电量	1099	1233	1451
煤	21%	16%	12%
油	7%	4%	2%
气	37%	31%	19%
水	7%	7%	6%
核	8%	13%	17%
风	3%	7%	17%
光	12%	18%	20%
生物质及其他	5%	5%	6%

类别	2025	2035	2050
人口（百万）	124	120	112
GDP（万亿美元）	7	7	8
电力需求（十亿千瓦·时）	1060	1190	1400
碳排放（亿吨）	9	7	4
人均能源需求（吨标准煤）	4.4	4.2	3.9
人均电力需求（千瓦·时）	8553	9938	12545
人均碳排放（吨）	7.2	5.6	3.2
单位 GDP 能源需求（吨标准煤／万美元）	0.8	0.7	0.6
单位 GDP 电力需求（千瓦·时／万美元）	1625	1700	1838
单位 GDP 碳排放（吨／万美元）	1.4	1.0	0.5

表 D-16 加快转型情景韩国展望结果

单位：百万吨标准煤

类别	2025	2035	2050
一次能源需求	393	350	275
煤	25%	24%	20%
油	35%	34%	30%
气	14%	14%	15%
水	0%	0%	0%
核	11%	9%	6%
可再生能源及其他	16%	19%	29%
终端能源需求	240	225	186
煤	5%	4%	3%
油	50%	47%	41%
气	11%	10%	8%
电	28%	34%	45%
热及其他	5%	4%	3%
工业	65	59	47
煤	17%	14%	9%
油	7%	6%	5%
气	16%	16%	16%
电	51%	56%	65%
交通	52	50	40
油	90%	79%	56%
气	4%	5%	7%
电	5%	14%	36%
居民	25	22	19
煤	3%	3%	2%
油	15%	14%	12%
气	37%	29%	11%
电	38%	50%	72%
商业	31	31	28
煤	0%	0%	0%
油	9%	7%	4%
气	16%	14%	8%
电	67%	72%	82%
其他	7	7	5
非能利用	61	55	47

单位：百万千瓦

类别	2025	2035	2050
发电装机	183	236	278
煤	33	32	27
油	4	2	0
气	37	40	40
水	7	8	7
核	21	14	7
风	17	40	71
光	57	93	120
生物质及其他	6	7	7

单位：十亿千瓦·时

类别	2025	2035	2050
发电量	618	693	763
煤	37%	31%	23%
油	1%	1%	0%
气	20%	20%	19%
水	0%	0%	0%
核	19%	12%	5%
风	6%	13%	25%
光	12%	18%	24%
生物质及其他	5%	4%	4%

类别	2025	2035	2050
人口（百万）	53	53	51
GDP（万亿美元）	2	2	3
电力需求（十亿千瓦·时）	602	675	743
碳排放（亿吨）	5	4	3
人均能源需求（吨标准煤）	7.4	6.6	5.4
人均电力需求（千瓦·时）	11397	12719	14647
人均碳排放（吨）	10.0	8.1	5.1
单位 GDP 能源需求（吨标准煤/万美元）	2.4	1.7	1.0
单位 GDP 电力需求（千瓦·时/万美元）	3618	3249	2791
单位 GDP 碳排放（吨/万美元）	3.2	2.1	1.0

表 D-17 加快转型情景东盟展望结果

单位：百万吨标准煤

类别	2025	2035	2050
一次能源需求	1009	1259	1539
煤	25%	24%	20%
油	43%	41%	36%
气	19%	17%	14%
水	3%	4%	5%
核	0%	0%	0%
可再生能源及其他	10%	14%	24%
终端能源需求	839	1032	1231
煤	7%	7%	6%
油	45%	45%	41%
气	8%	7%	6%
电	20%	26%	39%
热及其他	19%	15%	8%
工业	253	320	407
煤	24%	22%	18%
油	20%	19%	18%
气	16%	14%	8%
电	27%	35%	49%
交通	236	310	387
油	92%	87%	76%
气	3%	3%	4%
电	3%	8%	19%
居民	199	223	234
煤	1%	1%	1%
油	9%	8%	7%
气	0%	0%	0%
电	28%	40%	64%
商业	42	48	53
煤	2%	2%	2%
油	21%	21%	21%
气	1%	1%	1%
电	74%	75%	76%
其他	16	18	18
非能利用	92	113	131

单位：百万千瓦

类别	2025	2035	2050
发电装机	428	764	1499
煤	102	147	176
油	29	25	14
气	113	145	193
水	70	120	186
核	0	0	0
风	17	65	298
光	87	250	619
生物质及其他	9	11	14

单位：十亿千瓦·时

类别	2025	2035	2050
发电量	1489	2395	4226
煤	36%	32%	21%
油	3%	1%	0%
气	31%	24%	18%
水	16%	17%	15%
核	0%	0%	0%
风	3%	6%	18%
光	9%	18%	27%
生物质及其他	2%	2%	1%

类别	2025	2035	2050
人口（百万）	687	740	778
GDP（万亿美元）	4	6	11
电力需求（十亿千瓦·时）	1393	2239	3952
碳排放（亿吨）	18	20	20
人均能源需求（吨标准煤）	1.5	1.7	2.0
人均电力需求（千瓦·时）	2028	3026	5080
人均碳排放（吨）	2.6	2.7	2.5
单位 GDP 能源需求（吨标准煤/万美元）	2.5	2.1	1.4
单位 GDP 电力需求（千瓦·时/万美元）	3489	3683	3714
单位 GDP 碳排放（吨/万美元）	4.4	3.3	1.8

表 D-18 加快转型情景中东展望结果

单位：百万吨标准煤

类别	2025	2035	2050
一次能源需求	1298	1557	1884
煤	1%	1%	1%
油	43%	40%	36%
气	51%	48%	43%
水	0%	0%	0%
核	1%	2%	4%
可再生能源及其他	3%	8%	17%
终端能源需求	869	1060	1304
煤	1%	1%	1%
油	47%	44%	38%
气	35%	31%	23%
电	18%	24%	39%
热及其他	0%	0%	0%
工业	257	303	357
煤	2%	2%	2%
油	19%	16%	12%
气	63%	55%	33%
电	16%	27%	52%
交通	252	311	390
油	92%	85%	68%
气	5%	6%	6%
电	3%	9%	26%
居民	147	179	224
煤	0%	0%	0%
油	15%	15%	14%
气	44%	39%	26%
电	40%	46%	60%
商业	51	63	81
煤	0%	0%	0%
油	6%	5%	3%
气	21%	20%	16%
电	72%	74%	79%
其他	22	25	28
非能利用	140	180	223

单位：百万千瓦

类别	2025	2035	2050
发电装机	436	816	1670
煤	4	4	3
油	75	92	126
气	234	311	477
水	24	25	25
核	5	13	30
风	11	85	294
光	82	285	712
生物质及其他	1	2	3

单位：十亿千瓦·时

类别	2025	2035	2050
发电量	1583	2577	5118
煤	1%	1%	0%
油	24%	18%	12%
气	62%	51%	40%
水	2%	1%	1%
核	2%	3%	4%
风	1%	7%	15%
光	8%	18%	27%
生物质及其他	0%	0%	0%

类别	2025	2035	2050
人口（百万）	265	303	357
GDP（万亿美元）	3	4	7
电力需求（十亿千瓦·时）	1391	2265	4498
碳排放（亿吨）	22	24	24
人均能源需求（吨标准煤）	4.9	5.1	5.3
人均电力需求（千瓦·时）	5254	7480	12609
人均碳排放（吨）	8.4	8.0	6.7
单位 GDP 能源需求（吨标准煤/万美元）	4.3	3.7	2.7
单位 GDP 电力需求（千瓦·时/万美元）	4634	5427	6341
单位 GDP 碳排放（吨/万美元）	7.4	5.8	3.4

表 D-19　加快转型情景非洲展望结果

单位：百万吨标准煤

类别	2025	2035	2050
一次能源需求	1322	1456	2090
煤	12%	11%	7%
油	23%	27%	24%
气	21%	28%	28%
水	2%	2%	3%
核	1%	1%	0%
可再生能源及其他	42%	30%	38%
终端能源需求	1051	1323	1798
煤	3%	2%	2%
油	28%	28%	26%
气	6%	6%	5%
电	12%	18%	30%
热及其他	50%	45%	37%
工业	165	212	287
煤	12%	10%	7%
油	20%	20%	19%
气	18%	18%	13%
电	29%	35%	48%
交通	216	298	441
油	97%	93%	83%
气	1%	1%	1%
电	2%	6%	15%
居民	563	680	902
煤	1%	1%	0%
油	3%	2%	1%
气	2%	2%	2%
电	9%	16%	31%
商业	41	54	78
煤	7%	5%	2%
油	10%	9%	9%
气	1%	1%	1%
电	48%	53%	64%
其他	33	36	38
非能利用	34	42	51

单位：百万千瓦

类别	2025	2035	2050
发电装机	354	736	1986
煤	48	49	46
油	21	33	45
气	143	242	376
水	57	78	113
核	2	3	3
风	27	81	423
光	53	243	958
生物质及其他	4	8	21

单位：十亿千瓦·时

类别	2025	2035	2050
发电量	1341	2424	5642
煤	22%	13%	6%
油	3%	3%	2%
气	45%	43%	29%
水	16%	12%	8%
核	1%	1%	0%
风	5%	9%	22%
光	7%	18%	33%
生物质及其他	0%	1%	1%

类别	2025	2035	2050
人口（百万）	1508	1846	2329
GDP（万亿美元）	3	5	9
电力需求（十亿千瓦·时）	1144	2052	4738
碳排放（亿吨）	15	19	22
人均能源需求（吨标准煤）	0.9	0.8	0.9
人均电力需求（千瓦·时）	758	1111	2035
人均碳排放（吨）	1.0	1.0	1.0
单位 GDP 能源需求（吨标准煤/万美元）	3.8	2.9	2.4
单位 GDP 电力需求（千瓦·时/万美元）	3318	4077	5551
单位 GDP 碳排放（吨/万美元）	4.4	3.8	2.6

表 D-20　加快转型情景南非展望结果

单位：百万吨标准煤

类别	2025	2035	2050
一次能源需求	218	240	292
煤	52%	40%	24%
油	17%	17%	14%
气	6%	8%	8%
水	0%	0%	0%
核	3%	3%	3%
可再生能源及其他	21%	31%	51%
终端能源需求	125	136	141
煤	21%	19%	15%
油	35%	35%	34%
气	4%	4%	4%
电	26%	31%	42%
热及其他	14%	11%	5%
工业	46	50	49
煤	35%	31%	27%
油	7%	6%	4%
气	9%	11%	9%
电	42%	47%	57%
交通	32	38	47
油	97%	92%	78%
气	0%	0%	0%
电	3%	8%	22%
居民	28	28	25
煤	19%	17%	14%
油	3%	2%	1%
气	0%	0%	0%
电	25%	36%	61%
商业	7	7	6
煤	38%	35%	27%
油	4%	3%	1%
气	2%	4%	7%
电	56%	59%	65%
其他	5	6	6
非能利用	7	8	9

单位：百万千瓦

类别	2025	2035	2050
发电装机	103	156	231
煤	38	32	23
油	0	0	0
气	7	11	22
水	3	3	4
核	2	2	3
风	15	27	49
光	39	78	127
生物质及其他	0	1	4

单位：十亿千瓦·时

类别	2025	2035	2050
发电量	328	427	604
煤	57%	37%	18%
油	0%	0%	0%
气	3%	4%	7%
水	2%	2%	1%
核	5%	4%	4%
风	11%	17%	24%
光	22%	35%	44%
生物质及其他	0%	1%	2%

类别	2025	2035	2050
人口（百万）	59	63	65
GDP（万亿美元）	1	1	1
电力需求（十亿千瓦·时）	303	395	558
碳排放（亿吨）	4	4	3
人均能源需求（吨标准煤）	3.7	3.8	4.5
人均电力需求（千瓦·时）	5116	6314	8523
人均碳排放（吨）	7.0	5.9	4.1
单位 GDP 能源需求（吨标准煤/万美元）	4.3	3.5	2.0
单位 GDP 电力需求（千瓦·时/万美元）	5904	5728	3890
单位 GDP 碳排放（吨/万美元）	8.1	5.3	1.9

参考文献

[1] International Energy Agency. World Energy Outlook 2018. Paris, 2018.

[2] International Energy Agency. Global Energy & CO_2 Status Report: The latest trends in energy and emissions in 2018. Paris, 2019.

[3] International Energy Agency. World Energy Investment 2019. Paris, 2019.

[4] International Energy Agency. Technologies Innovation to Accelerate Energy Transitions. Paris, 2019.

[5] International Energy Agency. Status of Power System Transformation 2019: Power system flexibility. Paris, 2019.

[6] International Energy Agency. Global EV Outlook 2019: Scaling-up the transition to electric mobility. Paris, 2019.

[7] International Energy Agency. Energy Efficiency 2018: Analysis and outlooks to 2040. Paris, 2018.

[8] International Energy Agency. The Future of Cooling: Opportunities for energy-efficient air conditioning. Paris, 2018.

[9] International Energy Agency. Digitalization & Energy. Paris, 2017.

[10] International Renewable Energy Agency. Global Energy Transformation: A Roadmap to 2050（2019）. Abu Dhabi, 2019.

[11] International Renewable Energy Agency. Renewable Capacity Statistics 2019. Abu Dhabi, 2019.

[12] International Renewable Energy Agency. Renewable Energy Statistics 2019. Abu Dhabi, 2019.

[13] World Energy Council. World Energy Scenarios 2019: Exploring Innovation Pathways to 2040. London, 2019.

[14] World Energy Council. World Energy Insights Brief 2019: Global Energy Scenarios Comparison Review. London, 2019.

[15] Intergovernmental Panel on Climate Change. 2006 IPCC Guidelines for National Greenhouse Gas Inventories, Volume 2：Energy. 2006.

[16] Statistics Division. Department of Economic and Social Affairs, United Nations. Energy Statistics Pocketbook 2019. New York, 2019.

[17] U.S. Energy Information Administration. International Energy Outlook 2019. Washington DC, 2019.

[18] Institute of Energy Economics. Outlook 2020: Coping with the increasingly challenging energy trilemma (3Es). Tokyo, 2019.

[19] The Energy Research Institute of the Russian Academy of Sciences. Global and Russian Energy Outlook 2019. Moscow, 2019.

[20] BP. Energy Outlook (2019). London, 2019.

[21] BP. 68th Edition of Statistical Review of World Energy. London, 2019.

[22] BP. BP Technology Outlook: Technology choices for a secure, affordable and sustainable energy future. London, 2015.

[23] BP. BP Technology Outlook: How technology could change the way energy is produced and consumed. London, 2018.

[24] ExxonMobil. 2019 Outlook for Energy: A Perspective to 2040. Texas, 2019.

[25] Shell. Scenario Sky: Meeting the Goals of the Paris Agreements. 2018.

[26] Equinor. Energy Perspectives 2019: Long-term macro and market outlook. Norway, 2019.

[27] DNV GL. Energy Transition Outlook 2019: A global and regional forecast to 2050. Norway, 2019.

[28] DNV GL. Energy Transition Outlook 2019: Power supply and use forecast to 2050. Norway, 2019.

[29] DNV GL. Energy Technology Outlook 2025. Norway, 2016.

[30] Bloomberg New Energy Finance. New Energy Outlook 2019. 2019.

[31] REN21. Renewables 2019: Global Status Report. Paris, 2019.

[32] McKinsey. Global Energy Perspective 2019：Reference Case. 2019.

[33] Enerdata. Energy Scenarios to 2040: Understanding Our Energy Future. 2016.

[34] World Economic Forum. Fostering Effective Energy Transition (2019 edition). Switzerland，2019.

[35] Richard G.Newell, Daniel Raimi and Gloria Aldana. Global Energy Outlook 2019: The Next Generation of Energy. Resources for the Future, 2019.

[36] Richard G.Newell and Daniel Raimi. Global Energy Outlook Comparison Methods: 2019 Update. Resources for the Future, 2019.

[37] I. Staffell, M. Jansen, A. Chase, E. Cotton and C. Lewis. Energy Revolution: A Global Outlook. Drax，2018.

[38] International Energy Agency. World Energy Outlook Special Report: India Energy Outlook. Paris，2015.

[39] International Energy Agency. World Energy Outlook Special Report: Southeast Asia Energy Outlook，2017.

[40] International Energy Agency. World Energy Outlook Special Report: China Energy Outlook. Paris，2017.

[41] International Energy Agency. Energy Security in ASEAN+6. Paris，2019.

[42] Asia Pacific Energy Research Centre. APEC Energy Demand and Supply Outlook (7th edition). Tokyo，2019.

[43] ASEAN Centre for Energy. The 5th ASEAN Energy Outlook 2015－2040. Jakarta，2017.

[44] 罗伯特·海夫纳三世. 能源大转型：气体

能源的崛起与下一波经济大发展［M］. 马圆春，李博抒，译. 北京：中信出版社，2013.

[45] 胡森林. 能源大变局：中国能否引领世界第三次能源转型［M］. 北京：石油工业出版社，2015.

[46] 迈克尔·伊科诺米迪斯，谢西娜. 能源：中国发展的瓶颈［M］. 陈卫东，孟凡奇，译. 北京：石油工业出版社，2016.

[47] 谢克昌，等. 推动能源生产和消费革命战略研究［M］. 北京：科学出版社，2017.

[48] 瓦科拉夫·米斯尔. 能源转型：数据、历史与未来［M］. 高峰，江艾欣，李宏达，译. 北京：科学出版社，2018.

[49] 林益楷. 能源大抉择：迎接能源转型的新时代［M］. 北京：石油工业出版社，2019.

[50] 中国社会科学院世界经济与政治研究所世界能源室. 世界能源中国展望（2018−2019）［M］. 北京：中国社会科学出版社，2018.

[51] 中国社会科学院研究生院国际能源安全研究中心. 世界能源蓝皮书：世界能源发展报告（2019）［M］. 北京：社会科学文献出版社，2019.

[52] 中国石油经济技术研究院. 2050 年世界与中国能源展望（2019）. 北京，2019.

[53] 电力规划设计总院. 中国能源发展报告2018［M］. 北京：中国电力出版社，2019.

[54] 赵庆波，单葆国. 世界能源需求现状及展望［J］. 中国能源，2002（02）：34-36.

[55] 单葆国，张春成，李江涛，刘小聪.

1980−2015 年全球能源供需格局演变［N］. 国家电网报，2017-12-19（005）.

[56] 单葆国，李江涛，张春成，徐朝. 展望：2050 年全球能源发展趋势［N］. 国家电网报，2018-01-09（005）.

[57] 张春成，李江涛，单葆国. 一带一路沿线将成全球电力投资洼地［N］. 中国能源报，2018-03-26（004）.

[58] 李江涛，王雨薇. 世界主要国家人均用电情况探析［J］. 电力决策与舆情参考，2018，335（01）：15-18.

[59] 李江涛. 能源消费和碳排放在气候治理与能源转型中的角色与作用［J］. 中国电力企业管理，2019（04）：68-71.

[60] 李江涛，翁玉艳，张春成，单葆国.《BP世界能源展望（2019）》数字背后的逻辑与判断［J］. 电力决策与舆情参考，2019，397（01）：36-40.

[61] 李江涛，张春成，翁玉艳，单葆国. 听邻国日本说中国能源发展［J］. 能源，2019（06）：62-65.

[62] 李江涛. 从情景层面研阅世界能源展望［J］. 能源，2019（07）：57-59.

[63] 李江涛. 能源经济分析需要新理念[N]. 中国能源报，2019-07-15（004）.

[64] 李江涛，翁玉艳，单葆国."煤降油稳气增"是全球能源大势［N］. 中国能源报，2019-07-29（004）.

[65] 李江涛，张春成，翁玉艳，单葆国. 基于情景的世界能源展望归纳研究（2019）［J］. 能源，2019（08）：65-69.